Happiness
A Revolution in Economics
Bruno S. Frey

幸福度をはかる経済学

ブルーノ・S・フライ
白石小百合 訳

NTT出版

HAPPINESS：A Revolution in Economics
by Bruno S. Frey
Copyright©2008 Massachusetts Institute of Technology

Japanese translation published by arrangement with
The MIT Press through The English Agency(Japan)Ltd.

幸福度をはかる経済学　目次

はじめに　3

第I部　幸福度研究の主要な成果

第1章　幸福度研究とはなにか　……………………………………………11
- 1.1　なぜ幸福を研究するのか　12
- 1.2　先行研究　22

第2章　効用と幸福度　……………………………………………………25
- 2.1　客観的効用と主観的効用　25
- 2.2　個人の幸福を測る方法　28
- 2.3　幸福関数の推定　35

第3章　所得は幸福にどのような影響を与えるか　……………………39
- 3.1　個人間にみられる幸福度と所得の差　39
- 3.2　時系列データでみた所得と幸福度との関係　52
- 3.3　国別データでみた所得と幸福度との関係　55

第4章　失業は幸福にどのような影響を与えるか　……………………59
- 4.1　個人にとっての失業と幸福度　60
- 4.2　社会全体の失業と幸福度　67

第5章　インフレ，格差と幸福　…………………………………………70
- 5.1　インフレと幸福度　70
- 5.2　不平等と幸福度　73

第Ⅱ部　幸福度研究の新しい展開

第6章　民主主義は人を幸福にするのか………………………78
- 6.1　民主主義と幸福度　78
- 6.2　連邦制と幸福度　86

第7章　なぜ自営業とボランティアは幸福なのか……………89
- 7.1　自営業と幸福度　89
- 7.2　ボランティアと幸福度　99

第8章　結婚することで人は幸福になるのか…………………108
- 8.1　結婚に関する経済理論　108
- 8.2　実証分析　110

第9章　テレビの見すぎで不幸になる?……………………………115
- 9.1　テレビの過剰消費　117
- 9.2　先行研究　119
- 9.3　実証分析　122

第10章　プロセスの効用をはかる………………………………130
- 10.1　プロセスの効用とは　130
- 10.2　プロセスの効用の源泉　135
- 10.3　プロセスの効用と経済活動　137
- 10.4　政治形態，社会とプロセスの効用　140
- 10.5　プロセスの効用と結果面の効用との関係　148

第11章　なぜ消費でミスをするのか……………………………154
- 11.1　効用の予測ミスの原因と結果　155

- 11.2 人間はなぜ学習しないのか　164
- 11.3 インプリケーション　165

第12章　公共財の便益をはかる　……………………………………167
- 12.1 公共財の測定に関するアプローチ　167
- 12.2 生活満足感アプローチと他のアプローチとの比較　169
- 12.3 テロが生活満足度に与える影響　172

第III部　幸福度と政策

第13章　幸福度を高める政策はあるのか　……………………………179
- 13.1 一般向けのメディアと幸福　179
- 13.2 「ポジティブ心理学」　181
- 13.3 経済政策を通じた幸福の実現　183
- 13.4 政府は国の幸福度指標を最大化するべきか　188
- 13.5 地位の外部性を生じさせないための増税は有効か　200

第14章　政治体制で幸福度は高まるのか　……………………………209
- 14.1 直接参政権と幸福度　210
- 14.2 政治の意思決定の分権化と幸福度　223

第15章　経済学の革命　…………………………………………………234
- 15.1 効用の測定　235
- 15.2 経済理論　236
- 15.3 政策　237
- 15.4 幸福度研究の今後　239

参考文献　240

訳者あとがき　285

索引　288

【凡例】
〔　〕は訳者による註ないし補足を示す．
原著における〝　〟もしくはイタリックの語を「　」で示す場合がある．

幸福度をはかる経済学

はじめに

　経済学は現在,「革命的」で注目すべき新しい発展段階に入っており,今後大きく変わっていく可能性がある.経済学は,学問体系が確立されている反面,保守的なところがある.経済学のコアの部分は,今日まで普遍的であるとされ,世界中で同じ内容が教えられてきた.そのため,経済学者間の意思疎通は容易である.だが学問の体系を尊重するがゆえに,既存の理論の線上にない新しいタイプの発想は,残念ながらほとんど受け入れられなかった.
　この点で幸福度研究〔本書では「幸福の経済学」と呼ぶこともある〕は,やや例外的な存在である.幸福度研究の研究成果は標準的な経済学でも認められつつあり,特に若い経済学者の間ではホットなテーマとなっている.
　幸福の経済学は,以下の3点で「革命的」といえる.

　測定方法　「幸福度」「生活満足度」などの主観的指標は,経済学の「効用」概念を,納得のいく形で代理するものと考えられる.この点は従来とは全く逆の発想である.ジョン・ヒックスやライオネル・ロビンズらは1930年代に,効用というものは測定することができないし測定すべきでもないと主張し,当時は革命であるとされた.この主張によって経済学は大きな進歩を遂げ,ミクロ経済学を経済問題,更に最近では経済問題以外にも応用することが可能となった.しかし現在の状況は1930年代とは大きく変わった.心理学の研究によって,幸福を「測る」方法や,効用の概念を再定義する方

法が明らかになってきたのだ．これらの方法はまだ理想的とは言い難いが，経済・政治・社会問題にうまく適用できる見込みはある．加えて，「経験効用（experienced utility）」〔ノーベル経済学者のカーネマンによると，結果を伴う快楽的な経験を指す〕を測定する方法も開発されつつある．

　主観的幸福の指標を用いることで経験効用に接近できれば，経済理論を新しい領域へと拡張することができよう．特に，人間が意思決定の際におかす誤り（errors）の分析が可能となる．標準的な経済学は，消費を決定する際に期待される効用と，実際に消費する際に経験される効用を同じものとし，個人は常に効用を最大化し，誤りは無作為に発生すると考える．一方，幸福度研究によって，人間は選択肢の中から選ぶ際に体系的な誤り（systematic error）をおかすことが明らかになってきた．例えば人間は，将来の消費から得られる効用を間違えて予想してしまう．将来時点の所得から得られる満足感は過大に予想するのに対し，物質的ではない側面（日常生活での友情や社会的関係など）から得られる効用の方は過小に予想してしまうのだ．このような判断ミスのため，人々は自分の評価と比べてあまり生活に満足していないことに気づく．必要以上に長い時間テレビを見てしまうなど自制心に問題がある場合にも，個人の効用は低下することになる．

　経済学者が標準的な経済理論では説明できないような現象の存在を指摘したケースはこれまでにもあったが，そのような意見は経済学に全く影響をおよぼしていない．幸福度研究は人間の行動の特徴を理解し，実証的に分析していくことができる学問である．ところが標準的な経済学ではこのような分析は不可能なのだ．いわゆる「顕示選好（観察された行動を個人が誤りをおかさないで効用最大化した結果とみなす）」の仮定をおいているからである．

　新たな洞察　幸福度研究は，人間が財・サービス，社会状況というものをどのように評価しているのか，特に所得や失業などの経済的要因が幸福に与える影響を明らかにしていく．また「自立」，家庭などの「社会的関係」を，物質的ではない価値として分析に取り入れている点も，従来の経済学に比べ優れている．

幸福度研究によると，個人の行っている評価は，標準的な経済理論の想定よりも幅広い．個人は，従来の経済理論が想定したように所得のみから効用を得ているのではない点は非常に重要である．幸福度研究は，人々が，自らが高く評価している社会的関係や自己決定，自分の能力を生かすことからも効用を得ていることを示している．更に人間は結果からだけでなく，プロセスからも効用を得ているとしている．

政策上の意義　幸福度研究では，標準的な経済学とは全く異なる政策が数多く提案されている．標準的な経済学では，暗に，場合によっては明確に，政策目標は所得の増加（マクロ経済上はGDPの増加）であると仮定することが多い．しかし幸福度研究から，この目標は，継続的に効用を高めていくにはあまり効果がないことが明らかになった．それは，所得が増えて効用が高まったとしても，その大部分は，かなり短い時間で消えてしまうためだ．また個人は所得の増加に短時間で順応するため，より多くの所得を得たいという野心を持つようになる．加えて，他人と自分を比較しがちであり，所得を絶対値ではなく相対値で評価していることも原因として挙げられる．

幸福度研究は，個人の幸福に関して，労働と余暇の面を，標準的な経済学よりも重視しており，幸福の決定要因として，遺伝や社会・人口統計面，文化，政治面を明示的に考慮している．そのため，政策が個人の幸福に与える影響について，独自の洞察が数多く得られている．生活満足度を高める提案では，例えば，最低でも年に2週間から4週間の休暇を取得すること，テレビCMや行き過ぎた地理的移動を減らすことで自由時間を増加させるなどの政策が挙げられる．制度設計の面では，幸福度研究は，個人の幸福の水準を高めるような制度の構築に役立つ．例えば政治参加権の拡大，政治的意思決定の地方分権化の促進は，生活満足度にプラスの影響を与えるものと考えられる．

本書はこれら3つの主張に関する実証分析を示し，経済学における革命が進行中であることを述べていきたい．その際，純粋に理論的な推論ばかりで

なく，実証上の証拠を示すことに注力する．

　第Ⅰ部は，幸福の経済学における主要な進展をたどる．すなわち，幸福を研究する意義，標準的な経済理論で使われている効用と幸福との関係をみる．所得，失業，インフレ，所得の不平等が人間の幸福に与える影響について，新たな知見を多数示したい．

　第Ⅱ部は，これまでは疎かにされていたか，あるいは非常に異なる方法で研究されてきたテーマを取り上げ，幸福度研究の分野の広がりを示すこととする．そのテーマとは，民主主義と連邦制，自営業とボランティア，テレビの視聴（テレビは現在，人間が行う主な活動の1つであろう）である．さらに，標準的な経済学で使われている「結果面の効用（outcome utility）」ではなく，「プロセスの効用（procedural utility）」を考慮することで，効用という概念に新たな面が加わることを示す．また人間はいろいろなタイプの消費から得られる将来の効用を間違って予測する傾向があること（効用は，往々にして，過大に，あるいは過小に予測される），更にこれまでしばしば用いられてきた支払意志額アプローチの代わりとして，公共財の価値を実証的に測定する新しいアプローチについても述べる．

　第Ⅲ部は，幸福度研究の政策的な意義をみる．マスコミやいわゆる「ポジティブ心理学」はこの分析を利用している．しかし，幸福になるためのノウハウを示したり，特定の行動をとるよう強要すると，いわゆる「慈悲深い独裁者（benevolent dictator）」アプローチに陥ってしまうため，この点には注意が必要である．政府の役割は，国民が幸せになること，幸せでいられるような条件の整備にとどめるべきである．その場合には適切な政治制度，特に分権化された公式の意思決定と直接的な政治参加権が重要である．

　最終章では，幸福の経済学は革命的であるとの結論を述べる．この分野では，既に多くの研究成果が出されているが，将来的に研究されるべきこともまだたくさんある．

　幸福度研究全般のサーベイは，既に他でやられていることから本書では行わない．そもそも幸福度研究という「革命」のすべてを述べるのは不可能であるし，時期尚早でもある．幸福度研究は，客観的に評価されるような段階

にはまだ到達していない．そこで本書は，現在経済学で行われている幸福度の研究成果を示すこととする．

本書の大部分は，チューリッヒ大学実証経済研究所で私が率いている研究グループの研究成果による．本来ならば本書の共著者としてこの研究メンバーの名前を挙げるべきである．本書に掲載した論文は1つを除き，私と研究メンバーとの共同研究によるものだからだ．このチューリッヒ・グループの研究を特徴づける点は次のようなものである．

・非常に学際的である．特に心理学から多くの洞察を得ており，加えて，政治学と社会学も重要な役割を担っている．
・必要な場合には，標準的な経済学を離れた分析を行っている．
・実証分析を重視している．理論は重要であるが，それだけでは十分ではないからだ．
・たとえ分析が暫定的な段階であっても（往々にしてそのような場合は多かったが），政策上の結論を提示する．

このチューリッヒ・グループを率いることは私にとって極めて興味深い経験であった．特に私の長年の同僚であり，幸福度研究における実証分析の第一人者であるアロイス・スタッツァーに感謝したい．スタッツァーは本書の草稿全体に眼を通してくれた．しかし誤りは私にのみ責任がある．

本書の一部は，世界各地で行われた学会と講義において発表したものである．本書の主なアイディアは，2005年にミュンヘン大学Ifo経済研究所で特別研究員に指名された際の講義を発展させたものである．プログレス財団後援によりオーストリア・シュワルツェンベルクで開催された幸福度に関する学際的な学会では，議論から大いに示唆を受けた．

この本の執筆に際しては，クリスティン・ベネシュが素晴らしいサポートをしてくれた．私の英語をブラッシュアップし，文章をチェックしてくれたローズマリー・ブラウン，ローズマリー・フィッツジェラルド，ジーリア・アン，イザベル・エレンバーガーにも深く感謝する．

ブルーノ・S・フライ

第Ⅰ部　幸福度研究の主要な成果

　大半の人にとって，幸福は人生の究極の目標であろう．そこで第1章では幸福度研究の重要性について論じる．個人の幸福を研究することは生活の様々な面で役に立つが，以下の研究は特に有益である．
・個人の幸福の要因はなにかを研究する．
・人間の行動を理解し，その新しい解釈を検討する．
・選好や社会的な交渉が変化しているかを研究する．
・行動と幸福との関係を分析する．
・幸福は原因なのか結果なのかを調べる．例えば，失業すると不幸になるのか，あるいは，不幸な人は失業する可能性が高いのかを明らかにする．
・例えば1人当たり所得が上昇しても幸福度は必ずしも上昇しないというように，実証的に観察される結果が標準的な経済理論と矛盾している理由を説明する．

　幸福度研究は経済政策にも有用である．政策当局がインフレ率と失業率の優先順位をつけなければならない場合，幸福の決定要因として相対的に重要なのはどちらかがわかれば役立つからだ．幸福度研究は，どの制度が個人の生活満足度を高めることができるかを判断する際の助けにもなる．

　第2章では，効用を測ることは可能でもないし必要でもないという標準的

な経済学の見方に対して，否定的見解を述べる．現在，主観的幸福を測ることで効用の代理指標とする方法にはさまざまなものがあるが，全般的な評価方法としては，生活満足度が最も優れている．日常生活での幸せ体験を評価する，脳をスキャンして調べるなどの調査方法についても紹介する．

第3章では所得と幸福との関係を論じる．所得が高い人は主観的幸福度も高いという関係がみられる．だが所得で重要とされるのは，絶対的な水準ではなく，相対的な水準である．所得が上昇すると野心も上方へと調整されることから社会的な比較と調整のプロセスが生じる．したがって所得が増大しても，長期間でみると，幸福度に対する影響は非常に限定的である．人間は飽くなき願望を持っているのだ．国レベルでみると，確かに1人当たり所得が高い国ほど国民の幸福度の平均も高い．しかし所得の低い国同士で比べると，主観的幸福のバラツキは大きい．また1人当たり所得がある水準を超えると，主観的幸福との間には，弱い正の相関関係しか見られない．

第4章では失業と幸福との関係をみる．幸福度研究で最も注目される研究成果の1つに，失業者は勤労者よりもはるかに不幸だという発見がある．失業による所得水準の低下を考慮した場合でもこの関係は成立していることから，心理面のコストと社会規範が大きな影響を与えているようだ．たとえ自分自身は失業していなくても，個人の全般的な幸福度は失業率の上昇によって低下する．このように，失業は経済社会全般に影響を与えている．

第5章ではインフレと不平等が幸福に与える影響をみる．国別のクロスセクションデータと時系列データを用いた研究によると，物価が上昇すると幸福度はマイナスの影響を受ける．所得の不平等の影響が国によって異なっているのは興味深い点である．すなわち，所得が不平等である場合，ヨーロッパでは人々の幸福度は低下するが，アメリカではそうではない．アメリカでは，国民が自分たちの社会は上方への社会的流動性が高いとの信念（おそらくは錯覚）を持っており，貧しい人々でさえ将来的には所得が増え，そのメリットを味わえるだろうと思っている．

第1章
幸福度研究とはなにか

　幸福は人生の究極の目標であると考える人は多いだろう．つまりだれもが幸せになりたいと願っているのだ．アメリカ独立宣言では，「幸福の追求」は生存と自由に匹敵する「不可分の権利」であり自明な真理であるとされている．ブータン王国の第四代ジグミ・シンゲ・ワンチュク国王は1980年代後半に，国のあり方を方向づける原則は「国民総幸福量（Gross National Happiness: GNH）」だと宣言した（Ura and Galay 2004）．

　経済学は本来，人間の幸福について考える学問である．経済成長，失業，インフレ，不平等，優れた統治などの制度要因は個人の幸福に影響を与えているのだろうかという疑問に答えることが期待されている．

　経済学ではこれまで，所得は，人間の幸福を測る場合の代理指標として，完全ではないが適切であると考えられてきた．ところが幸福度研究によって，自己申告による主観的幸福は，所得よりも，はるかに優れた指標であることが示されている．ここで「自己申告による主観的幸福」とは，肯定的・否定的な感情，幸福，生活の満足などに関する個人の評価であり，心理学で用いられている科学的な用語である．この用語は各要素に分解でき，特定の分野で実証的な調査を報告する場合には厳密に用いられている．だが一般的には，「幸福（happiness）」，「ウェル・ビーイング（well-being〔ウェル・ビーイング

は，厚生，満足，幸福，善生と訳されることがあるが，本書では「幸福」と訳すことが多い〕」，「生活満足（life satisfaction）」といった用語は互換性があるものとして使われている．

1.1 なぜ幸福を研究するのか

　経済学者が「幸福」を研究するのは，それ自体が本質的な意味で興味深いテーマであることに加え，様々な点で重要だからだ．

幸福の決定要因を特定化する

　わたしたちが日常生活で，ある特定の水準の「満足」を感じるのはなぜだろうか．幸福度を決定する要因には様々なものが考えられよう．そこで，幸福度研究で大切な作業のひとつは，個人と社会の幸福に影響を与える要因を整理し計測することである[1]．経済学で幸福を研究する場合，経済面の影響だけを重視しているわけではない．最も重要な発見の1つは，幸福にとって，個人の生活の中で物質的ではない面，すなわち，家族や友人，近所の人たちとの社会的関係が非常に重要である点だ[2]．幸福度研究では，遺伝，個人の性格，社会・人口統計（socio-demographic），経済，文化，政治といった要因のうち，どれが相対的に重要なのかを定量的に測定しようとする．遺伝や性格は，経済学の守備範囲を大きく超えているものの，主観的幸福を決定する要因としては重要である．特に，性格の違いは，経済以外の要因の影響を計量経済学的に正しく推定しようとする際のかく乱要因となる可能性がある．だが，例えばヘリウェルの研究によると，人口統計，経済，政治面などの幸

---

[1] この点は本書の重要なテーマであり，以下の各章では所得（第3章），失業（第4章），インフレと不平等（第5章），民主主義と連邦制（第6章），自営業とボランティア（第7章），結婚（第8章），テレビ視聴（第9章），テロ（第12章）を取り上げている．
[2] 「関係財（relational goods）」〔個人が他人との交流や社会的関係を持つことを「財」ととらえる考え方〕についてはBruni and Porta (2007); Gui and Sugden (2005) を参照のこと．社会資本（Putnam 2000）が充実している場合の生活満足度はかなり高い（Helliwell and Putnam 2005; Björnskov 2003; OECD 2001; Powdthavee 2008）．

福に対する影響には，性格の差はあまり関係がないようだ (Helliwell 2006b)．とはいえ，幸福には特定の文化の定義が存在している点，また，幸福の動機付けと予測変数は文化によって異なる可能性がある点は注意が必要である (Uchida, Norasakkunkit, and Kitayama 2004)．数値尺度 (numerical scales) の解釈も，社会によって異なることがある．

幸福の性質を理解する

個人が幸福を人生の最終目標としていると考えることに異論がないわけではない．幸福が最も重要な目標ではないケースもある．例えば社会的生産関数理論 (Social Production Function Theory) では，人間が最大化しようとする2つの最終目標（身体的幸福，社会的幸福）と，その目標を達成するための5つの手段的目標（刺激，快適さ，社会的地位，行動の承認，愛情）を特定化している (Lindenberg 1986, 1990; Lindenberg and Frey 1993)．責任，人間的成長，人生の目的，環境の支配，自己指向性 (self-directedness)，重要な人々に対する忠誠などを重視する研究もある (Ryff 1989, Lane 2000 など)．健康，娯楽，栄養などの「高次財」〔直接消費される最終財を生産するための道具や機械などを指す〕は，長期間続く幸福と同じレベルであるとする研究もある (Kimball and Willis 2006)．自由主義者は，幸福よりも個人の自由の方がはるかに重要であり，個人は不幸でいることも選択肢として持つべきだと主張する．不幸な状況の方が，現状に甘んじることなく，より多くのことを達成したいと思い続けるかもしれない．その意味では不幸によって生産性が高まるケースも考えられる．

幸福は，個人が強く願うだけで獲得できるような静的な目標ではない．むしろ幸福は，長期間の満足を生み出す「善き生活 (good life)」（アリストテレスのいうエウダイモニア [eudaimonia]，幸福 [civil happiness]）の副産物である．幸福になりたいという目的を持って行動すると，かえって幸福な状態は続かなくなるのだ．進化論によると，人間は，幸福になるために進化したのではなく，生き延びて子孫を残すために進化したのである (Camerer 2007; Camerer, Loewenstein, and Prelec 2004; Rayo and Becker 2007)．

とはいうものの，幸福は，大半の人々が人生で最も重視する目標である．逆の質問をするとわかりやすい．つまり，不幸な人生を望む人は果たしているのだろうか，ということである．様々な行動と幸福との関係を知ることは重要なことであるが，その知識をどのように，そしてどの程度利用するかについては，個人に委ねられるべきである．

　幸福の概念（水準）については，次の3つのような区別がなされている (Nettle 2005)．

　「心理学で肯定的，否定的な情動（affect）とされる喜びと楽しみの瞬間的な感情．これらの感情は「幸福」と呼ばれることが多い．

　一般に「生活満足度」と呼ばれている生活全般に対する満足感．

　自分の可能性を伸ばし，その素質を十分に発揮することによって得られる人生の質．「エウダイモニア」，「善き生活」と呼ばれる．」

　人々が瞬間的に感じる幸福の水準を，果たして自己申告による幸福度でとらえることは可能なのだろうかという問題もある．人間が体験する快楽 (hedonic experiences) と，主観的幸福で明確に表された経験に対する評価との間に，違いはあるのだろうか (Schooler, Ariely, and Loewenstein 2003)．人間はやりがいのある活動に完全に没頭することで大きな喜びを得ることがある．心理学でいう「フロー」体験である (Csikszentmihalyi 1990)．そのような状態にある人は幸福を評価していないし，自己申告することもできない．つまり瞬間的な効用の測定に限界はあるものと思われる．そこで自己申告による主観的幸福と，幸福度を測定する生理学的な指標との関係についてもっと多くのことがわかれば，新たな洞察につながる．時系列やクロスセクション・データの相関関係を用いることで，従来とは異なる枠組みで人間を観察し研究することができる．生理学的指標の時系列データを用いれば，自己申告による幸福の参照基準が時間の経過とともに変化するかを知ることができる．現在の幸福度の指標には欠陥があることを踏まえると，幸福度のデータに必要とされる質のレベルは，使用される状況によって異なるはずであり，この点には注意が必要である．つまり幸福度の指標を用いる際には，何のために使うかに注意すべきだということである．しかし幸福度指標は，

まだ不完全なものであっても，多くの場合には有用である．また幸福度データの質の水準は，幸福の水準を測る代替的な概念と比較して判断すべきだろう．

経済学で行われている幸福度の研究が今後成功するかどうかは，既に確立された経済理論にどの程度統合できるかによって決まるだろう．幸福度研究が，経済学のコアの部分に対して貢献できるのは，主に2つの方法があるようだ．第一は，効用の理解である．第二は，次節で論じる理論の検定である．

計量経済学や実験の手法を用いた研究で幸福の代理指標を利用すると，経済学の効用の概念に対し心理学的な情報を加えることができる．経験効用をこのように理解することで，人間の幸福の概念に，経済学で重視している顕示された行動よりも，さらに接近することができる．そのような方向性で書かれた論文は既に多数あるが（詳しくは Frey and Stutzer 1999; Kimball and Willis 2006 を参照のこと），最も重要な研究はカーネマンとその共同研究者（Kahneman et al. 1991, 1997, 2006），ライデングループとファン・プラーグ（van Praag 1971, 1993, 1999），イースタリン（Easterlin 1995, 2001, 2003）が行っている．これらの研究では，経済学がアプローチとして用いている効用理論の様々な基本的仮定について，個人の幸福に対する心理学的な視点から，疑問を投げかけている．

そこで，次の4つの問いかけは重要であろう．

人間は意識的に効用を最大化しているだろうか　この点はめったに問われることはない．人間が効用を最大化するのは当然のこととされているからである．西洋社会では，幸福の追求は人間の動機付けにとって重要な源泉であるとの信念が価値観として根付いており，道義的な責任だとされる場合もある．特に経済学は合理的選択を基礎としてきた．しかしそのようなアプローチは非科学的であるとして批判もなされてきた．近代経済学が確立された当時，ウィリアム・ジェイムスら心理学者は，科学者は，可能性のあるすべての動機を理論で考慮すべきであると主張した（James 1890）．人間は必ずしも常に効用を最大化しようと行動するわけではない．衝動的な行動をとる場

合も，義務感に従う場合もあるだろう（この議論についてはLewin 1996を参照）．人間が幸福の最大化を目標としているのは明らかだとの想定はおくべきではない．その検証は実証研究に委ねられるべきである（例えばKitayama and Markus 2000を参照）．

人間は効用を最大化すべきなのだろうか　このような問いがなされるのは，個人が自分の効用の水準を評価するのは無理なこともあるためである．快楽を内観すると，快楽的な経験に対する個人の感受性は低下してしまう．快楽から得たいと思っている効用が損なわれるからだ．実証研究（例えばLyubomirsky and Lepper 1999）によると，不幸な人に比べると，幸福な人はあまり内省的なタイプではない．そして幸福の最大化ということを追求していくと，むしろ，幸せになることを妨げてしまう．例えば，1999年の大晦日に「楽しい時間を過ごす際の費用」を調査した研究がある（Schooler, Ariely, and Loewenstein 2003）．この研究では，大きなイベントの前にメールで475人を対象としたアンケート調査を行い，お祝いの規模やどのくらい楽しみにしているか，お金と時間はどのくらい使うつもりかを尋ねた．そのイベントの後に実際の経験について同じ質問をしたところ，失望した度合いは，大きなパーティを予定していた人の方が，こぢんまりとしたパーティを開いた人や何もしなかった人よりも大きいことがわかった．実際の経験から得られた喜びと事前に予想された喜びとの落差は，事前の期待の程度と負の相関関係にあり，また，事前に予想していた準備のための時間とも負の関係にあった．つまり幸福を積極的に追求するとかえって自分自身をがっかりさせてしまうようだ．なぜなら人々は幸福について誤った考えを持っているからである．「善き生活」の源は金銭面での成功だと考える人は，一貫して，自尊心・活力・生活満足度の自己申告が低い（Kasser and Ryan 1993; Diener and Oishi 2000; Kasser 2002）．

人間は結果の選好とは別にプロセスに対する選好も持っているのだろうか
プロセス自体が効用の源であるかどうかを理解することは，制度を評価する

上で重要である．自立，参加，そして結果とは独立した自己決定に対して，人々が価値をおいている場合には，制度の構想に関する提案が大きく変わってくるはずである．主観的幸福のデータを用いれば，人間の幸福の源として，こうした側面を直接的，実証的に研究できる（この点は第10章で論じる）．

人間は将来の効用をうまく予想することはできるのだろうか　標準的な経済理論では，代替財を選択する際に人間が予測する効用と，将来時点でそれらの財を消費する際に人間が経験する効用との間には体系的なずれはないと仮定している．シトフスキーは，「人間が手に入れることに決めたものと，最も満足するものとの間に対立はないとするのは，論理的にみて不可能である．」として，こうした経済学の見方を「非科学的だ」と批判した（Scitovsky 1976, p. 4）．心理学では慎重に設計し実施した多数の実験と調査から，人間がこれから経験しようとしている効用の予測にどの程度成功するかを分析している（詳しくはLoewenstein and Schkade 1999を参照のこと）．そうした心理学の研究では，幸福の決定要因に関して，人々が間違った「直感的な理論（intuitive theory）」を持っていることがしばしば示されている．最も重要な発見は，人間が，新しい経験に適応するスピードを過小評価している点である．予測を誤ることで，意思決定に際しても，体系的な誤りをおかしてしまうのだ．また，複数の選択肢がある場合，内面的な属性（intrinsic attributes）よりも外面的な属性（extrinsic attributes）の方が目立ちやすいため，人間は内面的な属性がもたらす将来の効用を過小評価してしまう．その結果，家族，友人や趣味に費やす時間が減ることになる．外面的な属性を過大評価すると，全体でみれば状況はむしろ悪化してしまうのに，高い所得や地位を得ようと懸命に努力するのだ（第11章を参照）．

経済学の理論と予測を検証する

効用の代理指標を用いると，予測される行動は同じだが効用の水準は異なるという点で競合している理論を判別することができる．この種の検証は，理論を立証する過程で強力なツールとなる可能性がある．そこでこのような

目的で行われた幸福度研究をいくつかみてみよう．
・経済理論では景気循環における労働供給と失業の説明を試みている．新古典派マクロ経済学では完全な労働市場が想定されており，個人は，賃金と利子率の変化に応じてその時点の労働供給を調整するため，失業は自発的なものと考えられている．この見方に従えば，失業に伴う所得減少は自発的な選択の結果であり，失業者の効用は低下しないことになる．一方ニューケインジアンマクロ経済学では，非自発的失業の原因は，物価と賃金の硬直性にあると考えられている．失業者は現在の賃金率で働く意志はあるが仕事が見つからず，仕事を失った際には効用が低下してしまう．
・失業者の行動をみただけでは，労働市場に関する２つのモデルのうち，どちらがより説明力を持っているかを判断することは難しい．しかし自己申告による主観的幸福を使えば，失業者の効用の水準がわかる．所得は同じでも余暇時間が少ない人と比べて，失業者の状態が良いか悪いかを分析することができるのだ．失業者が金銭以外の面で深刻な負担を感じている点は，経済学での幸福度の研究で最も頑健な研究成果の１つである（第４章参照）．つまり，自発的失業という考え方は，この知見と矛盾することになる．
・社会規範は失業者の行動に影響を与える（Stutzer and Lalive 2004）．求職者の失業期間は，働くことに対する社会規範が強い地域に住む人の方が短い．しかしこれだけでは，労働に対する社会規範が強いことが社会的な制裁の効果が与えているのか，あるいは，社会規範が強い地域の失業者は，仕事を早く見つけられるような社会的支援や情報を得ているかを確認することはできない．だが，この対立する２つの見方は，失業者の幸福について異なった予想につながる．すなわち，失業者は，社会からの支援によって生活は楽になるが，労働に対する強い社会規範が社会的制裁を意味する地域では，失業者の負担感は増大する．スイスの共同体について行われた失業者の生活満足度の計測結果は，後者の見方と整合的であった．
・経済学のモデルでは，増税された財の消費は減少すると予測するが，消費税が効用に与える影響については体系的に（systematically）異なった予測が考えられる．通常は，消費財に課税されると効用が損なわれるため，当然，

人々は課税に反対すると考えられよう．しかし課税が悪癖を克服するのに役立つ場合には，課税は効用をむしろ上昇させることになる．喫煙，飲酒，チョコレートを食べるといった消費行動に対し，自らの意志の弱さを克服するための「罪悪税」が提唱されることがある．幸福度研究はこの議論に貢献できる．幸福度研究では主観的幸福に対する課税の影響を直接調べることができるからである．アメリカとカナダに関する2つの分析では，総合的社会調査（General Social Survey）の複数年データを用いた検証が行われた（Gruber and Mullainathan 2005）．喫煙している可能性がある人々の幸福度に，タバコの州税の変更が与えた影響を分析したのだ．その研究によると，50セントの実質的なタバコ税は，現在の31.6セントよりも，喫煙者の幸福度が低下する可能性を著しく縮小させたことがわかった．この結果から，自制心の問題を抱える人には，時間に整合性のない（time-inconsistent）喫煙行動モデルが支持されることになる．

・地域経済学，都市経済学，公共経済学では，他の条件が一定ならば，市場と空間を通じた裁定取引によって人間の効用水準は均等化されると想定している．例えば，人々は，給料が増える場合や住宅費用が安くなる場合に限り，通勤時間が長くなることを受け入れるとする．このように，立地競争に関して経済学のモデルで用いられている均衡の概念には強い仮定がおかれている．ところが主観的幸福のデータを用いれば，均等化した場合の効用の水準の予想を直接検証することができる．ドイツ社会経済パネル調査（German Socio-Economic Panel）の7回分のデータから，通勤時間と生活満足度の偏相関は負であることがわかった（Stutzer and Frey 2007a）．標準的な経済学からすると，この結果は逆説的である．

幸福がもたらした結果を整理する

自分の生活に満足している人の行動は，不満を持っている人とは異っているものと考えられる．幸福な人は楽天的で，社交的で，意欲的であり，プライベートや経済面・社会面の活動で成功しているだろう．その結果，幸福な人は，不幸せな人よりも，仕事や結婚生活で，より大きな幸せを感じている

はずである．さらに幸福な人は，長期的な視野を持ち，進んでリスクをとるため，起業家としても成功する（Bosman and van Winden 2006）．これまでのところ，幸福が行動に与える影響に関する研究の大半は心理学の分野でなされており，肯定的・否定的な感情（すなわち気分 [mood]，情感 [emotions]，感情 [feelings]）と意思決定との関係を識別する実験的な研究が多数行われている（Hermalin and Isen 1999; Isen 2000; Lyubomirsky, King, and Diener 2005）．特に，幸福度が比較的小さく変化した場合でも，日々の思考プロセスには大きな影響がある．例えば，肯定的な感情は，他人を助けようという自発的な意思を高める傾向を持っている．幸福な人は，他人を助けることで感じる喜びは大きいが心理的費用は低く（Isen and Levin 1972），創造性がある（Isen, Daubman, and Nowicki 1987）．さらに，感情的な状態にいることで，重要な情報を得ることができ，モティベーションが高まる（Schwarz 1990）．

意思決定に関する経済学のモデルでは，これまでは事実上，情動の役割が無視されている．経済学者は強い感情の状態（覚醒）の効果と認知能力に対する本能面の影響を分析してきた（MacLeod 1996; Kaufman 1999; Loewenstein 1996, 2000）．「合理的」な感情に分析の焦点をあてた経済学者もいる（Frank 1988, Romer 2000）．彼らの分析の目標は，進化的な力がなぜ特定の感情を引き起こしたかを説明することである．

幸福は原因なのか，あるいは結果なのかを識別する

ある要因は，幸福の原因と結果のどちらにもなりうる．つまり，失業すると不幸になるのか，逆に不幸な人はあまり積極的ではなく意欲的でもないために職が見つかる可能性が低いのだろうか．また結婚することで幸福度が上がるのか，逆に幸福な人はそもそも魅力的であるがゆえに結婚している可能性が高いのか．このような因果関係の方向性を識別することは重要である．政策が介入することで幸福度を上昇させようとする際の前提条件となるからである．だが因果関係を識別するのは難しい．そのため，経済学で幸福度にアプローチする際には，行動の決定要因を調べる研究と同様に，過少定式化

の可能性や内生性のバイアスの可能性など計量経済学面での課題に取り組む必要がある．

逆説的な観察結果の意味を理解するのに役立つ

標準的な経済学で実証上のパズル（empirical puzzle）を説明するのは難しい．特に説明が必要な重要なパラドックスとして，第2次世界大戦以降の数カ国で，実質所得は劇的に上昇したのに対し，国民の自己申告された主観的幸福が横ばいに推移していたり，少し下落した国もあったことが挙げられる．例えばアメリカでは，1946年から1991年の間に，1人当たり実質所得は2.5倍になったが（1996年価格で約11,000ドルから27,000ドルに上昇），平均的な幸福度に変化はなかった．同じ結果は他の幸福度研究でも確認されており，「イースタリン・パラドックス」（Easterlin 1974, 1995, 2001; Kenny 1999; Blanchflower and Oswald 2004b; Diener and Oishi 2000），あるいは「幸福のパラドックス」（Pugno 2004a, 2007）と呼ばれている．また，所得と幸福度にはプラスの関係があるが，ライフサイクル全体でみると幸福度はほとんど変化しない．これらの現象を理解するのに役立つ幸福度研究の分析については，第3章でふれる．

労働は昔から重荷であると考えられてきたが，幸福度研究の実証結果によると，失業は，所得の低下を考慮した場合でも，幸福度を著しく低下させることがわかっており，これもまた，パラドックスのひとつである．

経済政策を改善する

パレート最適な政策を提案しようとしても，ほとんどの場合，不可能である．社会的な行動にはいつも個人の負担がつきものだからだ．従って，個人の効用から正味の効果を評価することが必要である．経済政策ではトレードオフに対処する必要がある．マクロ経済学では特に失業とインフレのトレードオフが問題となる．1975年から1991年の欧州12カ国の生活満足度のデータを用いた研究によると，完全失業率が1%ポイント上昇した場合，その影響が相殺されるインフレ率の低下幅は1.7%ポイントである（Di Tella,

MacCulloch, and Oswald 2001). この結果は，「悲惨指数（ミゼリー・インデックス）」とは大きく異なっている．悲惨指数は失業率とインフレ率を単純に合計しただけであり，必要な情報が十分ではないからである．幸福関数（happiness function）の推定から示される別のトレードオフは，失業と就業の補償変分である．先の欧州12カ国の分析によると，ある人の所得が下位25％グループから上位25％グループの水準まで上昇した場合でも，失業の悪影響を完全には相殺できない．失業者は非金銭面のコストを負担しているのだ．

　経済政策は，制度面の条件（例えば統治の質の高さや社会資本の大きさ）が個人の幸福にどのような影響を与えているかということと，ある程度は関係がある．1980年代と1990年代の49カ国の研究によると，説明責任の改善，効率性，政府の安定性，法の支配と収賄の取り締まりは，幸福度に相当程度の影響を与えている．この分析では，制度の質から直接生じる効果は，生産性や経済成長を通じた効果よりもずっと大きいことがわかっている（Helliwell 2003）．幸福度研究の知見の中には，標準的な経済理論に正確な知識を追加する場合もあるが，一方で矛盾した見方を示すこともある．そのひとつが，自己申告された満足度に対して，非経済変数の影響が首尾一貫して大きいことである．このことは，所得，雇用，物価安定が重要でないというわけではなく，良い統治と社会資本に対する関心が最近高まっていることを意味している．幸福度研究の知見により，性別，民族，人種，年齢で差別された場合の影響について判明したことも増えつつある．

1.2　先行研究

　幸福は，長い間，哲学の中心的なテーマであった[3]．幸福度の実証研究は，これまでは心理学の分野で行われてきた（Argyle 1987; Csikszentmihalyi 1990; Michalos 1991; Diener 1984; Myers 1993; Ryan and Deci 2001; Nettle 2005）．社会学（Veenhoven 1993, 1999, 2000; Lindenberg 1986）と政治学（Inglehart 1990; Lane 2000）でも重要な研究が行われている[4]．経済学に心

理学的な研究が結合したのは最近のことである．リチャード・イースタリン (Easterlin 1974) の初期の研究は，多くの経済学者から注目されたが，当時は続くものがほとんどいなかった．同じことが，ティボール・シトフスキーの著作（*The Joyless Economy*, Scitovsky 1976）についても言える[5]．経済学者が自己申告による主観的幸福の測定とその決定要因に一般的な興味を持ったのは，1993年にロンドンで行われたシンポジウムにおいてであり，その予稿集（proceedings）は後に *Economic Journal* 誌などに掲載された (Frank 1997; Ng 1997; Oswald 1997, Clark and Oswald 1994, 1996)．経済学で様々な国と期間について幸福の決定要因に関する実証分析が盛んに発表されるようになったのは，1990年代後半以降のことである．

幸福度研究は，学際的な志向を持つ点で優れている．それぞれの研究分野では，ある特定の分野が重視される．経済学者は幸福度について，経済面の決定要因と経済政策の帰結に特に興味を持っているが，実際に行われている研究はそのような面をはるかに超えている．逆に心理学者は精神的なプロセスに注目するものの，主な貢献は，経済的要因（特に所得）が主観的な幸福にどのような影響を与えるかについてである（例えば，Diener and Biswas-Diener 2002を参照）．社会科学の他の分野とは対照的に，現在の幸福度研究では学問領域間の統合が大きく進められており，ある貢献が，経済学，心理学，社会学，政治学のどの分野でなされたのかはっきりとしない場合もある．経済学が全般的に他の社会科学から分化しつつあることからすると，この意義は大きい．

---

[3] 哲学者がどのように幸福を論じてきたかについては，McMahon 2006; Bruni 2006を参照のこと．アリストテレス，ベンサム，ミル，カントの貢献についてはBruni and Porta 2007; Sugden 2005; Nussbaum 2007; Nussbaum and Sen 1993を参照のこと．
[4] 幸福の研究で著名な社会学と政治学の先駆者にはキャントリル（Cantril 1965），ブリックマンとキャンベル（Brickman and Campbell 1971）がいる．
[5] バーナード・ファン・プラーグとライデングループは，シトフスキーよりも前に，自己申告による主観的評価に基づいた個人の厚生関数の概念を進展させたが（van Praag 1968, 1971），プラーグらの分析は，学際的な幸福度研究ではあまり注目されることはなかった．

本書は幸福度研究の一般的なサーベイをするつもりはない．そうしたサーベイは，様々な著作（Lane 2000; Frey and Stutzer 2002a; Nettle 2005）と論文（Ng 1978; Diener, Sub, Lucas, and Smith 1999; Easterlin 2004; Frey and Stutzer 2002b, 2004b, 2005a,b; Diener and Seligman 2004; Di Tella and MacCulloch 2006）で行われている．有用な論文集もある（例えば Strack, Argyle, and Schwarz 1991; Kahneman, Diener, and Schwarz 1999; Easterlin 2002; Huppert, Kaverne, and Baylis 2004; Bruni and Porta 2005, 2007）．経済的側面に焦点を合わせた幸福度研究の重要な研究論文も挙げておこう（例えば，Graham and Pettinato 2002a; van Praag and Ferrer-i-Carbonell 2004; Layard 2005; Bruni 2006）．そうした研究は多くの専門的なジャーナルに発表されている．幸福度研究の専門ジャーナルとしては *Journal of Happiness Studies* 誌がある．

第2章
効用と幸福度

2.1　客観的効用と主観的効用

　標準的な経済理論は，個人が行った選択を観察するという客観主義的な立場をとっている．その場合，個人の効用は有形の財・サービスと余暇のみに依存することになる．そして効用は行動（あるいは顕示された選好）から推測され，逆に，実際の選択を説明する際に利用されるとする．効用をこのように「現代的」にとらえる見方は，哲学の実証主義から影響を受けている．例えばアンケート調査で把握されるような主観主義的な体験は，客観的には観察できないため非科学的であるとして否定される．なかでも重要な点は，需要理論は，「オッカムの剃刀〔ある事象を説明する際に，必然性なしに多くの命題・主張を提出してはならないという原則．思考節約の法則とも呼ばれる〕」に従うという大きな長所があり，効用の基数性と個人間の比較可能性は必ずしも必要とされない点である（Robbins 1932; Hicks and Allen 1934）．公理的な顕示選好アプローチでは，行われた選択に，結果がもたらす効用を推論するのに必要な情報がすべて含まれていると考える．したがってカーネマンらは，選択から推論される効用を「決定効用（decision utility）」〔Kahneman and

Thaler 2006 によると，選択から推論され，その選択理由を説明するための効用〕と名付けた (Kahneman et al. 1997). このような公理論的アプローチは，個人の効用だけでなく，社会厚生を測定する際にも用いられる．その場合，社会厚生の比較は家計の消費行動に基づいて行われる (Slesnick 1998; Ng 1997, 2001; Sen 1996).

経済学では実証主義的な立場が現在も優勢である．アマルティア・センは，「経済学でこうした立場に人気があるのは，おそらく，客観性に対する偏執的なこだわりと，人間について観察可能なのは選択だけであるという奇妙な信念が混ざり合っているためであろう」と述べている (Sen 1986, p. 18). ミクロ経済学の教科書にはこうした見解が反映されている．だが経済学者全員が，この見解に同意しているわけではない．

多くの学者がさまざまな角度から経済理論における効用の標準的な理論に疑問を投げかけてきた．経済学でも客観主義的ではない理論分析が数多く行われている．例えば感情 (Elster 1998)，自己シグナル (self-signaling)，目標達成 (goal completion)，支配 (mastery)，意義 (meaning; Loewenstein 1999)，内発的な動機付け (intrinsic motivation; Frey 1997b; Osterloh and Frey 2000, 2004, 2006)，利他主義 (altruism)，互恵性 (reciprocity)，協調行動 (cooperation; Schwarze and Winkelmann 2005; Fehr and Gächter 1998, 2000; Fehr and Schmidt 2003; Gächter 2007)，アイデンティティ (Akerlof and Kranton 2005)，地位 (status; Frank 1985a, 1999; De Botton 2004)，尊敬の念 (esteem) と社会認識 (social recognition; Brennan and Pettit 2004, Frey 2006) といったテーマの分析が行われている．人間の行動を説明する理論では，個人間で独立した効用関数よりも，相互依存関係にある効用関数の方が考察の対象となっており (Clark and Oswald 1998; Sobel 2005)，厚生に関する既存の概念を疑問視する研究もある (Boskin and Sheshinski 1978; Holländer 2001; Layard 1980). 意思決定にみられる変則性には膨大な先行研究があり (例えば Thaler 1992; Frey and Eichenberger 1994)，観察された選択から効用を導き出せるかについては疑問視されている[1]．選好の矛盾は数多くの研究で指摘されている (Allais 1953, Ellsberg

1961など).人間は自分が何を欲しいかが常にわかっているわけではなく,しばしば「見通しの歪み(projection bias)」(Loewenstein, O'Donoghue and Rabin 2003)にさらされており,決定効用とは違って,経験効用(experienced utility〔Kahneman and Thaler 2006によると,結果と結び付いた快楽体験を指す〕)を最大化することができない[2].

帰結主義(功利主義はその特殊例である)は行動が示す重要な側面のひとつに過ぎず,プロセスの効用(procedural utility)についても検討すべきである(第10章を参照).そのため,標準的な経済理論が客観主義的なアプローチだけに頼るやり方は,理論的にも実証的にも疑問を免れない.いずれにせよ,標準的な経済理論が用いるアプローチは,人間の幸福への理解や影響力を大幅に制限してしまう.

そこで効用に対して主観的なアプローチをとることで,われわれの社会を研究する際の有意義で新しい方法が見えてくる.

第一に,主観的なアプローチをとると,人間の幸福を直接測ることができる.このアプローチでは効用を快楽ととらえ幅広く解釈しているのだが,カーネマンら(Kahneman et al. 1997)が提案し,経験効用として重視しているものである.経験効用を自己申告による主観的な幸福によって測り,決定効用の代理とすることの有用性については,研究上の疑問は多い.こうしたアプローチをとることで,経済理論における基本的な仮定と命題を明示的に検証する基盤と,人間の行動に関して,新しくもあり幅も広い理論を開発する基盤がつくられる.しかし,もし経済学的な帰結が効用の予測ミス(mispredicting utility)に着目するのならば(第11章参照),2つの概念の間の体系的な違いから洞察を得ることができる.2つのアプローチの概念上の関係を提案した研究(Kimball and Willis 2006)では,幸福は2つの要素から成り立っているとされている.すなわち,短期的な幸福,あるいは高揚感

---

1) 神経経済学では,行動と独立した動機付けを研究するという新しいアプローチが行われている.Fehr and Singer 2005; Fehr et al.2005; Camerer 2007; Camerer et al.2007 を参照.
2) Kahneman and Thaler 2006と本書第11章を参照のこと.

(生涯効用 [lifetime utility] に関する新しいニュースによって引き起こされる) と，長期間にわたり持続する幸福の2つである．

第二に，自己申告された主観的幸福を実証する際に用いるコンセプトは，プロセスの効用の研究にも，記憶効用 (remembered utility) と予測効用 (predicted utility) の研究にも適用することができる (Kahneman et al.1997, 2004b; Kahneman and Riis 2005)．

第三に，幸福は，多くの人にとって究極の目標である．この点は，雇用の安定，地位，権力，特に金銭（所得）などの他の好ましい目標と，幸福とが異なっている点である．われわれは，幸福以外のもの自体を欲しいと思っているのではなく，実は，そうしたものによって自分たちが幸福になる可能性があると思っているのである．

幸福度研究は，経済学と心理学にまたがる重要な研究分野であり，しばしば誤解されて「行動経済学 (Behavioral Economics)」と呼ばれることもある[3]．

2.2 個人の幸福を測る方法

効用について主観的な見方をとることによって，誰もが幸福と「善き生活」について自分の考えを持っていること，そして観察された行動は個人の幸福を測るには不完全な指標であることがわかる．こうした見方を受け入れたとしても，個人の幸福を把握し分析することは可能である．つまり，人々に，自分の生活にどれぐらい満足しているかを尋ねることができるからだ．経済学には，直接関与する人の判断を信頼するという賢明な伝統がある．生活の全般的な質を一番上手に判断できるのは，その本人であるはずだ．だから直接幸福の程度を尋ねるというのがストレートなやり方である．幸福度の調査には別の方法もあるが，それらはすべて，個人の感情状態，あるいは，

---

[3] 経済学と心理学については Frey and Stutzer 2007; Rabin 1998; Frey and Stutzer 2001; Camerer et al.2003; Frey and Benz 2004 を参照．

本人が生活満足や幸福を評価する指標である．生活に対する全体的，包括的な満足度を自己申告してもらう質問が入っている調査は数多い．個人がつける点数の背景には，回答者の全般的な生活の質が，どの程度，望ましい方法で判定されているかという認知評価がある（Veenhoven 1993）．こうした指標を包括的にとらえる用語が「主観的幸福（subject well-being）」なのである．主観的幸福には様々な尺度があるが，概して，認知（cognition）と情動という2つの基本的な概念をとらえるものである．「情動」とは気分と感情であり，生活上の出来事に対して人々が下す瞬間的な評価を示すものである．「認知」は，主観的幸福のうち，合理的，知的な側面であり，通常，満足度という尺度で示されている．快適な情動，不快な情動，生活に対する満足度は分離可能な要素であることが既にわかっている（Lucas, Diener, and Suh 1996）．

　主観的幸福に関するこれらの「伝統的な」指標が，先行研究で「善き人生」（Ryan and Deci 2001）とされた個人の幸福に関するさまざまな概念を，どの程度包含しているかについては議論の余地があろう．個人の幸福を調べるアンケート調査では瞬間的でポジティブな情動に重点が置かれている点を懸念する指摘は多い．快楽面の満足は必ずしも幸福と同じものではないからである．理性に基づく幸福観では，人間は本当の自分（daimon）にしたがって生きるべきであり，そのような場合は，自分自身の価値観に沿った行動ができるとする．幸福の根底的な要因としては，自立（autonomy），能力（competence），関連性（relatedness）が挙げられ，内発的な動機づけという価値観と密接な関係がある（Deci 1971; Lindenberg 2001）[4]．自己決定理論（Self - Determination Theory）では，一般的には，こうした基本的な心理ニーズを満足させることで，理性的な（eudaimonic）幸福も快楽面での満足も満たされると説明されている（Ryan and Deci 2001）．

　さて，個人の幸福，生活満足度は様々な方法で測ることができる．以下でそれらについて論じてみたい．

---

[4] 経済学的分析に関しては，Frey 1997b を参照．

生活満足に関する全般的な評価を直接人々に尋ねる方法

この方法は，代表性のあるサンプルに対して，自分の生活に関する全体的な満足を尋ねることで幸福度をとらえようとするものである．単一の質問に3段階評価で答えるという調査で有名なものとしては，総合的社会調査（General Social Surveys）があり（Davis, Smith, and Marsden 2001），その質問文は「全体として，最近の生活はどのような感じですか．とても幸福ですか，かなり幸福ですか，あまり幸福ではありませんか．」である．世界価値観調査（World Values Survey, Inglehart et al.2000）では，生活満足度を1（不満）から10（満足）の中から選ぶ方式をとっており，質問文は「全般的にみて，あなたは今の自分の生活にどれくらい満足していますか．」である．EU加盟国すべてをカバーするユーロ・バロメター調査（Euro - Barometer Surveys）も同様に，「全体として，今の生活をどう感じていますか．」と尋ね，回答者は，とても満足している／かなり満足している／あまり満足していない／全く満足していない，の中から選ぶ．複数の質問を用いた方法で有名なものには生活満足度スケール（Satisfaction With Life Scale, Pavot and Diener 1993）があるが，この方法は5つの質問について7段階評価を行うものである[5]．

主観的な調査データは，個人の判断に基づいているため，バイアスが発生しやすい．したがって，回答者が，幸福に関する質問に対して本当に意味のある回答をする能力と意欲を持っているかを確認する必要がある．さらに自己申告による主観的幸福の場合は，質問の順番，質問文の言葉遣い，用いられている評価の尺度，調査時点の状況や与えられた情報が影響する可能性がある．しかしこのような誤差が重大なものとなるかは，データを使用する意図と関係がある．幸福度指標は主として，絶対的な水準を比較するのではなく，幸福の決定要因を識別することに使われるためのものである．そうした目的であれば，自己申告による主観的幸福が基数的に測定可能であるとか，

---

[5] 主観的幸福に関するさまざまな指標のサーベイについては，Andrews and Robinson 1991を参照．

個人間で比較できると仮定する必要はない．計量経済学的な分析では主観的なデータを序数として取り扱うことができるため，自己申告による主観的幸福度が高い場合には個人が感じている幸福の度合いも高いことになる．幸福の指標がこの条件を満たすかどうかについては，心理学で幅広い研究が行われている[6]．

主観的幸福度を測る指標間の相関関係は高い（Fordyce 1988）．幸福の自己申告と非自己申告の要因分析からは，指標の有効性を示す尺度について基礎的な単一の概念が示されている（Sandvik, Diener and Seidlitz 1993）．信頼性に関する研究からは，自己申告による主観的幸福度がそれなりに安定しており，生活環境の変化にも適度に敏感であることが示されている（Ehrhardt, Saris, and Veenhoven 2000; Headey and Wearing 1991）．一貫性に関する検証からは，幸福な人は，社会的な交流の際に笑顔を多く見せること（Fernández-Dols and Ruiz-Belda 1995），友人や家族から（Lepper 1998；Sandvik , Diener and Seidlitz 1993），配偶者から（Costa and McCrae 1988），幸福であると評価されていること，自殺する可能性が低いことが明らかにされている．各国の自殺率と生活満足度には，他の要因をコントロールした場合でも，強い負の相関関係がある（Helliwell 2006a）[7]．北欧諸国については，主観的な幸福度と自殺率の間に負の関係がみられないが，これは信仰率が低いことと離婚率が高いことが原因であるようだ．自殺は，顕示された行動のひとつと考えることができ，幸福度を示す有効な指標だとされる場合もある．しかし自殺は，精神面の幸福度の分布の末端部分をとらえているにすぎない．この点は，幸福度の低さの決定要因を研究する際にはさほど問題とはならないが，平均的な幸福と厚生との比較は意味がなくなる．生理学の指標による検証は可能であり，脳における電気的活動と心拍数の変化をみることで，自己申告による否定的な感情の変動を相当程度説明できる（Davidson,

---

[6]　測定の問題に関する包括的な議論は，Andrews and Robinson 1991; Michalos 1991; Veenhoven 1993; Larsen and Fredrickson 1999; Schwarz and Strack 1999; Di Tella and MacCulloch 2006を参照のこと．

[7]　Koivumaa-Honkanen et al.2001; Stevenson and Wolfers 2006も参照のこと．

Marshall, Tomarken, and Henriques 2000; Pugno 2004b）．したがって，ディーナーは初期の研究で，「この尺度はかなり有効なものと思われる」（Diener 1984, p. 551）と述べている．

　経済学で行われている幸福度の実証研究では，個人の生活満足を包括的に評価する際に，代表性のある大規模サンプルを用いることが多い．この点は本書で紹介する計量経済学的な研究も同様である．この方法だと，費用に比べてデータの質が良いこと，多数の国と期間のデータが入手可能であることなどの利点がある．例えば，世界価値観調査では過去4回の調査で80カ国以上の生活満足度を調べており，世界の人口の80％以上をカバーしている．

経験抽出法（Experience Sampling Method：ESM）

　経験抽出法は，個人の経験に関する情報を，自然な状況でリアルタイムに集める方法であり（Csikszentmihalyi and Hunter 2003; Scollon, Kim-Prieto, and Diener 2003），包括的な満足度を調べる調査の欠点に，少しでも対応しようとするものである．

　調査対象として選ばれた人は，ランダムなタイミングで質問されると，直ちに事前配布されたポケットベルやノート・パソコンを使って肯定的な感情と否定的な感情を回答するよう指示される．回答する際には，感情の強弱についても答える．この電子版の「日誌」は，エッジワース（Edgeworth 1881）が瞬間的な経験をとらえようとした「快楽計」で効用を測定するというアイディアを実現したものであり，瞬間的に表明された情動を集計すれば幸福度を計算することが可能となる．

　この方法は，生活満足度を包括的に評価するサンプル調査よりも費用がかかることから，今のところ大規模な調査は実施されていない．

一日再現法（Day Reconstruction Method：DRM）

　一日再現法（DRM）は，ある日の活動をその翌日に体系的に復元して，前日に経験したことを記述しデータとして収集するというものである（Kahneman et al.2004b）．この方法は個人がさまざまな活動に費やした時間

を把握するのに「生活時間（time budgets）」を用いており，先の経験抽出法をうまく近似したものとなっている．

特定の出来事と感情とを結び付けた質問をすることで，同じようなタイプの情報を集めるイベント・リコール法（Event Recall Method）という方法もある．回答者は，調査票に記入することで前日を再現していく．まず回答者は出来事の順番を「作業記憶」に呼び出し，前日に行った活動を思い出す．次にその出来事が何で，いつ，どこで，誰と一緒のときに発生したのかを示しながら，各々を詳細に記述していく．さらにその出来事が肯定的な情動（幸せな，暖かな/心あたたまる，楽しんでいる）か，あるいは否定的な情動（不満な/いらいらする，意気消沈した/憂うつな，わずらわしい/振り回される，腹の立つ/敵意のある，心配な/気がかりな，非難される/けなされる）かという点から評価する．回答者は，自分が有能であると感じたか，その出来事を早く終わらせたかったか，飽きてしまったかについても質問される．

カーネマンらは，テキサス在住の女性を対象に，一日再現法を実施した．肯定的な情動が最も高い活動は親密な性的接触であったが，セックスは平均して1日に約10分に過ぎなかった[8]．社交やリラックスすることも大きな喜びを伴う活動であり，1日に2時間以上が費やされていた．祈り，礼拝と瞑想は肯定的な情動が高く，1日に平均で25分程度が費やされていた点は，テキサス人ならではのことであろう．テキサスの女性はテレビを1日に2時間以上見ており，とても楽しんでいた．日中で一番楽しくない活動は家事，仕事，通勤であった．長距離通勤（平均は100分／日）がもたらす否定的な情動は大きく，ドイツでも同様の結果となっている．

日常生活の経験を調査する場合，代表性をもつ調査では質問が1つに限定されてしまうが，一日再現法では幸福をより詳しく調べることができる．前日を出来事別に注意深く分けることで，回答者は各々の時間帯にどのように感じたかをじっくりと考える．そのため情動の回想で特に深刻だとされる記

---

[8] Blanchflower and Oswald 2004a も参照のこと．

憶の歪曲はあまり発生しない (Robinson and Clore 2002).

　DRM は新しい方法であるが，今のところ実証的に実験でのみ使われている．DRM を幸福度研究でどの程度，どのような特定の問題に対して活用していくかについては，今後の課題である．

U 指数 (U-Index)

　これまで論じてきた指標で用いられているスケール（尺度）については，個人間を比べる基数的な数値が，対応関係にあるはずの感情に反映されているという保証はない．つまり「とても満足している」という回答が，本当に「満足していない」の 2 倍の値であるかどうかは疑わしいのである．カーネマンらは，この基数問題を回避するため「U 指標」(U は「不愉快である (unpleasant)」の頭文字) を提案した (Kahneman and Krueger 2006)．U 指標は，個人が 1 日のうちに不愉快な状態で過ごした時間の割合と定義されている．ある出来事で経験した最も強い感情が否定的なものであるなら，その出来事は「不愉快である」とする．U 指標は，たいていの人は，ほとんどの時間に肯定的な感情が優勢であるとの観察結果に基づいている．したがって，否定的な感情を持った出来事は重大だと仮定される．もちろん，この方法は，特定の不愉快な精神状態に焦点を絞る一方で，肯定的な経験を無視してしまうことから，かなり特殊な仮定をおいている．心理学ではこれまで抑鬱などの否定的な状態を重視しすぎたとして，幸福度の分布の中でも「気分の良さ」の部分に焦点をおく「ポジティブ心理学」(Diener and Seligman 2002) が提唱されており，否定的な感情に焦点を置く U 指標は，こうした研究と非常に対照的である．

脳画像診断

　効用に対して量的な方法論で接近する測定アプローチの中でも非常に独特なものとして，個人の脳活動を走査するという方法がある．これは機能的磁気共鳴画像装置 (fMRI) で脳内の血流を追跡し，血液酸素の磁気特性が変化することを利用している (Camerer, Loewenstein, and Prelec 2005; Zak

2004; Fehr, Fischbacher, and Kosfeld 2005)．幸福な人は，電気皮質活動に特有のパターンがあり，左の前頭前野の方が右よりも活発である（Davidson 2003; Pugno 2004b; Urry et al.2004）．幸福度の高い人と低い人で前頭前野に非対称性がみられる点は，自己申告による幸福度指標，行動の活性化（抑制ではない），インフルエンザ・ワクチンに対する免疫抗体反応とも相関関係がある（Kahneman 2004; Urry et al.2004）．

2.3 幸福関数の推定

　幸福度の測定には，先に述べた5つのアプローチ以外の方法もある．社会的生産関数というアプローチでは，主観的幸福と関連する次元として，愛情，行動による確認，地位，慰め，刺激を「普遍的な目標」とおき，構造方程式モデルによって計測する（Nieboer, Lindenberg, Boomsma,and Van Bruggen 2005）．他の測定方法も研究されているが，どの方法が適切かを考えても理想的な基準は1つではないことから，その方法が解明しようとしているのは何か，目的は何かなどの視点から評価することが必要だ．

　幸福度を研究する経済学者の多くは，現時点では自己申告による生活満足度を利用しているが，この指標は，効用の尺度として理想的であるとは言い難い．特に，国際比較の際には少し割り引いてみる必要がある．自己申告による生活満足度は，一見よく似ている国の間でも著しく異なることがある．例えばユーロ・バロメーター調査では，デンマーク人の64％が「自分の生活にとても満足している」と回答したが，フランス人では16％にすぎなかった．国同士の差が大きすぎると指摘する学者もおり（Kahneman et al.2004a; Kahneman and Riis 2005），議論が続いている（Helliwell 2006b）．この点，同じ国が繰り返し調査される場合には，幸福関数を推定することで，国に特有の水準の違いを説明することが可能となる．マクロ変数と主観的幸福度との相関関係を推定すれば，国特有の部分を定数項として計算できるからだ．

　主観的幸福の測定に関連した潜在的な欠陥としては，「幸福」の意味が時間の経過とともに変化していく可能性が挙げられるが，アンケート調査ほど

主観的ではない指標による「幸福」（例えば臨床的うつ病，食欲不振，睡眠不足）と，幸福度指標による「幸福」は，類似した結果となっている（Luttmer 2005）．

　自己申告による生活満足度の指標は，大半のケースで，特に経済学者が興味を持つ問題については満足できる程度に使えることが分かってきた．幸福度は，現時点では，経済理論で用いられる個人の厚生の概念に対して，利用できる中ではもっとも良い実証上の近似となっている．

　主観的幸福度はミクロ計量経済学による「幸福関数（happiness equation），$W_{it} = \alpha + \beta X_{it} + \varepsilon_{it}$」というモデルを用いる〔パネルデータ分析で，$i$ は個人，t は時点を示す〕．この関数の推定は順序プロビット・モデルか順序ロジット・モデルで行う．被説明変数（従属変数）の生活満足度はスケールで計測されていることから，離散的であり制約も課されているからである（スケールは，世界価値観調査は 1–10，ユーロ・バロメター調査は 1–4，総合的社会調査（GSS）は 1–3 が用いられている）．しかし最小二乗法による回帰分析は，多くのケースでは順序プロビット・モデル等をほぼ近似するものであり，推定された係数の解釈も容易であることからしばしば利用されている（Ferrer-i-Carbonell and Frijters 2004）．

　真の幸福度というものは，データとしては観察されない潜在的な変数であるものと考えられる．$X = x_1, x_2, \ldots, x_n$ は，社会人口統計的，社会経済的な特性などに加え，個人 i が時点 t で受ける制度上の制約であり，既知の変数である．このモデルを使うことで，それぞれの要因が自己申告による主観的幸福と関係があるかどうかを分析することができ，このアプローチは，幸福度の相関分析で数多くの成果を挙げている．幸福度の推定は，現在では多数の実証研究で行われており，最近では，無作為でない測定誤差への対処という先進的な方法が用いられるようになっている．

　測定誤差は，観察されない特性と同様に誤差項 ε に含まれ，潜在的なバイアスの原因となりうる．だが，人々が回答の際におかす間違い（mistake）の多くは無作為に発生することから，推定結果にバイアスは生じていない．質問の順序，質問文の言葉遣い，回答時の状況についても同じことがいえる．

しかし非標本誤差（Non-sampling errors）と分析対象の変数との間に，全く相関がないわけではない．測定誤差に関する展望論文によると（Bertrand and Mullainathan 2001; Ravallion and Lokshin 2001），個人の社会人口統計的，社会経済的な特性に影響しているが観察されない個人の特性と，主観的幸福の質問に対する反応の違いは，推定に影響を及ぼしている可能性がある．例えばボランティアをする人の生活満足度は高いが（Argyle 1999; Meier and Stutzer 2008; 本書第7章），ボランティアをすると必ず幸福になるという関係があるわけではない．外交的なタイプの人は，ボランティアの回数が増えた場合に高い満足度を申告するだろうから（DeNeve and Cooper 1998），相関関係が観察されたとしてもそこにはバイアスが発生しているものと考えられる．偏相関の不偏推定についても，因果関係の問題はある．ボランティアをすることで幸福度は上昇するのだが，幸福な人は他人も幸福になるよう進んで力を貸す（Myers 1993）．したがって偏相関が観察されても，それは幸福な人がボランティアに積極的であるからとも考えられる．因果関係の方向性は，パネルデータ分析でも識別するのは難しい．質的な情報の追加や操作変数法による分析が必要である．だが同じ個人が長期間にわたり調査される場合には，時間がたっても不変である特異な効果をコントロールすることは可能だ．長期間の分析やパネル分析では，各個人に特有の幸福や「セットポイント（set point）」の幸福を考慮することができる（Clark et al.2006; Easterlin 2005）．幸福度の水準は，肯定的な経験や否定的な経験をした後に，特定のベースラインに戻る傾向がある．特に事故，離婚，愛する人の死など不運なことを経験しても，人間はある程度は対応できるようだ（Stroebe and Stroebe 1987; Pearlin and Schooler 1978）．

　ミクロ計量経済学の幸福関数がバイアスをもつ理由のうち重要なものとしては，測定誤差と個人の特性とが相関をもつことが挙げられる．例えば，若者が自己申告する生活満足度は，一般に高齢者よりも低い．若者の幸福度は，実際に低いのかもしれないが，年齢が主観的幸福の質問に対する反応や回答に影響を与えることもありえる．つまり統計的な関係が観察されたとしても，見せかけの相関関係にすぎないかもしれないのだ．この種のバイアスは計量

経済学の手法をもってしても対処するのは難しい．しかし慎重に開発された心理テストや新しい調査データを用いることで，こうした歪みが修正される可能性はある．

ここまで幸福の決定要因を研究するのに必要な統計上の前提条件を議論してきたが，幸福度の比較を自己申告による主観的幸福で行う場合には，必要条件は他にもある．その条件とは，個人が述べる幸福度が基数性と個人間の比較可能性を満たすことなのだが，どちらについても疑問を持つ経済学者は多い．しかし所得の不平等，貧困，課税，リスクに関する先行研究では，暗黙のうちに，基数的な効用の測定と個人間の比較可能性は十分に確定した命題として受け入れられている．

実務レベルでは，基数性も個人間の比較可能性も，さほど問題ではないようだ（Kahneman 1999）．「認知された変化分（just perceivable increments）」という概念を用いて，個人間でも異時点間でも国際間でも比較可能な幸福度の指標が開発されている（Ng 1996）．ミクロ計量経済学の幸福関数の推定では，満足度を序数と基数のどちらで取り扱っても非常に類似した結果が得られており（Frey and Stutzer 2000），この点は「所得評価アプローチ（income evaluation approach）」による検証結果と整合的である．この所得評価アプローチは文脈なしの設定をおき，言葉による評価を数値に置き換えるものである（van Praag 1991）．調査対象者全員が言葉による順序の持つ意味はほぼ同じと考えていること，また，基本的な間隔もほぼ同じ長さであることから，言語を用いた尺度は有効に利用できることがわかった．

現在の研究の状況からみると，自己申告による主観的幸福指標は，幸福に関する経済的，制度的影響を研究できるような質が十分に担保されており，個人の厚生を経済理論で検証する場合は実証的には十分な近似と考えられる．

第3章
所得は幸福にどのような影響を与えるか

　本章では，所得と幸福との関係について，次の3点の検討を行う[1]．
・ある一時点でみた場合，所得の高い人は，低い人よりも幸福だろうか（3.1節）．
・所得が長期的に増加すると，幸福度も増大するだろうか（3.2節）．
・豊かな国の人は貧しい国の人よりも幸福だろうか（3.3節）．

3.1　個人間にみられる幸福度と所得の差

所得が高いと幸福度も高い

　所得の高い人は，自分が望むものを手に入れる機会に恵まれており，特に物質的な財やサービスを，より多く買うことができる．高所得者は社会的な地位も高いことが多い．これまでにも，ある特定の時期と国でみた所得と幸福との関係は，実証研究のテーマとして取り上げられてきた．そうした分析では一般に，裕福な人の主観的幸福度は平均的に高いことが頑健な結果として得られている[2]．所得と幸福度との関係は，単回帰分析の結果でも，所得

---
1) サーベイについては，Easterlin 2001; Diener and Biswas-Diener 2002 を参照のこと．

以外の要因をコントロールした重回帰分析でも，統計的にみて，概して非常に有意である．つまり，「幸福はお金で買える」ということになる．

表 3-1 は，総合的社会調査（GSS）の 1994-1996 年のプールしたサンプルで，アメリカにおける等価所得と平均的な幸福度との関係をみたものである．等価所得とは，世帯所得を世帯人員数の平方根で割ったものであり，世帯規模の違いが修正されている．この表から，所得が増加するに伴い，幸福度の平均点（点数は幸福度の高さを表す）も上昇することがみてとれる．サンプルを所得の低い方から順に 10 個のグループに分けた場合，最も所得の低いグループの幸福度の平均値は 1.94 であり，下から 5 番目のグループは 2.19，最も高いグループの幸福度は 2.36 である．つまり，アメリカでは，所得の高い人は幸福度も高いということがいえる．

ユーロ・バロメーター調査の 1975-1991 年のデータからも同様の関係がみてとれる．例えば「かなり満足している」，「とても満足している」と回答した人の割合は，所得の上位 4 分の 1 に属するグループでは 88％であるのに対し，所得の下位 4 分の 1 に属するグループでは 66％にすぎない（Di Tella,

表 3-1　等価所得と幸福度との関係（アメリカ，1994-1996 年）

	幸福度の平均 [a]	等価所得の平均 [b] （1996 年の米ドル換算）
全サンプル	2.17	20,767
第 1・十分位数	1.94	2,586
第 2・十分位数	2.03	5,867
第 3・十分位数	2.07	8,634
第 4・十分位数	2.15	11,533
第 5・十分位数	2.19	14,763
第 6・十分位数	2.29	17,666
第 7・十分位数	2.20	21,128
第 8・十分位数	2.20	25,745
第 9・十分位数	2.30	34,688
第 10・十分位数	2.36	61,836

注：「わからない」と無回答はサンプルから除いている．a) 幸福度の平均は「あまり幸せではない」＝ 1，「かなり幸せである」＝ 2，「とても幸せである」＝ 3 として計算している．b) 等価所得は，世帯所得を世帯人員数の平方根で割ったものである．
出典：Frey and Stutzer 2002b．データは National Opinion Research Center の総合的社会調査 GSS を用いている．

MacCulloch, and Oswald 2003).同様に,実質所得が急速に増加した再統一後の東ドイツでも,実質所得は幸福度に影響を与えている(Frijters, Haisken-DeNew, and Shields 2004).東ドイツで観察された生活満足度の上昇分のうち,約35-40％は,世帯の実質所得の急上昇によるものであった(他の要因は,個人の自由度が高まったこと,公共サービスの改善である).

だが,所得が増加すれば幸福度も限りなく増大していくというわけではない.所得の絶対額が増加するに伴い限界効用が逓減していくのと同様に,所得と幸福との関係も線形ではないのだ.この関係は,経済学の標準的な教科書に示されている所得と効用との関係と同様である.表3-1からも,所得が上昇するにつれ,幸福度の増分は減少傾向にあることがわかる.所得が倍増した場合の幸福度は,所得の下位5グループでは平均で0.05ポイントの上昇であるのに対し,上位5グループでは0.03ポイントの上昇に過ぎない.限界効用が逓減するという証拠は,世界価値観調査(調査期間は1980-1982年,1990-1991年,1995-1997年の3回,対象国は18-30カ国,データ数は合計で87,806)を用いた分析でも示されている.世帯所得の分布でみて下から4番目の十分位数にいる人が5番目のグループに移動した場合,主観的幸福度(1.0から10.0の10段階)の上昇分は0.11であるが,上から2番目の人が一番上のグループへ移動した場合は0.02にすぎない(Helliwell 2003).

個人の所得と幸福に関する研究は,従来は主に先進工業国を対象としてきたが,その分析結果は,基本的に,開発途上国や移行国にも当てはまる(Graham and Pettinato 2002a,b; Hayo and Seifert 2003).ある時点の社会で所得と幸福の間にみられるプラスの関係は,頑健な現象なのである.

しかし所得だけで個人間でみられる幸福度の違いを説明できる割合は,実は小さい.例えばアメリカでは,両者の単相関係数は0.20である(Easterlin 2001, p. 468).こうした結果から,所得は個人の幸福に重要ではないとの誤

---

2) アメリカに関する分析は,Blanchflower and Oswald 2004b; Easterlin 1995, 2001; Di Tella and MacCulloch 2006を参照.EU加盟国についてはDi Tella, MacCulloch, and Oswald 2001を参照.スイスはFrey and Stutzer 2000を参照.

った解釈がなされることがあるが，所得が重要かどうかについては，あくまで，多変量解析によって推定された係数の大きさで判断されるべきである．所得と幸福度の相関係数が低いことから，なぜある人が他の人よりも幸せなのかを説明するには，他の要因も重要であることがわかる．失業などの他の経済要因と健康や性格など経済以外の要因は，特に幸福度に大きな影響を及ぼすものと考えられる．性格に関連する重要な要因として，物質的な財を高く評価する人はあまり幸福ではないという傾向が挙げられる（Sirgy 1997）．また，外面的な目標を持つ人（財政的な成功や社会的な承認など外部報酬を重視する人）よりも，本質的な目標を持つ人（自分の価値は自分で定義する人）の方が幸福である（Kasser and Ryan 2001; Kasser 2002）．

相関関係があれば因果関係もあるとは限らない．所得が高いと幸福度が上昇する可能性はあるが，幸福な人は仕事に懸命に取り組むがゆえに高い所得を得る可能性もあるからだ．因果関係の方向性は，仕事以外で得られた所得の変化をみることにより検証することができる．イギリスでは宝くじの当選者と遺産を相続した人の幸福度はその翌年には上昇しており，臨時収入が5万ポンドの場合，主観的幸福は標準偏差の0.1–0.3上昇することから（Gardner and Oswald 2001）[3]，所得の増加によって人々がより幸福になる可能性が示されている．

なぜ所得が高くても幸福度にあまり大きな影響を与えないのかについては，複数の説明が考えられる．重要な要因として，人間は新しい生活水準に順応することと，他人と自分とを比べることが挙げられる．所得の影響は，絶対的な水準ではなく，過去や他人と比べた場合の相対的な水準の方が大きいのだ．「相対所得」というアイディアは，野心レベルに関する一般的な理論の一つである．

幸福は相対的なもの：所得面の野心の役割

人間は絶対的な判断を下すことはできないし，そのようなことをしたいと

---

[3] Smith and Razzell 1975; Brickman, Coates, and Janoff-Bulman 1978も参照．

も思っていない．むしろ人間は，現在の状況，過去と未来への期待をいつも比べている[4]．つまり人間は，野心レベルと現状との差を認識し，それに対して反応しているのである[5]．

効用が本質的に相対的なものであることを否定する経済学者は少数派である．しかし人間の行動に関する経済学のモデルでは，効用関数は不変と仮定されることが多い．その例外は選好の変化の理論的解明であり[6]，習慣形成の研究が盛んに進められている（Marshall 1890; Modigliani 1949; Pollak 1970; Carroll, Overland, and Weil 2000）．適切な他人と比べることで相互依存的な選好を持つという概念はまれである（Layard 2005; Frank 1985b; Pollak 1976; Clark and Oswald 1998; Sobel 2005）．自分の地位に対する関心（positional concerns）よりも公正さに注目した相互依存的な効用を扱う別の種類のモデルもある（Becker 1974b; Fehr and Gächter 2000）．

所得面の野心によって，相対的な所得に対し人々が持つ関心と以前の所得水準への適応をとらえることができる．所得面の野心が高い人は，現時点での所得や消費水準から得ている幸福度が低い（Stutzer 2004）．所得面の野心が主観的幸福度に対して及ぼす影響については，ドイツのパネルデータによる実証研究でも明らかになっている．以下で詳述しよう[7]．

人間が効用を相対評価する要因

個人の野心を形づくり，人々が効用を相対評価する主なプロセスは，2つである．

---

4)「適応」は一般的な現象であり，所得の変化への適応はその一部である．ドイツ社会経済パネル調査（German Socio-Economic Panel）を用いて期間を1984-2003に拡大したクラークら（Clark et al.2006）の研究によると，離婚や死別，第一子の誕生に対しては完全な適応がある．個人の幸福度は「セット・レベル」へ戻るのである．しかし，結婚に対する適応は不完全であること，また男性は女性とは異なり，失業には適応しない．
5) 実験による研究は，Mellers 2000; Smith et al.1989; Tversky and Griffin 1991を参照のこと．
6) サーベイについては，Bowles 1998を参照のこと．
7) 詳細はStutzer and Frey 2004を参照のこと．

社会的比較　人間は自分が所得階層のどこにいるかを気にしている．つまり重要なのは所得の絶対的な水準ではなく，過去や他人と比べた場合の相対的な水準なのである．「相対所得」は，野心レベルに関する一般理論の一部である．自分の地位に対して関心を持つという現象は，人間性に関する新しい知見であるというわけではないが，社会的な比較が拡大しつつある現在，地位に対する関心は注目されている．人間が，自分にとって重要な他人と，所得，消費，地位，効用の面で比較をしている点は，過去に多くの経済学者が指摘している．ヴェブレンはいわゆる「顕示的消費（conspicuous consumption）」という用語をつくり（Veblen 1899），デューゼンベリーは非対称な構造を持つ外部性を仮定し，「相対所得仮説」について計量経済学による検証を行った（Duesenberry 1949）．人間は他人と比べる場合，下ではなく上を見る．そのため，野心はすでに達成した水準よりも高くなる傾向がある．裕福な人は，貧しい人に対して負の外部効果を与えるが，その逆は起こりえない．したがって貯蓄率は，従来の貯蓄関数が示すように所得水準だけで決まるのではなく，所得分布のどのあたりに位置しているかが影響を与えるのである．しかし参照グループ（reference group）は外生的に与えられている場合もあるが，自分で選択している部分が大きい（Falk and Knell 2004）．人気ドラマに登場する家族がこの「自分にとって重要な他人」となっているケースもある（Schor 1998）．イギリスの5,000人の労働者を対象とした研究によると，参照グループは労働市場の特性が似通った人たちで構成されているが（Clark and Oswald 1996），参照グループの所得が自分より高いと仕事に対する満足度も低くなる．社会的な比較は家族内でも行われることがあり，女性は，自分や義理の姉妹の就業の有無と収入をみた上で，働きに出るかを決めているという研究結果もある（Neumark and Postlewaite 1998）．教育水準と年齢が似通っている場合は参照グループをグループ外に作る（ドイツに関する分析は，Ferrer-i-Carbonell 2005を参照のこと）．参照グループ内で所得を比べている場合，自己申告による生活満足はマイナスの影響を受けている．パネルデータを用いたアメリカの最近の分析によると，収

入を一定とした場合，隣人の所得が高いと，個人の主観的幸福度の水準は低下してしまう (Luttmer 2005).

所得の増加や消費水準の上昇への慣れ　物質的な財・サービスが増えた当初は，喜びが増大するが，通常は一時的なものに過ぎない．物質的な財から得られた効用は徐々に消えていく．満足感は変化があると高まるのであり，消費が続くと満足感は消えてしまうのだ．刺激が一定であったり繰り返されることによってもたらされた快楽の効果は消滅していく．このプロセス（メカニズム）が「適応」である．

快楽に適応するというプロセスは，消費する際に社会的な比較をしたり競ったりするプロセスを補うものであり，このプロセスがあるからこそ，人々はより高い野心を持って努力するのである．「野心レベル」という概念は心理学と社会学では昔から研究されており (Irwin 1944; Lewin et al.1944; Stouffer et al.1949)，適応レベルの理論は心理学でも十分根拠づけられている (Parducci 1995; Frederick and Loewenstein 1999). 野心レベル理論によれば，幸福は，野心と実際に達成したことのギャップによって決定される (Andrews and Withey 1976; Campbell et al.1976; Michalos 1985). 適応できる程度や状況は，本人と周りの環境によって異なる (Frederick and Loewenstein 1999; Riis et al. 2005). 所得は，結婚や障害 (Easterlin 2004)，余暇 (Frank 1997) などの生活上の出来事よりも，適応の度合いが高いとされている．

所得面の野心が個人の効用に与える影響の検証

所得面の野心が幸福に対して果たす役割を直接的に研究する場合は，所得面の野心を実際に計測する必要がある．そこで，「所得の評価」を「野心」の代理変数として用いる．所得の評価を調べる方法は個人の厚生関数アプローチによって開発されてきた (van Praag 1971; van Praag and Frijters 1999). この方法は，個人に，質的特性が加味された所得水準に追加したいと思う所得金額を尋ねることで，所得と，その所得から期待される厚生との間の基数

的な関係をみることができる．その質問文は，「次のケースで，あなたが適切と考える金額をお答えください．自分（自分たち）の状況を踏まえると，世帯収入（月額）が非常に少ないのはおよそ〇〇で，非常に多いのはおよそ〇〇だと思う．」である（van Praag 1993）．「所得の評価に関する質問」への回答に際しては，家族や仕事などの状況が考慮されるため，このアンケート調査の回答から，野心レベルを満たすのに十分な所得（期待される幸福度に到達するのに必要な平均所得）に関する情報が得られることになる．

個人の幸福関数は数カ国で推定され，特にオランダとベルギーについては，良い結果が得られている（van Herwaarden, Kapteyn, and van Praag 1977）．人々が「十分な」所得だと考える金額と実際に得ている所得は，所得の変化に伴う「選好ドリフト（preference drift）」を計測するものであり，両者の関係性は特に興味深い．もし正の相関関係があれば，より高い所得に対する事後の評価が事前の評価よりも低いことになる．そのため，裕福な人が考える「十分な」所得は，貧しい人にとっての「十分な」所得よりも高いことになる．

われわれは，主観的幸福のデータと個人の野心に関する情報を結合する研究を行うため，ドイツ社会経済パネル調査（German Socio - Economic Panel Study, GSOEP）のデータを利用した．GSOEP調査の1992年と1997年の調査には個人の野心レベルに関する情報が含まれている．質問文は「自分の所得について，高い／あまり高くないと感じるかどうかは，あなたご自身の生活環境や将来に対する期待と関係があります．あなたの場合，十分とお考えの実質世帯所得は〇〇ユーロです」であり，回答者が金額を答える方式である．野心レベルを代理する「金額」は，平均で，1カ月あたり1,950ユーロ（購買力平価，1999年基準）であり，サンプルの平均世帯所得は1カ月あたり2,450ユーロ（購買力平価，1999年基準）であった．

自己申告による主観的幸福は，「全体的にみて，あなたは自分の生活にどのくらい満足していますか」という質問で尋ねられ，回答は0（とても不満）から10（とても満足）の中から選択する方式である．

分析では標準的なミクロ計量経済学の幸福関数による推定を行った．表3

-2には，結果の解釈が容易な最小二乗法による推計結果を示している．この推計では，個人の自己申告による満足度を，所得，社会人口統計的・社会経済的特性，世帯規模で回帰している．表3-2の1番目の推計結果をみると，世帯所得は，他の条件が一定ならば，自己申告による生活満足度と正の関係があり，例えば世帯所得が2倍になった場合，生活満足度は0-10の段階で0.315ポイント増加することがわかる．世帯規模の係数はマイナスである．これは，世帯所得が世帯内で分配されているという事実を反映しているものと考えられるが，そもそも世帯規模は，人々が親密であり支え合う関係にある人と一緒に住んでいるという事実もとらえているはずである．したがって，この結果からは，世帯規模が生活満足度に対して与える影響は，ネットでみた場合にはマイナスであることがわかる．

ドイツのデータを用いて推計した表3-2の1番目の推計結果から，次のようなことも明らかになった．
・女性の生活満足度は男性よりも少し高い．
・満足度と年齢との関係は，50歳くらいが底となるU字型の形状となっている．
・教育年数の多い人は，少ない人よりも，満足度が高い．
・パートナーがいる人は，いない人よりも，平均的な満足度が高い．
・雇用者，西ドイツ在住者，ドイツ国籍の人よりも，自営業者，非就業者，失業者，東ドイツ在住者，EU以外の国籍の人の方が，満足度は低い．

表3-2の他の結果については，推計を個人の野心レベルを示す代理変数を入れた形に拡張している．これは先に述べたように，個人の幸福に対する評価が所得面の野心と関係があるかを検証するものである．その推計結果をみると，理論から予想された通り，個人の所得面の野心を表す変数は，主観的幸福にマイナスの影響を与えていることがわかる．つまり所得水準を一定とした場合，所得面の野心が高いと幸福度の水準は低い．回答者が「十分だ」と評価する所得で測った野心レベルが倍増した場合，自己申告による生活満足度は，平均で0.180ポイント低下する．これらの結果から，所得と所得以外の個人特性がコントロールされている場合，所得面の野心は主観的

表3-2 生活満足度に対する所得面の野心の影響（ドイツ，1992年，1997年）

	プールした推定		プールした推定		個人の固定効果の推定	
	係数	t値	係数	t値	係数	t値
世帯所得（対数値）	0.454**	15.39	0.534**	16.54	0.327**	5.81
所得面の野心（対数値）	-0.363**	-5.83	-0.259**	-6.06	-0.323**	-4.99
世帯人員数（平方根）			-0.303**	-4.81	-0.321*	-2.50
男性	参照グループ		参照グループ			
女性	0.055 (*)	2.08	0.059 (*)	2.23		
年齢	-0.049**	-7.57	-0.046**	-7.06		
年齢の二乗項	0.48e-3**	6.93	0.45e-3**	6.45	0.09e-3	0.53
教育年数（対数値）	0.155 (*)	2.22	0.213**	3.03	-1.963 (*)	-2.26
子どもなし	参照グループ		参照グループ		参照グループ	
子ども	0.072	1.73	0.062	1.49	0.047	0.70
独身（パートナーなし）	参照グループ		参照グループ		参照グループ	
独身（パートナーあり）	0.137	1.82	0.165 (*)	2.18	0.499**	3.07
既婚	0.196**	3.06	0.227**	3.53	0.753**	4.25
別居（パートナーなし）	-0.296	-1.25	-0.279	-1.18	0.458	1.17
別居（パートナーあり）	-0.640**	-5.08	-0.620**	-4.93	0.041	0.18
離別（パートナーなし）	0.107	1.05	0.145	1.41	0.604**	2.74
離別（パートナーあり）	-0.337**	-4.05	-0.331**	-3.99	0.340	1.66
死別（パートナーなし）	0.068	0.43	0.100	0.64	1.505**	3.72
死別（パートナーあり）	-0.065	-0.80	-0.051	-0.63	0.511*	2.37
配偶者は海外	-0.277	-1.12	-0.243	-0.99	0.616	1.27
雇用者	参照グループ		参照グループ		参照グループ	
自営業	-0.230**	-3.44	-0.242**	-3.62	-0.164	-1.36
パート，アルバイト	-0.019	-0.23	-0.039	-0.49	-0.210	-1.83

	(1) coef.	(1) t	(2) coef.	(2) t	(3) coef.	(3) t
非就業	-0.135**	-3.30	-0.151**	-3.68	-0.188**	-2.67
失業	-0.857*	-16.89	-0.871**	-17.16	-0.734**	-10.23
育児休業中	0.165	1.79	0.152	1.65	0.023	0.17
軍務中	0.684	1.34	0.658	1.29	-0.196	-0.24
学生	0.086	0.68	0.056	0.44	-0.309	-1.63
引退	-0.052	-0.72	-0.069	-0.95	-0.139	-1.24
西ドイツ在住者	参照グループ		参照グループ		参照グループ	
東ドイツ在住者	-0.837**	-29.29	-0.819**	-28.51	-1.009**	-4.53
ドイツ国籍	参照グループ		参照グループ			
EU域内の国籍	0.056	1.02	0.059	1.07		
EU域外の国籍	-0.238**	-5.02	-0.237**	-5.01		
1997年ダミー	-0.134**	-5.46	-0.141**	-5.74	-0.299**	-3.55
定数項	7.101**	103.98	8.071**	46.40	7.857**	25.02
サンプル数	19,130		19,130		19,130	
自由度修正済み決定係数	0.102		0.103			
overall R^2					0.040	

注：被説明変数は生活満足度 [0–10段階]. (*) は10%水準，* は5%水準，** は1%水準で有意であることを示す．データの出典は GSOEP 調査．

訳注：出典は Frey and Stutzer 2005a.

幸福にマイナスの影響を与えているという基本的な仮説が支持される．

人口統計面のコントロール変数の係数は最初の推定と同じ大きさであるのに対し，生活満足度に対する世帯所得の効果は1番目の推定よりも大きい(0.534)．この結果は野心レベルを所与とした場合，所得が高いと幸福度に与える影響も大きいということを意味する．世帯所得の係数の大きさの差から，人々が所得水準に応じて野心レベルを調整しているという間接的な証拠がみてとれる．

2番目の結果の別の解釈としては，個人の野心に影響を与えているが観察できない性格面の特性が推定に影響を及ぼしているということが考えられる．同じことが主観的幸福の質問に対する回答者の反応にもいえる．例えば高い人生の目標を持ち競争心の強い人は，野心を高く申告する一方，改善の余地を残そうと思うことから生活満足度を低く申告する可能性がある．その結果，野心と幸福度との相関関係にバイアスが発生してしまうことが考えられる．だが，同じ人が長期間にわたって数回調査されたデータであれば，時間には不変で特異な影響をコントロールすることができる．長期間のデータセットを用いれば，ベースラインの幸福度をみることが可能となるからだ．つまり所得面の野心と自己申告による主観的幸福との統計的関係は，同じ人について，1992年と1997年の野心の変化をみることで確認できる．

時間に不変で観察できない人間の特性がもたらす見せかけの相関関係を排除するべく，表3-2の3番目には，個人の固定効果の結果を示している．偏相関をみると，所得面の野心が，生活満足度に対してかなり大きなマイナスの影響を与えていることが確認できる．野心レベルが倍増すると，自己申告による生活満足度は，平均で0.224ポイント低下する．したがって，プールした推計が支持される．性別，家族構成，年齢，教育，就業状況，居住地と国籍をコントロールするために使用した変数も，幸福度に対し同様の質的な影響を与えていることがみてとれる．

こうした結果から，所得面の野心を考慮することで，個人の幸福度に対する理解がさらに容易となることがわかる．所得面の野心は，心理学的な根拠がきちんと示されている効用の概念のひとつであり，この要素を取り入れる

ことで，実証上の様々な観察を説明することができるようになる（Easterlin 2004）．例えば，ある社会で平均的な野心が1人当たり所得と同率で増大しているとすれば，工業化社会ではこの数十年間に経済的な富が顕著に増大したにも関わらず，なぜ人々の幸福度は上昇しなかったかが理解しやすくなる．この点に関しては，3.2節でさらに論じることとする．

　所得と自己申告による主観的幸福との相関関係が低い点については，理解がより深まる別の解釈がある．つまり，人々が，経済面の幸福を，絶対的な水準ではなく自分の野心との比較で評価しているとしたら，客観的にみると良くない経済状態で暮らす人でも満足度の高い人もいれば，客観的には良い状態にもかかわらず不満の高い人もいることになる．

野心レベルの決定要因に関する実証分析

　次の2つの分析は，個人の野心の形成に関する実証研究である．

社会的な比較　所得面の野心として，先ほどと同じ代理基準を用いて，スイスの共同体について社会的な比較の効果に関する調査を行ったところ（Stutzer 2004），個人の野心はその人が住んでいる共同体の平均所得から体系的影響を受けていることがわかった．隣人が裕福だと，野心の水準は高い．こうした影響は生活コストの高さだけでは説明できない．共同体に属している人の野心レベルは共同体内で互いに影響し合うことから，付き合いのない人たちの平均所得が変化した場合とは異なり，平均所得の変化に大きく反応するのである．

適応　個人の所得と所得面の野心との関係は，レイデン・グループが個人の幸福関数による量的な検証を行っており（van Herwaarden et al.1977; van Praag and van der Sar 1988），野心は人々の所得水準と共に高まることが頑健な結果として見いだされている．この結果から，所得が高ければ所得面の野心も高いとは限らないこと，また，個人の高所得を通じた「選好シフト」は，所得の増加から予想される幸福の影響の60-80％を「破壊して」しま

うことがわかっている．習慣形成に加えて相互依存的な選好も考慮する場合には，選好ドリフトが所得獲得による厚生効果の100%を上回る可能性は否定できない（van de Stadt, Kapteyn, and van de Geer 1985）．

3.2 時系列データでみた所得と幸福度との関係

イースタリン・パラドックス（幸福のパラドックス）

　非常に奇妙な関係が確認されている[8]．すなわちアメリカ，イギリス，ベルギー，日本では，1人当たりの所得はこの数十年間に急上昇したのに対し，平均的な幸福度は，実際に変化がなく，低下している場合さえあるのだ．所得と幸福度の推移を時系列のグラフでみると，はさみを開いたときのように徐々に差が大きくなっている．1958年から1991年の間に，日本の1人当たり所得は6倍になった．これはおそらく第二次世界大戦後では所得が最も大きく増加したケースである．この所得上昇によって，日本では大半の世帯が屋内トイレ，洗濯機，電話，カラーテレビ，自動車を所有するようになった（Easterlin 2000）．しかし図3-1をみると，物質面の幸福度は大きく高まる一方，平均的な生活満足度は上昇していないことがわかる．4段階評価でみた生活満足度の平均は1958年には2.7であった．1991年の生活満足度は，30年以上にわたる経済的繁栄にもかかわらず，2.7にとどまっているのである．

　アメリカについても総合的社会調査（GSS）のデータで確認したところ，同様の関係がみられた．1972-1974年と1994-1996年の2期間で，実質等価所得の平均（サンプル全体）は17,434米ドルから20,767米ドルと19%増加したのに対し，幸福度の平均は2.21から2.17へとわずかだが減少している．所得は第3を除く各十分位数で増加している一方で，平均的な幸福度は，十分位数の8つで低下，あるいは変化がみられなかったのである．

---

[8] Di Tella and MacCulloch 2006; Blanchflower and Oswald 2004b; Diener and Oishi 2000; Myers 2000; Kenny 1999; Lane 1998; Easterlin 1974, 1995を参照のこと．

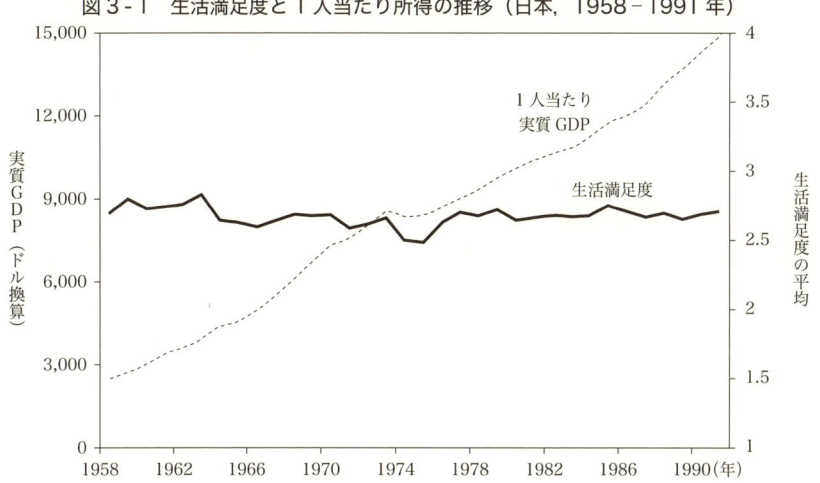

図3-1 生活満足度と1人当たり所得の推移(日本,1958-1991年)

出典:Frey and Stutzer 2002b. データはペン・ワールド・テーブル(Penn World Tables)と世界幸福度データベース(World Database of Happiness)を用いている.

考えられる説明

以上のケースからいえることは何だろうか.1つの可能性としては,以下のような点を根拠として,記述上の証拠は無視してしまうということが考えられる.

- 1970年代と1980年代のデンマーク,ドイツ,イタリアでは,1人当たり実質所得が顕著に増加するとともに,自己申告による生活満足度は,程度こそ小さかったものの,上昇した(Diener and Oishi 2000).
- 主観的幸福度が小さく増加・減少しているかについては,観察する期間によって異なる.所得と幸福の間にみられる長期的な関係については,他の条件を等しいとした場合の分析が行なわれていない.もっともアメリカでは,個人の特性をコントロールした場合に負のタイムトレンドが観察されている(Blanchflower and Oswald 2004b).

しかしこうした論拠にはあまり説得力がない.むしろ,所得と幸福が必ずしも同じペースで増加しないという観察結果をみると,所得水準だけでは主観的幸福を説明できないということは明らかである.人間が経験するプロセ

スの中で最も重要なもののひとつに，経験への順応がある．人間は絶対的な判断を下すことができないし，そうしたくもない．その代わりに，人々は過去の経験や未来の期待との比較を行っている．このような説明にも，野心レベル理論を用いることになる．物質的な財・サービスが追加されると，当初は新たな喜びが発生するものの，通常は一時的なものに過ぎない．物質的なことから生まれた幸福は消滅していくのである．満足感は変化から影響を受けるため，消費が続いていくと満足感も消え去る運命にある．このように，快楽面には適応のプロセスがあるために，人間はより多くのものを熱望するのである．

結論

以上の考察から，重要な点が3点明らかになった．

・野心がさらに上へと調整されていくことで，人間はより多くのことを達成しようとする動機付けがなされる．人間は決して満足せず，何かを達成した場合でも，さらに多くのことを達成したいと願う．「上昇する野心」の理論は，物質的な財やサービスだけではなく，物質面以外の事柄についても当てはまる．例えば昇進は，一時的な幸福をもたらすと同時に，次の昇進への期待や更なる野心へとつながる．

・欲望は飽くことを知らない．手に入れれば入れるほど，もっと欲しくなる．したがってこの枠組みで考えれば，「所得の限界効用」を定義することはもはや不可能である．効用関数が所得と共に変化するからである．

・大半の人は，過去にはあまり幸せではなかったと感じ，将来はもっと幸せになるだろうと考える（Easterlin 2001）．この非対称性は野心の変化による説明が可能である．過去を振り返るとき，人々は現時点の野心に基づいて自分や他人の生活水準を判断し，既に消費してしまったものについてはあまり魅力を感じない．しかし物質面で高い生活水準を経験した人が将来の幸福を予測する場合，自分の野心が長期的には調整されていくことには気づかない．したがって，評価に現在の野心を誤って適用し，将来はもっと幸福になれるだろうと期待することになる．

3.3　国別データでみた所得と幸福度との関係

　平均でみると，豊かな国に住む人の方が貧しい国に住む人よりも幸福であることは，さまざまな研究によって示されている（Diener, Diener, and Diener 1995; Inglehart 1990; Graham 2005）．これらの研究では，国によって生活費が異なる点を調整するため，各国間の所得の差は為替レート（購買力平価）で計測し，幸福度のデータは世界価値観調査が用いられている．同調査は，生活満足度の国際比較を行う際に利用可能なデータソースとしては，今のところ最も優れている（Inglehart et al.2000）．

　2000年代初めに行われた世界価値観調査の第4回調査により，1人当たりの所得と生活満足度との関係を63カ国についてみてみると（図3-2），自己申告による主観的幸福は所得と共に高まっていることがわかる．凹形の関係を見いだす研究者もいる．すなわち，平均でみる限り，発展段階が低い水準の国では所得は幸福をもたらすが，所得が約1万ドルを超える国では，所得水準は主観的幸福度にほとんど影響を与えていないのである．

　だが，国別の所得と幸福との関係が視覚的に確認されても，その意義は限定的である．所得と幸福度との正の相関関係は所得以外の要因によるものかもしれないからだ．特に，1人当たり所得が高い国は，貧しい国よりも民主主義体制が安定している傾向がある．それならば，所得と幸福の間に明確な相関関係がみられたとしても，単に民主主義体制が確立されていることが反映されているにすぎない．民主主義以外にも所得と関係のある条件があって，それによって正の相関関係が生まれているのかもしれない．所得が高い国では住民の平均的な健康状態は良好で，基本的人権も保証されているだろう．したがって健康も基本的な人権も，所得と同様に，幸福度を高めている要因のひとつと考えられる．

　さらに，長期間でみた幸福度に関する証拠を踏まえると，国別データで見た所得と幸福度の間の相関関係が正であることは意外である．時系列データでみると，1人当たり所得と幸福の間にはそうした関係がみられないからだ．

図3-2 各国の生活満足度と所得水準の相関関係（2000年代初頭）

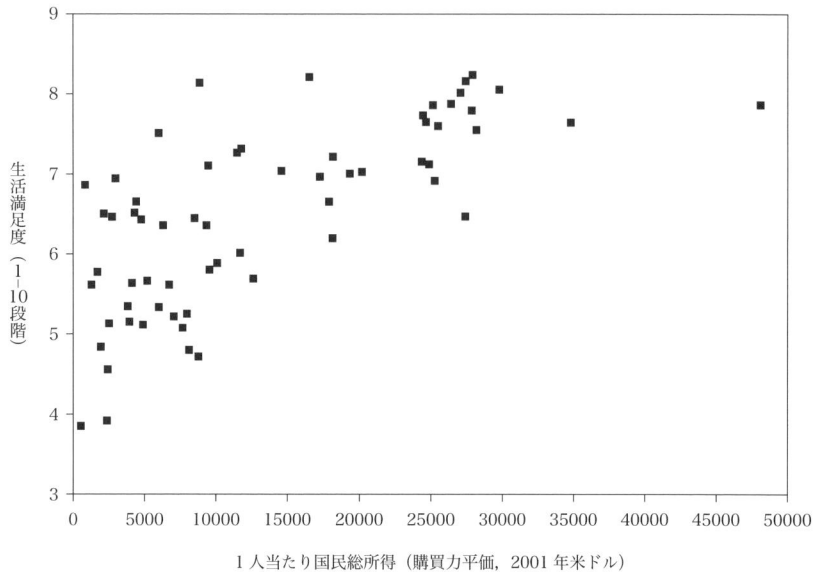

縦軸：生活満足度（1-10段階）
横軸：1人当たり国民総所得（購買力平価，2001年米ドル）

注：世界価値観調査（World Values Survey）1999-2004年，世界開発レポート（World Development Report）2003年のデータにより作成．

　所得の絶対額が幸福度に果たす役割を国別データでみるには，2つの戦略がある．第一に，複数の期間のクロスセクション・データを用いることで，時間に不変であるが国特有の特性をコントロールするという方法である．国特有の特性には，文化の相違，言語の違いによる体系的な歪みなどがあり，これらは安定しているものと考えられる．このアプローチはヘリウェルの研究で用いられているもので（Helliwell 2003），世界価値観調査の初期に行われた3つの調査を使い49カ国のデータを結合している．推計では，国特有の効果の代わりに国を6つのグループ（先進国，北欧，旧ソ連邦，東欧，ラテンアメリカ，その他途上国）に分け，ベースとなる水準を考察している．この研究によると，1人当たりの国民所得（米ドル・1997年価格）が主観的幸福に与える影響は非常に小さい．1人当たり所得がアメリカの2分の1にあたる国では，所得分布が変化しない場合，1人当たり所得が10％増加しても，

平均的な生活満足度は1-10段階で0.0003ポイント上昇するにすぎない．そして，1人当たり実質所得がアメリカの1997年の水準になる以前に，その効果は消えてしまう（Helliwell 2003）．

　前述のクロスセクション・データによる研究では，自己申告による主観的幸福度の要因に国・地域特有のものがあることが無視されているため，この証拠の方が長期間でみた所得と幸福度との関係と整合的である．しかしながら，貧しい国はデータ集積が十分ではないとの議論はあるだろう．特に国の発展という観点からみると所得と幸福との関係は重要であることから，2番目の戦略では途上国の主観的幸福度を直接取り上げている．だが，現在，自己申告による主観的幸福度は，途上国では長期間の時系列データがほとんど存在しない．この点で有望な研究は，ロシアの社会経済パネル調査（Ravallion and Lokshin 2001）とラテンアメリカ17カ国で複数回行われた調査である（Graham and Pettinato 2002a,b）．その結果によると，生活満足に対する個人所得の影響は，欧州諸国と驚くほど似ていること，さらに年齢，教育，結婚，健康，失業についても同様であることが示されている（Graham 2005）．ペルーとロシアの結果からは，経済発展に伴って大規模な社会的流動性が発生していることがわかる．野心レベルが急速に上昇する人は，このような流動性によって，経済的な富が増加することで得られる幸福の全般的なメリットが減少してしまう可能性がある．過去に流動性を経験し，将来的に上層へ移動できる見通しがあると，自己申告による主観的幸福度にプラスの影響がある．しかし一方で，流動性が客観的に観察される場合でも，流動性を否定的なものととらえ生活満足度を低く申告する「落胆した目的達成者（frustrated achiever）」の存在が報告されている（Graham and Pettinato 2002a,b）．

　所得と幸福を国同士で比較する場合に考慮すべきもう1つの側面は，ここまで暗黙のうちに仮定したように，因果関係が果たして所得から幸福の方向で働いているかという点である．逆の因果関係も考えられるからである（Kenny 1999）．つまり，国民が生活に満足していると仕事に懸命に取り組むため，1人当たり所得は上昇し，幸福な人は創造的で意欲的なため，所得

が上昇する傾向があるだろう．こうした議論はこれまではあまり顧みられていなかったが，今後は真剣に検討する必要がある．

　入手可能な証拠によると，国別にみた所得と幸福の間に関係性はあるが，その影響の度合いは小さく，次第に減少していくことがわかっている．つまり，国別の自己申告による主観的幸福度に差があることを説明するには，他の要因の方が重要である可能性があるのだ．一方，より「自然」でストレスの少ない状況で暮らす貧しい国の人の方が幸福なのだとするのは，あくまで神話にすぎないことも示唆されている．

第4章
失業は幸福にどのような影響を与えるか

　完全雇用は，経済政策の重要な目標のひとつである．雇用は経済的繁栄と関連がある．失業が発生すると，貴重な人的資源が利用されず，経済の実質的な生産量が潜在的生産量を下回るなどの費用が発生するものと考えられる．こうした見方に基づき，失業が経済厚生に与える費用を量的に推定しようとする試みがなされてきた．例えばオークンの分析によると（Okun 1970），失業率が1％ポイント低下すると，潜在的な生産量と実際の生産量との差も約3％縮小する．しかし，この計算はあくまで限定的なものにすぎず，例えば景気循環，構造政策の機会費用，時間の別の使い方（市場で売買されない活動の価値）と失業の理由などは全く考慮されていない．さらに重要な点として，これらは失業によって失われた所得に基づいた計算であり，仕事がないことから生じる心理面への影響は無視されている．そこで主観的幸福のデータを用いれば，個人の失業が厚生に与える影響を直接調べたり，勤労者と失業者の双方に対して失業がもたらす一般的な影響を調査することが可能となる．

4.1 個人にとっての失業と幸福度

自発的失業と非自発的失業

失業した場合の主な「費用」は，所得の減少であろう．一方で，個人の厚生という点で考えると，失業中は自由な時間が増えるので，所得減少は相殺される効果があるはずだ．また表向きは失業の状態にあっても，その間に「影の経済」で働くケースもあるだろう．

労働市場が完全に機能している状態であれば，非自発的失業は存在しない．失業の発生は，職探しの場合に限られる．新古典派マクロ経済学では，個人は，失業に伴う所得減少を，余暇時間の増加と将来的なより良い労働条件と比較することで，自分の効用を最大化すると考えている．人々は，労働供給の減少・増加を最適に選択しているのであって，失業しても効用は低下しないというわけだ．一方ニューケインジアンマクロ経済学（New Keynesian Macroeconomics）などでは，新古典派マクロ経済学が考えるような「柔軟な労働市場」という楽天的な見方はせず，職を失うと，大半の人は効用の損失を被ると主張する．しかし失業に伴う効用の損失は失業手当によって緩和されることも考えられる．そこで幸福の経済学では，これら2つの見方について，どちらがより現実に近いかを明らかにするための補完的な方法を提示している．

幸福度研究の知見

自己申告による主観的幸福度によって，失業者と勤労者の効用の水準を比較することができる．そこで，失業した際の影響は，多数の国や期間の個人データで研究されてきた[1]．ヨーロッパ12カ国のユーロ・バロメーター調査（1975-1992年）を用いて4段階評価による生活満足度を調べた研究では，

---

1) 例えばClark and Oswald 1994; Winkelmann and Winkelmann 1998; Clark 2003を参照のこと．

幸福度と関係のある他の要因（所得や教育など）をコントロールした場合でも，失業者の幸福度は，同じ特性を持つ勤労者と比べ，かなり低いことが示されている（Di Tella, MacCulloch, and Oswald 2003）．失業による主観的幸福の低下分は，4段階評価の満足度の場合（1：全く満足していない，4：とても満足している），0.33ポイントに相当する．

様々な国と期間を取り上げた別の研究でも，失業を体験すると，人々は非常に不幸になることがわかっている[2]．イギリスについて草分け的研究を行ったクラークとオズワルドは，失業の影響について，「……失業は，離婚と別居などマイナスの影響を与える他の要因よりも，幸福度を大きく低下させてしまう．」と述べている（Clark and Oswald 1994, p. 655）．

失業者をグループに分けて分析した研究結果によると，まず，平均的にみて，男性の失業による負担感は女性よりも大きい．男性は失業に対し全く適応しない（Clark et al.2006）．失業のショックは，若年や高齢の勤労者の方が，中高年よりも小さい．ドイツでは，50歳以上の女性は失業しても生活満足度は低下しない（Gerlach and Stephan 1996）．学歴が低い人よりも高い人の方が，失業による主観的幸福度の低下は大きいのだ（Clark and Oswald 1994）．

これらの分析では失業に付随して起こりうる所得の減少や他の間接的な影響をコントロールしており，結果はすべて，失業の「純粋な」影響を示している．したがって，失業手当の影響を考慮することの意味は大きい（Di Tella and MacCulloch 2006）．失業手当は，人々の幸福度に矛盾した影響を及ぼす可能性が考えられるからだ．すなわち失業手当には，失業期間を長引かせる効果と，失職による物質面の損失を和らげる2つの効果があるものと思われる．ヨーロッパでこの数十年間の失業率が高かったのは，手厚い失業手当によって働くインセンティブが損なわれたからではないかと考えられて

---

[2] サーベイ論文は，Darity and Goldsmith 1996 を参照．Björklund and Eriksson 1998，Korpi 1997 はスカンジナヴィア諸国，Blanchflower and Oswald 2004b はイギリスとアメリカ，Winkelmann and Winkelmann 1998 はドイツ，Ravallion and Lokshin 2001 はロシアに関する研究を行っている．

いる.しかし1975-1992年のデータでみると,勤労者と失業者の幸福度の差は,失業手当が増額された場合でも縮小しなかった(Di Tella, MacCulloch, and Oswald 2003).つまり政府が行っている物質的支援は,必ずしも観察された失業の原因ではないようだ.

これらの知見については,全く別の解釈もありうる.失業と幸福との間の負の相関は明らかに存在するが,逆の因果関係も考えられるからだ.つまり不幸な人は自分の能力をうまく発揮できないために解雇される可能性が高いのに対し,幸福な人は働くことへの適応力が高く,したがって仕事を失う可能性が低くなるという解釈である.

このような選択バイアスがもたらす逆の因果関係という問題は,ある特定の労働者について,失業(例えば工場の閉鎖)の前後のデータを収集するなど,長期間のデータを用いた分析が数多く行われてきた.それらによると,不幸な人々は労働市場でのパフォーマンスがあまり芳しくないという証拠はあるものの,主な因果関係は,明らかに,失業から幸福感という方向で働いているようだ[3].社会心理学の研究でも,失業と再雇用が精神的な幸福度に対して影響を与えていることが確認されている[4].

失業者の主観的幸福度の低さは,失業によって所得水準が低下するという理由や,そもそも幸福度が低いタイプの人が自ら失業を招いているという理由だけでは説明できないことからすると,失業は金銭面以外の費用と関係があるはずだ.すなわち,幸福度の低下のかなりの部分は,次に挙げる心理的・社会的要因に原因があると考えられる[5].

心理的コスト

失業は,憂鬱な気持ちや不安感を引き起こし,自尊心や自己統制感の喪失

---

[3] Winkelmann and Winkelmann 1998はドイツのパネルデータ,Marks and Fleming 1999はオーストラリアのパネルデータによる分析を行っている.特に後者は,精神衛生に関する詳細な検討が行われている.
[4] サーベイ論文はMurphy and Athanasou 1999を参照のこと.
[5] サーベイ論文はFeather 1990を参照のこと.

という結果をもたらす．仕事にかなり熱中するタイプの人にとって，失業は大きな重荷となる．失業者の精神的，肉体的な健康が勤労者よりも低下することは，多数の研究（例えばGoldsmith, Veum, and Darity 1996）で確認されている．その結果，失業者は死亡率が高く，自殺する可能性も高い．アメリカの1972-1991年のデータを用いた研究では，州全体の失業率が1％ポイント上昇すると，自殺は1.3％増加すると予測されている（Ruhm 2000）．失業者はアルコールの消費量が増加する傾向があり，人間関係もぎくしゃくしがちだ．初めて解雇された場合，失業による精神的な費用は高いが，以前に失業したことがある人は失業してもあまり苦痛を感じない．失業という状況に幾分慣れが生じるからである．失業が継続するケースは，この「慣れ」によってある程度は説明できる（Clark, Georgellis, and Sanfey 2001; Lucas et al. 2004）．

社会規範

スタッツァーとラリブは，社会規範が失業者の主観的な幸福度にどのような影響を与えているかという視点で分析を行っている（Stutzer and Lalive 2004）．社会規範は，これまでの研究では，社会的に望ましい行動と考えられている信念から生じた行動上の規則性と考えられている．社会規範は，社会的に規定された行動が強制される場合に，フォーマルではない形の社会的制裁の引き金となる．失業者は，働いて他人に依存しないという規範にしたがっている場合には，社会内部からの圧力を感じる．働くべきだとの社会規範は，容易に幸福度に影響を与えうる．失業手当のような公的資金に頼って生活することについて，正しいと思うか間違っていると思うかには，個人差がある．ここで両極端なタイプとして2つの社会を考えてみよう．大部分の住民が公的資金に頼って生活することは正しいと思っている「弱い規範」の共同体と，大部分の住民が公的資金に頼って生活することが間違っていると思っている「強い規範」の共同体の2つである．失業者が仕事を見つけようと努力し正規の仕事につこうとする自発的意思の度合いは，他の条件が等しければ，弱い規範の共同体よりも，強い規範の共同体の方が強いだろう．一

方で強い規範の共同体に属する失業者は社会的な圧力を受けるため，弱い規範の共同体の失業者よりも生活満足度は低いと考えられる．

　国民が直接的な参政権を持っている場合，労働に対する国民の規範が政治的意思決定に反映されることがある．例えばスイスでは，失業者に支払われる給付金の水準をめぐって，1997年に国民投票が行われた．この問題に関して公開で行われた議論は，直接民主主義的な意思決定に大きな役割を果たした（Bohnet and Frey 1994; Frey 1994a）．ここで，共同体で失業手当の縮小に賛成する投票者の割合は，その地域における労働の規範の程度を示す代理変数とみなすことができる．つまりこの国民投票は労働規範の影響を部分的ではあるが反映したものとなっており，50.8％というわずかな差で承認された．図4-1が示す通り，仕事に関連する社会規範は，投票行動を決める際の重要な決定要因であった．この図は，スイスの26の州における国民投票の結果と，労働の価値に関する調査の回答（Cotter et al.1995）を比較したものである．横軸は失業手当の削減に賛成した投票者の割合，縦軸は調査で「自分の所得で生活しない人は不甲斐ない」という質問に反対しなかった回答者の割合を，それぞれ州別に示したものである．この2つの指標は労働に対する社会規範の程度を反映しており，両者の相関係数は0.55であった．このように，州別にみた労働の社会規範を示す2つの指標の間には，明らかに正の相関関係がある．

　表4-1は，社会的な労働の規範が失業者の幸福度に与える影響に関する実証結果である．被説明変数の主観的幸福度には順序の情報が含まれているため，計量経済学的な分析では加重順序プロビット・モデルを用いている．係数がプラスの場合は，より高い生活満足度を答える確率が上昇することを表す．限界効果は，説明変数の標準偏差が1単位増加した場合に，効用の水準が9から10の人の割合がどの程度変化するかを示している．就業者ではなく失業者に対する影響をみると，主観的幸福度が9あるいは10の水準であると答える人々の確率は，34.9％も低くなる．

　表4-1の1行目の係数は，社会的な労働規範が勤労者の生活満足度に与える影響を示している．小さいが正の効果が推定されている．したがって，

図 4-1 社会規範の程度を示す投票結果と，社会規範を調べた調査結果との相関関係

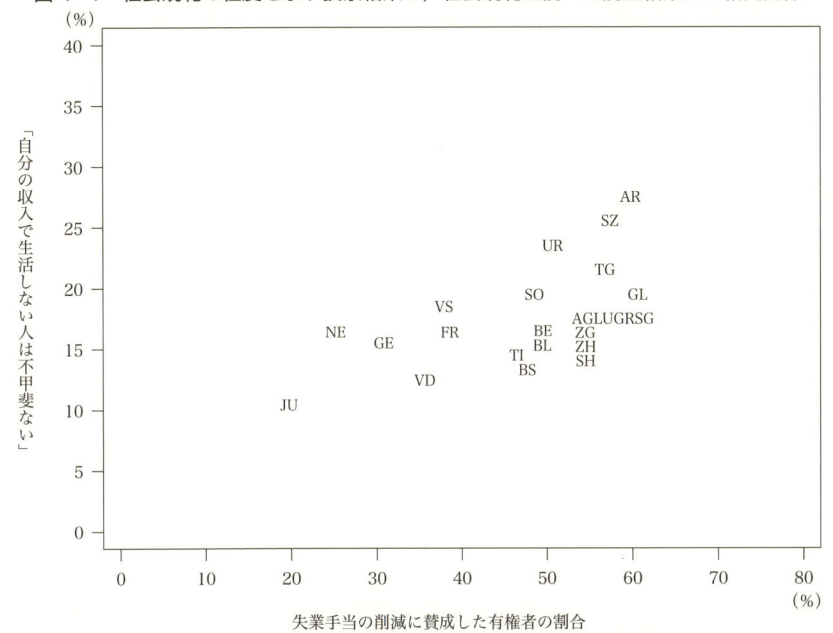

注：横軸は 1997 年 9 月に開催されたスイスの国民投票で，失業手当の縮小に賛成した投票者の州別の割合．縦軸は「自分の所得で生活しない人は不甲斐ない」という調査の質問文に反対しなかった回答者の州別の割合で，Cotter et al.1995 に所収されている．統計上の理由から，この調査はサンプル数が 30 以上の州に限定されている．略語は州の名前を表す．
出典：Stutzer and Lalive 2004. データの出典は Swiss Federal Statistical Office と Cotter et al.1995．

人々が労働に対する高い社会規範を共有している場合には，労働が生活満足度に貢献する度合いは高いようだ．社会的な労働の規範の程度が変化することで引き起こされる勤労者と失業者の幸福度の差は，規範の程度を示す変数と個人の失業との交差項によってみることができる．この交差項の係数は統計学的に有意に負である．したがって，失業手当の削減に賛成する人々の割合が共同体の中で高まると，同じ共同体に住む失業者の生活満足度は，勤労者と比べ低くなる．低下幅そのものが大きいのだ．限界効果の推定から，低い給付金に賛成する投票者の割合が 1 ×標準偏差，高まると，幸福度を 9 あるいは 10 と答える失業者の確率をおよそ 19.9％ポイント低下することがわ

表4-1 就業者と失業者の生活満足度に対する社会的労働規範の影響
(スイス, 1997年)

	加重順序プロビット・モデル	限界効果 (9-10)
社会的労働規範の程度 (%/10)	0.011 (*) (1.96)	4.75
失業	−1.214** (−6.26)	−34.91
社会的労働規範の程度 × 失業	−0.045** (−3.03)	−19.89
失業期間 (年)	−0.275** (−2.90)	−3.14
個人属性 a)	あり	
共同体の数	125	
サンプル数	1,397	
対数尤度	−2,358.83	

注:被説明変数は生活満足度[1-10段階]. 加重順序プロビット・モデルによる推計. Whiteの方法により分散を修正している. ( )内の漸近的z値は125の共同体をクラスターとした場合の頑健的標準誤差に基づく. 限界効果は, 1×標準偏差, あるいは, ダミー変数が0から1に変化する場合の大きさを示している.「社会的労働規範の程度」とは, 失業手当を減らすことに賛成している人の割合. (*)は10%水準, *は5%水準, **は1%水準で有意であることを示す. a) コントロール変数は, 年齢, 性別, 国籍, 教育水準, 世帯の状況, 就業上の地位, 等価世帯所得, 社会的交流の頻度, グループ活動への参加, 調査実施年と地域に関する変数を含む.
出典:Stutzer and Lalive 2004. データの出典はLeu, Burri, and Priester 1997; Swiss Association of Cities各年版とSwiss Federal Statistical Office.

かる. この結果は, 社会的な規範が失業者の幸福度に対して重要な役割を果たしているのではないかという見方と整合的である.

　以上の通り, 幸福度研究から, 失業が, 人々の幸福度に対して, 非常にネガティブな影響を与えているという重要な洞察が得られた. このように失業のショックは大きなものであり心理的コストも高いことが強調されているわけだが, 回復の傾向もある程度は観察されている. つまり, 失業者は徐々に自分の状況に適応し, 長期間でみればあまり不幸ではなくなるのだ(例えばClark and Oswald 1994を参照). 失業者がいつ, どのように, どの程度回復するかに影響を与える要因については, 今後, さらに研究することが必要だ. 失業者がどのような条件で, どの程度, 他の失業者と比較したり状況の好転を感じるかなど, 文脈の影響についても精査する必要がある. 失業から受ける当初のショックからの回復の状態について, より多くのことがわかれば,

いわゆる「持続可能な幸福」を理解するのに役立つだろう（Lyubomirsky, Sheldon, and Schkade 2005）．

4.2 社会全体の失業と幸福度

　人間は，たとえ自分自身は失業していなくても，社会全体の失業の状況から不幸を感じることがある．失業者の不運に共感を覚え，自分も将来失業するのではと心配したり，失業が経済社会全体に与えるマイナスの影響を不安に思うことがあるからだ．さらに，将来予想される失業保険の負担金や税金の増大を嫌い，増加する犯罪や社会的緊張を恐れ，暴力的な抗議行動や暴動の兆しを感じている場合もある．

　1975-1991年のヨーロッパ12カ国について行った研究によると，他の要因の影響を一定とした場合，国全体の失業率がヨーロッパ平均の9％から10％に上昇すると，生活満足度（4段階評価）は0.028ポイント低下してしまう（Di Tella, MacCulloch, and Oswald 2003）．これはかなり大きい影響である．失業率が1％ポイント上昇しただけで，人口の2％以上が生活満足度のカテゴリーを1つ下に下げたことになる（例えば「あまり満足していない」から「まったく満足していない」へ）からだ．

　失業が社会の幸福度に与える全般的な影響は，失業者が被る損失を，失業全体の影響に加えることで計算できる．失業率が1％上昇した場合は，前節でみた通り，失業者の幸福度が0.33低下する．そこで人口の1％が運悪く失業してしまったと考え，この数値に掛けあわせる．すなわち，0.33 × 0.01 = 0.0033である．この数字に1％ポイントの失業率の上昇が生活満足度に与える全般的な影響の0.028を加えると，全体としての幸福度の低下分は0.0313になる（Di Tella, MacCulloch, and Oswald 2003）．ただしこの計算は少々割り引いて受け止めるべきである．失業が幸福度に与える影響を概算で計算したにすぎないからだ．個人の失業と全般的な失業の間には様々な相互作用が存在する可能性があり，この相互作用も幸福の評価に影響を与えているかもしれないことから，結果の解釈には注意が必要である．

相互作用の中で重要なのは，参照グループの存在である．所得と同じように，個人は，他人と相対的に比べることを通じて，自分の状況を評価している（Lalive 2005）．もし失業しているのが自分だけではない場合には，失業によって低下する幸福度の程度は，あまり大きくない．他にもたくさんの人が失業しているのを見聞きすると，心理的，社会的な悪影響が緩和されるからだ．失業の原因が自分の過失というよりも，経済の全般的な状況によるものであることが明らかであれば，自尊心も保たれるだろう．同じ時期に多くの人が失業していれば，不名誉や社会的否認といった感情も，あまり起こらない．

　自己申告の幸福度に対する参照グループの影響を実証的に検証するには，説明変数を3つのタイプ（個人の失業，参照グループ内の失業，個人と参照グループ内失業の交差項）に分けた幸福度の回帰分析を行う．

　自分のパートナー，あるいは，自分が住んでいる地域の雇用状況を参照グループとし，1991-1996年のイギリスのデータを用いて，他の影響はすべて一定とした場合の幸福関数の推定によると（Clark 2003），大半の先行研究と同様に，失業者は勤労者よりもはるかに生活満足度が低く，全般的な失業の水準も幸福度を低下させていること，一方で失業者はパートナーや自分の住んでいる地域で多くの人が失業していると，失業をあまり苦にしていないことがわかった．経済全体の失業状況を参照点とした場合も同じ結果となった．

　参照グループは，個人が自分の失業状態をどの程度苦痛に思っているかを示す点で非常に重要な意味がある．しかし参照するグループは外生的に決定されるものではなく，ある程度は自分で選択することが可能だ（Falk and Knell 2004）．失業中の人は，時間に余裕があり，また，地域での普段の生活から逃れたいという理由から，他の失業者と交流する傾向がある．結婚やパートナー関係は，一方のパートナーが失業すると，破綻するリスクが高まることが知られている（Kraft 2001）．いずれのケースでも，参照グループの定義付けは，労働市場での本人の立場に沿ったものとなっている．幸福度との因果関係でいうと，参照グループから失業状態に対する評価という方向性

は明確にはみられないようだ．

第5章
インフレ，格差と幸福

5.1 インフレと幸福度

　経済学の理論では，一般物価水準の上昇（インフレ）のコストを論じる際に，予想できるインフレと予想できないインフレを区別する．もし物価の上昇を事前に予想できれば，個人はあまりコストをかけずにインフレに対応することができる．しかし，物価上昇が「ショック」として発生する場合の対応は困難である．インフレがマクロ的な物価上昇や相対価格の変動を引き起こす場合，インフレ対応にかかるコストはさらに大きくなる．予想される価格上昇に関する情報を集めたり，その打撃を回避したりするには，かなりの労力が必要とされるからだ．加えて，将来的なインフレの程度であるとか，ある特定の価格が他と比べてどのように変化するかについては，過小評価してしまうなどの失敗も考えられよう．

　価格上昇が厚生にもたらすコストは，貨幣需要曲線の下の部分の面積を計算することでとらえることができる．通貨の使用を節約すると幸福度の低下というコストが発生するというのが，その基本的な考えである．この方法によると，年率10%のインフレがもたらすコストは，国民所得の0.3%–0.45

％であると計算されている (Fischer 1981; Lucas 1981). つまりインフレのインパクトは非常に小さいのだ. したがって, インフレ抑制政策は, 失業率の上昇と実質所得の低下というコストを発生させてしまうことから, ほとんど意味がないものと考えられよう.

　この結論に反対を唱える経済学者は少なくない. 安定した価格は健全な経済にとって不可欠な必要条件であること, また, 市場の参加者は合理的に行動できるのは価格が安定している場合に限られるというのがその理由だ. 大半の経済学者は中間の立場をとる. インフレの費用に関する既存の実証分析が描き出す構図は, 明快なものとはほど遠い[1]. 激しいインフレは経済にとって非常に危険であるが, 安定した（つまり予測可能な）緩やかなインフレ（例えば年に1-5％）であれば, あまり大きな問題ではないというのが経済学の「通説」である. しかし一般の人々の感覚はそれとは違うようだ. アメリカ, ドイツとブラジルで行われた大規模な調査によると, インフレに関して, 一般の人は経済学者とは違う点を問題視していることがわかった (Shiller 1997). 人々は, インフレによって, 自分たちの名目所得も全体的に増加するという事実は無視する. インフレによる生活水準の向上などの潜在的な恩恵ではなく, 潜在的な被害の方に意識を向けてしまうのだ. 加えて調査では, 経済学者なら通常は無視するようなことを気にしていることも明らかになった. それは, インフレに便乗して不公平で不誠実なやり方で他人を食い物にする人が現れるのではという点と, もうひとつは, インフレが社会の道徳的な基盤を損なうかもしれないという点である. インフレが政治や経済を混乱させ, 為替レートの下落が国家の威信を損なうのではと心配する人は実に多いのだ.

　インフレによって幸福度が全般的に大きく低下してしまうことは, 幸福度研究によって明らかにされている. ある期間の数カ国におけるインフレの進行は, 時系列データとクロスセクション・データを組み合わせることで分析が可能である. 最も興味深い研究は, 1975-1991年のヨーロッパ12カ国

---

1) サーベイ論文はDrifill, Mizon, and Ulph 1990を参照.

の研究（Di Tella, MacCulloch, and Oswald 2001）で，この間のインフレ率の平均は7.5％だった．平均的な満足度は，「全く満足していない」を1，「あまり満足していない」を2というように数値を当てはめることで，基数として用いる．この研究によると，個人の社会経済的特性や失業率を一定と仮定した場合，インフレ率が1％ポイント上昇すると（例えばインフレ率の年平均が8％から9％に上昇），平均的な幸福度は0.01低下する（サンプル平均の3.02が3.01に低下）．インフレ率が5％ポイント上昇した場合には（これは歴史的にみるとありうる状況である），幸福度は0.05低下することになる．つまりインフレ率上昇のインパクトは，ものすごく大きいというわけではないが，決して無視できるものでもない．人口の5％が生活満足度のカテゴリーを1つ下のカテゴリー（例えば「とても満足している」から「まあまあ満足している」）にシフトさせることになるからである．

　インフレと失業のトレードオフを研究する場合，幸福度に与える失業の影響は，先にみたインフレによる影響と関係がある（Di Tella, MacCulloch, and Oswald 2001; Wolfers 2003）．つまり解くべき問題は，「1％の失業率上昇を甘受する場合，国全体として抑制すべきインフレ率は平均でどの程度なのか」となる．通常の場合，幸福度はインフレと失業という2つの経済的要因から線形の影響を受けているものと考えることができる．推定にあたっては国特有の要因，時系列の要因，各国特有のトレンド要因をコントロールしておく．計算によると，失業率が1％ポイント上昇した場合，インフレ率は1.7％ポイント低下すると，その悪影響は相殺される．したがって，失業率が5％ポイント上昇する場合（例えば3％が8％），国民の満足度を変化させないためには，インフレ率を8.5％ポイント低下（例えば10％が1.5％）させなくてはならない．「悲惨指数」では単純にインフレ率に失業率を足して計算されていることから，2つの変数のウェイトは同じと考えられている．つまり「悲惨指数」は，インフレよりも失業の影響が大きいにもかかわらず両者のウェイトを等しいとしているため，失業とインフレの間のトレードオフの関係を歪めて伝えていることになる．

5.2　不平等と幸福度

　市場経済では所得は「分布」しているが，大多数の国の住民はそれを受け入れがたいと考えている (Deaton 2005). したがって，政府が行う再分配政策は根強く支持されており (Alesina and La Ferrara 2005), 政府は現在，大規模な再分配を行っている．この傾向は20世紀に入ってから強まった．政府による移転の割合は，19世紀終盤のヨーロッパとアメリカではGDPの1％以下にすぎなかった．しかし，この割合は，20世紀終盤には，アメリカでGDPの14％，ヨーロッパでは22％まで高まっている．ヨーロッパとアメリカで差があるのは，主にアメリカよりもヨーロッパの方が政府による移転が大きいためである (Tanzi and Schuknecht 2000). 失業手当についても，ノルウェーを除くヨーロッパでは，アメリカの水準よりも高いことが良しとされている (Di Tella and MacCulloch 1996).

　所得の不平等が幸福に与える影響は，ヨーロッパとアメリカで大きく異なる (Alesina, Di Tella, and MacCulloch 2004; Alesina and Glaeser 2004)[2]. 所得の不平等はジニ係数で，幸福度はユーロ・バロメーター調査（EBS）と総合的社会調査（GSS）のデータで把握したところ，ヨーロッパの人々は所得の不平等に対して強い嫌悪感を示しているのに対し，アメリカでは，個人属性，州，国，年の効果をコントロールしても，州レベルの不平等と幸福度の相関関係は全くみられなかった．そこで2つの次元（富裕層と貧困層，回答者が自分で定義した右派と左派）に分解した研究によると (Alesina, Di Tella, and MacCulloch 2004), ヨーロッパでは，貧困層の幸福度は所得の不平等によって損なわれるが富裕層には影響がない．それに対しアメリカでは，貧困層の人でさえ，所得の不平等にはあまり関心を示していない．そしてアメリカでは，自分は左派と思う人たちは不平等に対し強い嫌悪感を持っているのに対し，自分を右派と考える人たちは不平等の影響を受けていない．この

---

[2] サーベイ論文はDeaton 2005を参照のこと．

影響はアメリカでは非常に大きく，したがって，不平等によるネガティブな影響を強く受けているのは，裕福だが左派の人のみであることがわかった．

つまりこの研究によれば，所得の不平等がネガティブな影響を与えているのはヨーロッパということになる．アメリカの状況を上方への流動性の程度の違いのみで説明するのは難しい．たいていのアメリカ人は，社会階層と所得階層を上方に移動する可能性を信じており，所得に大きな不平等があることを，むしろ将来に大きなチャンスがあるのだととらえている．一方ヨーロッパでは社会の流動性は低く，現在の所得は将来所得を適切に示すものと信じられていることから，不平等な所得分布に対する嫌悪感は強い．貧しい人は不運なのではなく怠惰なのだと考える人の割合は，アメリカでは60％に上るのに対し，ヨーロッパでは26％に過ぎない（Alesina, Glaeser, and Sacerdote 2001）．社会の流動性は，ヨーロッパよりもアメリカの方が大きいという現在の「神話」が実際に正しいかどうかは明らかではない．不確かなデータからなにか確かな結論を得るのは難しいからだ（Atkinson, Bourgignon, and Morrison 1992）．

所得の不平等が幸福度に与える影響は，他の変数からの影響もあるため，把握するのが複雑となりうる．不平等は，健康と所得を通して，間接的に個人の幸福に影響を与える可能性もある．不平等の度合いが縮小することで健康状態が改善し所得が増加し，結果として幸福度が高まるという可能性である（Helliwell 2003）．

第II部　幸福度研究の新しい展開

　本書の第II部では，従来の幸福度研究で無視されてきたトピックスと，これまでとは全く違う方法で研究したトピックスを取り上げていく．そうすることで，幸福度研究は，取り扱う問題の幅が広いこと，おもしろい結果や興味深い洞察をもたらしてくれることを示そうと思う．幸福度研究は，単に「幸福関数」を推計するだけでなく，経済学の研究に新たな道を切り開くものなのだ．

　第II部の内容は，チューリッヒ・グループとの研究に基づいている．このグループには，チューリッヒ大学で私が担当する経済学講座所属の研究者が参加している．グループのメンバーはこの本の共同著者ともいえる存在である．私はほぼすべての論文の執筆に積極的に関与している．本書ではこれらの論文の内容をそのまま述べるのではなく，論文のテーマと実証のアプローチ方法，そして結論を概説することとする．

　第II部では，まず前半の4つの章で，幸福度研究の本質的な領域を論じていく．第6章では優れた制度が生活満足度を引き上げることを明らかにする．これはアロイス・スタッツァーとの共同研究である．具体的には，直接民主制（direct democracy：住民投票［referenda］を通じて個人が政治に参加する権利）と連邦制（federalism：政治上の意思決定を下位の行政単位 jurisdictions に

下ろしていく地方分権型の制度）の2つの制度を分析する．

　第7章では自立性と自己決定が高い仕事についている人は生活満足度が高いことを示す．これはマティアス・ベンツ，アロイス・スタッツァー，ステファン・マイアーとの共同研究である．自営業者は，仕事に対する満足感が雇用者やボランティアよりも高く，他の人々と比べて生活満足度も高い．われわれはこの問題の検証を注意深く行い，因果関係の方向性を解明していく．

　第8章では結婚の経済学で重要とされている問題を取り上げる．すなわち幸福な人は結婚する可能性が高いのか，あるいは結婚で人は幸福になるのか，という因果関係の問題である．これはアロイス・スタッツァーとの共同研究である．パネルデータを用いて分析したところ，因果関係は両方向に働いているとの結論を得た．また，結婚により幸福度は上昇すること，幸福度は結婚が持続するにつれ低下していくが，結婚前の水準まで低下することはないことがわかった．

　第9章では，テレビを見ることで人は不幸になるのか，逆に，不幸な人はテレビを見る時間が長いのかについて検討する．これはクリスティン・ベネシュとアロイス・スタッツァーとの共同研究である．平均でみた場合，テレビを見ることで人々が不幸になるか否かは明確にはならなかった．しかし時間の機会費用が高い人たちはテレビを見てしまうという自制心の欠如から生活満足度がかなり低下してしまうのに対し，定年退職者や働いていない人たちはそうしたマイナスの影響を受けていないことがわかった．

　後半の3つの章では効用の新しい解釈と側面について考察する．

　第10章ではいわゆる「プロセスの効用（procedural utility）」という幸福感の新しい特性を取り上げる．これはマティアス・ベンツ，アロイス・スタッツァーとの共同研究である．われわれは，様々な経済分野を含む社会の多くの領域で，プロセスの効用が，個人の幸福感の源泉として重要であることを示す．

　第11章では，個人が自分の消費を決定する場合，体系的な誤りをおかすかどうか，間違う場合にはどの程度で，どのような場合なのかを分析する．これはアロイス・スタッツァーとの共同研究である．予測ミス（misprediction）の問題は標準的な経済理論では分析できない．経済理論では，個人は常に自分の効用を最大化し，この効用がどのようなものであるかを十分に認識しているとの仮定がおかれているからである．特に重要なのは，将来の消費から得られる効用の予測は難しいという点である．人間は自分の評価にもとづいて判断すると，むしろ自分の効用を減少させるような選択をしてしまう場合があることを議論する．この章では，予測の誤りから学習するのはなぜ難しいのかについても論じる．

　第12章では公共財の評価を取り上げる．これはサイモン・リューヒンガー，アロイス・スタッツァーとの共同研究である．公共財の評価は，現状では仮想評価法やヘドニック的市場アプローチが標準的な方法とされているが，生活満足アプローチ（Life‐Satisfaction Approach）の方が優れている．ここでは，テロ活動が個人に課したコストによって生活満足アプローチを説明することとする．具体的には，フランスで，テロ事件の影響が大きかった地域の住民は，テロがあまり起こらなかった地域の住民よりも，テロ活動の縮小を目的とした出費であれば，所得の相当程度を支払う意思があることを示す．

第6章
民主主義は人を幸福にするのか

6.1 民主主義と幸福度

　本章では民主主義を新しい観点から検討していく．一般に民主主義は，それ自体に価値があると考えられてきた．政治手段としての観点からは，民主主義は，住民の選好に最も近い政治決定が行われる制度であると理解されている．このような議論をする場合には，民主主義とは憲法で保証された住民の参加権であるとの理解に立った上で，民主主義によって国民の主観的幸福と生活満足度が，体系的に，しかもかなりの程度上昇することを示す必要がある．ここで幸福度研究では，民主主義が幸福度を増大させる2つの理由を示すことができる．まず民主主義は，より望ましい政治決定（結果面の効用 outcome utility）を人々に提供することを通じて，「結果面の効用」を増大させる．また，政治的意思決定のプロセスに参加する権利は，「プロセスの効用」として人々から高く評価される．

代議制民主主義の影響

　ドーンらは，民主的な国に住む人の方が，民主主義があまり整っていない

国の人よりも幸福を感じているかを検証するため，1988-1999年について28カ国の国際比較を行った（Dorn et al. 2007）．このデータセットは25,000人以上をカバーしている．幸福度は，回答者が「最近の生活全般を考えた場合，全体的としてあなたはどの程度幸福ですか，あるいは不幸ですか」という質問に答える形で測定されている．回答の選択肢は「とても幸せ」，「かなり幸せ」，「あまり幸せでない」，「全く幸せでない」の4つである．表6-1は，28か国における幸福度を回答者の割合で示したものである．

表6-1で国別の幸福度の平均をみると（一番右の列），「最も幸福な」国民がいる国はアイルランドであり，続いてデンマーク，スイス，イギリス，アメリカ，ニュージーランドとなっている．スウェーデン，スペイン，オーストリア，カナダの幸福度も高い．一方，「最も不幸な」国民がいる国は，旧共産主義国のハンガリー，ロシア，ラトビア，スロバキアとスロベニアである．

民主主義の程度を表す指標としては，次の2つがある．1つは，「ポリティIVプロジェクト」（1から10段階，Marshall and Jaggers 2004）による指標であるが，概念としては狭い．もう1つは，フリーダム・ハウス（Freedom House）が収集した広義の指標である（1から7段階，Karatnycky 2000）．幸福関数の推定には，社会・人口統計面，経済面，文化面の決定要因が多数用いられているが，すでに前章までで説明した通り，これらの要因は幸福度に影響を与える方向性や大きさの点で同様の結果となっていることから説明は省略する．

表6-2は，民主主義が幸福に与える影響に関する推定結果である．ここから次の3点が指摘できよう．

・「1988年時点の民主主義の程度」という変数（1988年時点で広範な民主主義制度が存在したことを示す）のパラメータの推定値は正であり（+0.068），1988年時点の民主主義制度がその後の自己申告による幸福度に影響を与えていることがわかる．この推計結果から，幸福度に影響を与える他の様々な決定要因（社会・人口面，経済面，文化面）をきちんと考慮した場合でも，

表6-1 自己申告による幸福度の国別割合（28カ国, %）

	とても幸せ	かなり幸せ	あまり幸せでない	全く幸せでない	幸福度の平均
オーストリア	22.6	67.8	8.6	0.9	3.12
ブルガリア	8.7	45.1	28.7	17.4	2.45
カナダ	25.4	57.8	14.5	2.2	3.06
チリ	27.5	32.3	34.8	5.4	2.82
キプロス	21.7	50.6	22.5	5.2	2.89
チェコ	8.9	71.3	17.9	1.8	2.87
デンマーク	31.8	57.7	8.7	1.8	3.19
フランス	14.1	65.1	17.8	3.0	2.90
西ドイツ	17.7	66.2	13.5	2.6	2.99
東ドイツ	9.3	61.2	25.3	4.2	2.76
ハンガリー	4.7	45.1	39.6	10.6	2.44
アイルランド	44.1	50.9	4.4	0.6	3.38
イタリア	12.4	65.9	18.2	3.5	2.87
日本	14.3	74.1	10.0	1.6	3.01
ラトビア	4.6	43.9	45.0	6.5	2.47
ニュージーランド	33.0	59.9	6.4	0.6	3.25
ノルウェー	22.1	66.6	10.4	0.9	3.10
フィリピン	27.8	53.3	15.0	3.9	3.05
ポーランド	19.0	63.0	15.3	2.7	2.98
ポルトガル	19.5	37.5	34.9	8.0	2.69
ロシア	4.7	49.4	37.1	8.8	2.50
スロバキア	7.1	58.3	26.2	8.4	2.64
スロベニア	9.3	58.6	28.8	3.3	2.74
スペイン	19.2	68.1	11.1	1.6	3.05
スウェーデン	24.4	61.2	12.8	1.6	3.08
スイス	28.4	62.1	8.5	0.9	3.18
イギリス	35.1	58.1	5.7	1.1	3.24
アメリカ	36.7	52.4	8.9	2.0	3.24

注：「幸福度の平均」は，幸福度の回答を数値に変換して計算（とても幸せ：4，かなり幸せ：3，あまり幸せでない：2，全く幸せでない：1）．
出典：Dorn et al.2007．データは International Social Survey1998年を用いている．

民主主義制度が充実している国の国民は自分の生活に満足している度合いが高いといえる．この変数のz値は2.54と統計学的に有意であることから，

表6-2 幸福度に対する民主主義の効果（28カ国，1988-1998年）

1988年時点の民主主義の程度 a)	0.068*
	(2.54)
1988-1998年の民主主義 a) の変化	0.051*
	(2.06)
コントロール変数 b)	あり
サンプル数	25,937

注：被説明変数は幸福度［1-4段階］．順序プロビット・モデルにより推定．（ ）内はパラメータ推定値のz値（絶対値）．* は5％水準で有意であることを示す．a) ポリティIV指標で計測された民主主義の程度．b) コントロール変数は，年齢，性別，学歴，世帯規模，婚姻状態，雇用形態，生存水準所得（subsistence income），相対所得，貧困ライン以上（以下）の所得，文化（言語），宗教を含む．
出典：Dorn et al.2007．データはInternational Social Survey Programとポリティ IV 指標1998年を用いている．

この推定結果はある程度の信頼性がある．
・民主主義の程度がポリティIV指標（10段階）で1段階上昇した場合，自己申告による幸福度の増大分は，個人所得が年間4,500ドル増加した場合と同じである．つまり民主主義制度が幸福度を増大させる程度は，かなりのものであることがわかる．
・「1988-1998年の民主主義の変化」という変数は統計的にみても有意であることから，1988-1998年に民主主義の程度が向上した国では幸福度が増大したことがいえる．

　以上の結果から，民主主義制度が整っている国の方が，独裁主義国よりも，国民の幸福度は高いことがわかる．このような結果は，個人に，民主主義的な国に住む方が幸せだと思うかを直接尋ねることでは得られない．幸福度は，主観的で自己申告による評価であり，客観的な政治条件とは独立に収集されているからである．また，幸福度に影響する他の要因についてもその多くがコントロールされていることから，ここでの推計結果はある程度は信頼できるものである．

　「政府の質」も，国によって幸福度に差があることを説明する際に極めて大きな影響をもっている（Helliwell and Huang 2008）．政府の質には2つの次元があり，1番目の次元は政府の公正さ，能力と関係がある．この「質」が高い場合には，特に所得の低い国の生活満足度が増大する．2番目の次元は有効性，規制の効率性，法による統治，汚職がないことと関係がある．2

番目の質が高い場合には，特に所得の高い国の生活満足度が増大する．欧州連合（EU），国連，欧州中央銀行，自国の政府など政治制度に対する信頼（不信）も，幸福度を大きく高める（引き下げる）(Hudson 2006).「自由」も幸福度の重要な決定要因とされてはいるが（Veenhoven 2000），他の影響との区別が難しい．

直接民主制の影響

　前節では，個人の幸福度は民主主義制度の下で生活している場合に増大するとの実証結果をみたわけだが，住民の直接参加権が幸福に及ぼす影響を考察すれば，さらに一歩進んだ分析ができる．ここで「直接参加権」とは，住民が任意，あるいは義務で，議題の設定ができる住民発議（popular initiatives）を指す．住民発議と住民投票（referendum）は，必要とされる署名の数（多い／少ない），決定の範囲（広い／狭い，例えば財政上の問題を含む／除く）など，いくつかのバリエーションがある．

　スイスは，住民投票を，国レベルと準連邦レベルの双方で体系的に取り入れている世界で唯一の国であるが，直接参政権の程度は，26の州ごとにかなり異なっている．スタッツァーは「直接民主制による参政権指数」を作成し（Stutzer 1999），住民が参加できる程度に応じて，1から6の間の数字を割り当てている．

　生活満足度は，「全体として，あなたは，最近の生活にどれぐらい満足していますか」という質問への回答（1-10の段階）であり，1992-1994年にスイスで調査したものである．

　ここでは，自己申告による生活満足度と直接参政権の程度との関係について，6,000人以上のクロスセクション・データを用いて，加重順序プロビット・モデルで推定した（Frey and Stutzer 2000, 2002a; Stutzer and Frey 2003）．被説明変数の生活満足度は，人口統計面の変数（年齢，性別，国籍，学歴，家族の状況など），経済変数（雇用と所得），共同体の大きさとタイプ，制度面の変数（参政権）によって推計されている．

　表6-3は，生活満足度に対する直接民主制の影響を中心とした推計結果

表6-3 直接民主制が生活満足度に与える影響（スイス）

	限界効果（10段階評価）
直接民主制による参政権	0.028**
コントロール変数 a)	あり
サンプル数	6,134
F検定のp値	0.001

注：被説明変数は生活満足度［1-10段階］．加重順序プロビット・モデルによる推計．標準誤差は26の州ごとに調整．** は 1％水準で有意であることを示す．a) 回帰には社会・人口統計面と経済面のコントロール変数を多数用いており，共同体の大きさとタイプもコントロールされている．
出典：Frey and Stutzer 2000．データは Leu, Burri, and Priester 1997 を用いている．

を示したものであり，以下のことがわかった．

・住民が直接参加できる可能性が高いほど，自己申告による生活満足度は高い．
・この効果は統計学的にみても大いに有意であり注目に値する．6段階評価の「直接民主制指数」が1ポイント改善すると，生活満足度の上昇分は，所得が最も低いカテゴリーの人（1カ月あたり2,000スイスフラン以下）が，下から2番目のカテゴリー（2,000-3,000スイスフラン）に移動するのとほぼ同じ程度である．次のような具体例で考えるとさらに興味深いだろう．ある人がジュネーブ州（直接的な参政権が大きく制限されている州で指数は1.75）からバーゼル・ラントシャフト州（直接的な参加権が広範な州で指数は5.69）に引っ越すると，この人が「完全に満足している」と答える住民グループに属する確率は11％も高まることになる．つまり，人々の幸福度に影響を与えるのは，政治に実際に参加することではなく，参加できる権利なのである．

この論文（Frey and Stutzer 2000, 2002a; Stutzer and Frey 2003）は，直接民主制が充実している場合に生活満足度がどの程度増加するかをみることで，効用の2つのタイプを区別するという方法であり，既存の研究を更に前進させたものである．効用の1番目のタイプは「結果」面であり，個人の選好につながる参加権は，権利がより広範なことに対する支持が高いことが反映されている．効用の2番目のタイプは性質がまったく異なっている．すなわち「プロセスの効用」は，政治的な意思決定に参加する権利がもたらす直

接的な効果であり,住民の「幸福」に影響を与えている.このタイプの効用は,投票行動が政治上の結果に対して影響を与えるかどうかにかかわらず,イデオロギー上の立場を表明することができる点に価値があるのである[1].

「結果面の効用」と「プロセスの効用」の影響を解明するにあたっては,次のように考える.すなわち,国民は選挙権を持っているために効用の2つのタイプを享受することができるのに対し,外国人は,国民と同じような取り扱いがなされるようなケースでは結果面の効用を享受できるものの,そもそも選挙権を持っていないため,参政権がもたらすプロセスの効用を享受することはできない,というものである.

表6-4はその推定結果である.この推計には,先の推定と同じく,社会人口統計面,経済面の決定要因に加えて,「社交への参加」の効果も示されている.文脈をコントロールするための変数は社会資本という重要な側面をとらえものであり,生活満足度を引き上げる傾向がある.結果面の効用とプロセスの効用との区別を,交差項「参加権指数×外国人」でみると,投票ができない外国人は,国民に比べて,直接的な民主主義の州に住むことから得られる幸福度が低いことがわかる.「参政権」の示す限界効果は,住民では3.3%ポイントであるのに対し,外国人では2.3%ポイントであることから,幸福度を引き上げる効果は住民より1%ポイント少ない.この効果は,外国人は平均的にみるとスイス人ほど幸福でないことをみるものである.つまり民主主義制度は,結果面の効用とプロセスの効用(住民発議と住民投票を通じて問題の政治的決定に参加できる権利)の双方を通じて,国民の幸福に寄与するのである.

残された課題

民主主義そのものと直接民主制の両面で民主主義制度が充実している国では自己申告による主観的幸福度が高いとの研究結果は,注意深く行われた計量経済学的な推定に基づいており,幸福度に影響を与える多くの要因が考慮

---

[1] いわゆる「表現的な投票(expressive voting)」については,Brennan 1993を参照.

表 6-4　プロセスの効用・参政権と生活満足度との関係

	限界効果（10 段階評価）
参政権指数	0.033
参政権指数 × 外国人	−0.023
外国人	−0.014
コントロール変数 [a]	あり
社交への参加	0.057
サンプル数	6,124

注：被説明変数は生活満足度［1－10 段階］．加重順序プロビット・モデルによる推計．標準誤差は 26 の州ごとに調整．分散にはホワイトの推定量を用いている．a）推定には社会・人口統計面，経済面のコントロール変数が多数含まれている．加えて，都市化の程度を示す指標，回答者がドイツ語・フランス語・イタリア語を話す州に住んでいるかなどの変数が用いられている．
出典：Stutzer and Frey 2003．データは Leu, Burri, and Priester 1997 を用いている．

されてはいるが，統計学上の問題もあるため，より詳細な考察が必要である．
　分析を考察する上で重要な問題点を，4つ挙げておこう．

　指標の問題　すでに述べたように，幸福度と民主主義の程度を測るには多くの方法がある．これらの指標はどれも，他と比べて特段優れているわけではない．幸福度も民主主義も多次元の概念であるからだ．そこで本章で取り上げた実証研究は，さまざまな指標を検討し，推定で取り上げ分析することによって，この問題への対処を行っている．特にキルヒガスナーらの推定（Dorn et al.2005）では，民主主義の程度に関する2つの指標（ポリティ IV とフリーダムハウスの指標）が検討され非常に頑健な性質があることが示されていることから，研究結果は信頼に値すると考えてよい．

　幸福に影響を与える要因の多様性　幸福感が多種多様な要因から影響を受ける点はこれまでも指摘されてきた．そのため計量経済学による推定では，幸福に影響を及ぼすと考えられる変数が多数用いられている．特に深刻な問題は，重要な要因が見落とされてしまったり，十分に把握されない場合に発生する．そのようなケースでは推定にバイアスが生まれ，係数が実際よりも過小・過大に推計されてしまうことから，要因の多く，場合によってはすべての要因に関して，誤った解釈がなされてしまう可能性がある．こうした問

題への適切な対処法は，先の推定で試みられているように，頑健推定を行うことである．

データの制約 より根本的な問題としては，社会システム上の理由からデータが存在しないケースが挙げられる．なかでも重要なのは，独裁国や権威主義的なシステムの国では，幸福度のデータがほぼ利用不可能なことである．もしデータが利用可能な場合でも，基本的にはバイアスが存在するため，ほとんど利用するに値しない．民主主義のタイプを分析する際には，同じ国の中でも実質的な「直接民主制」に違いがあるという指摘もある．したがって，国別のクロスセクション分析には，十分に使えるデータベースがないということになり，この点は研究にとって重大な限界となっている．しかしこのような限界は，例えばスイスについて州の間の違いをみるなど，副次的な単位での違いを分析することで克服できるケースもある．もっともこの方法論には，推計結果をその国以外に一般化できる程度が制限されるという欠点もある．

因果関係の問題 幸福関数では，民主主義は幸福に影響を与えるものと想定されている．しかし逆の関係があるのかもしれない．つまり幸福度の高い市民は民主主義制度を選択するという可能性である．したがって両方向の因果関係が考慮されるべきである．この問題に対して，本章で取り上げた研究では推計の対象期間の冒頭に存在した民主主義制度の程度を分析に取り込むという方法で対処したところ，幸福度の水準が民主主義に影響を与えるという可能性は除外された．スイスでは26の州の憲法で住民の直接的な参政権の程度にあまり差がないように規定されていることから，スイスに関する研究については，逆の因果関係の問題は小さいものと思われる．

6.2 連邦制と幸福度

人々の幸福度に影響を与える可能性がある別の政治制度として，政治的な

分権化 (political decentralization) が挙げられる．意志決定が分権化されている場合には，個人は，地元を管轄する自治体に不満があれば転居するというやりかたで自分たちの選好を表現することが可能になる．住民は，低コストで自分たちの選好に配慮してくれる自治体に魅力を感じる．いわゆる「足による投票」〔不満がある場合にその地域から引っ越す〕という手段で個人の選好が表現される場合には，政治家による地域的なカルテルの効果が薄れる傾向がみられる (Tiebout 1956; Buchanan 1965; Hirschman 1970)．ここでは，スイスの準連邦のレベルに関する分析をみてみよう．この分析は，スイスの州にみられる連邦制の構造を考慮に入れており，先にみた直接民主制に関する分析を拡張したものである．

共同体や州政府の間で権限が分散している程度は，州内部の連邦制の構造（あるいは自治体の観点からみるとその自立性）を反映している．

地方自治の水準は指数でみることとする (Ladner 1994)．この指数は26の州に対する調査に基づいて算出された．具体的にはスイスの1,856の自治体の首長に，自分の自治体の自立の程度をどう評価しているかについて10段階評価（1：「全く自立していない」から10：「非常に自立している」）で自己申告するよう依頼し，その回答を26の州について集計し，地方自治の水準を示す変数とした．他の変数は，表6-3の推計で，スイスの幸福度に直接民主制が与える効果を調べる際に使われたものと同じである．

表6-5 地方自治と生活満足度との関係（スイス，1992年）

	係数	t値	限界効果 (10段階評価)	係数	t値	限界効果 (10段階評価)
地方自治	0.098**	2.913	0.033	0.036	1.005	0.012
直接民主制による参政権				0.071*	2.317	0.024
コントロール変数	あり			あり		
サンプル数	6,134			6,134		
F検定のp値	0.003			0.001		

注：被説明変数は生活満足度[1-10段階]．加重順序プロビット推計による．標準誤差は26の州ごとに調整．＊は5%水準，＊＊は1%水準で有意であることを示す．a) 推計には，共同体の大きさとタイプをコントロールする変数とともに，社会・人口統計面，経済面のコントロール変数が多数含まれている．
出典：Frey and Stutzer 2000．データは，Ladner 1994 と Leu, Burri and Priester 1997 を用いている．

表6-5は，社会・人口統計面，経済面を示す変数に「地方自治」という変数を加えた計量経済学的手法による幸福関数の推計結果である．煩雑さを避けるため，ここでは政治制度に関連する変数の係数のみの結果を示している．それらの変数は，社会・人口統計面，経済面の変数をコントロールした場合の部分的な効果を表しており，その係数は，ほとんど変化がなかった．この結果から，連邦制は，主観的幸福に対して，統計学的にみてプラスで有意な影響を与えていることがわかる．「地方自治」の限界効果をみると，ある共同体で地方自治が指数にして1ポイント上昇すると，「非常に幸せ」と答える人の割合が3.3％ポイント増加することになる．

　もちろん，地方自治と直接民主制は互いに独立した関係にある訳ではない．まず，住民は政治家とは違って強固な連邦制に関心を寄せるため，直接民主制は，国と州の両方で連邦制を促進する働きを持つ（Blankart 1998）．他方，政府の行動から生じるコストを負担しその恩恵を受けている人は，地方分権のシステムの方が理解しやすい．このような状況では，住民投票と住民発議はより優れた政治決定につながり，直接民主制は保護される．その結果，直接民主制による参政権を表す指数と地方自治の変数の相関関係は高くなる（$r = 0.605$）．つまり，1つのモデルの中で2つの変数の効果を明示的に切り離すことは不可能である．表6-5の2番目の推計には，地方自治と直接民主制による参政権という2つの制度上の要因が含まれている．連邦制を表す変数の係数そのものは約3分の1の大きさとなっており，統計的にも有意ではなくなっている．一方で「直接民主制による参政権」が生活満足度に与える限界効果は，表6-3の推計結果と比べてほとんど変化はない（0.028がここでは0.024）．したがって，スイスにおける直接民主制と連邦制は，経済学でいう代替関係ではなく補完関係にあるものと考えられる．地方自治は，直接民主制がもたらす有益な効果の「伝達メカニズム」の1つなのである．

第7章
なぜ自営業とボランティアは幸福なのか

　本章は，幸福に体系的な影響を与える要因として，労働形態の中でも特異なケースを2つ取り上げる．

　7.1節では，自営で働く人（自営業者）の幸福度が，組織に雇用された人（雇用者）よりも高いのはなぜかを分析する．加えて逆の因果関係が成り立つのか，つまり幸福度の高い人は自営業を選択する傾向があるのかについても調べる．

　7.2節では，ボランティア活動をする人の方が生活満足度は高いのかを分析する．また，逆の因果関係についても調べる．

7.1　自営業と幸福度

自営で働くことのメリット
　自己申告による主観的な幸福度の決定要因のうち主なものについては，幸福の経済学の研究によってすでに確認されているのだが，幸福度に体系的に影響を与える数多くの要因の中でも，就労の影響は突出している．所得の低下などの影響をコントロールした場合でも，失業者の幸福度は，失業していない人に比べて非常に低い．働いているということは，得られる所得以上の

価値をもっているのだ．

　自営業という働き方は，幸福にかかわる重要な労働形態であるにもかかわらず，これまでほとんど注目されてこなかった．自営で働く場合には，自己決定の範囲が広がり自由度が高まることから効用は高まる．一方組織に雇用されて働く場合には上司の命令に従う必要がある．自営と幸福度との関係を分析することで，経済の意思決定のなかで最も重要な「市場」と「階層型組織（ヒエラルキー）」の違いをよりよく理解できる．自営業者は市場の中で独立した存在であり，主にプロセス上の理由で，階層型組織に属していないという立場から効用を得ているものと考えられる．西側諸国では有給の就業者の約10％は自営業者であるため，労働者の相当な割合はこうした影響を受けているのだ．

　本章の分析対象である3カ国（ドイツ，イギリス，スイス）のデータでみると，仕事満足度（仕事から得られる効用を代理する指標）は，自営業者の方が高い[1]．自営とそれ以外で比べると，仕事満足度の差は西ドイツが最も小さく（0から10の段階で0.21），イギリス（1から7の段階で0.21）とスイス（0から10の段階で0.42）では同じような大きさである．しかしこれらの差には，自営業と雇用者の特性が大きく異なるという点が反映されているのかもしれない．したがって仕事の結果面を考慮することは，満足度の差がプロセスの効用によるものかを判断する際に重要である．例えば自営業の人は，仕事満足度が高くなる仕事や産業で働いているという可能性が考えられる．一方で自営業の人は，同じタイプの雇用者よりも，収入は少なく労働時間も長いことが指摘されている（Hamilton 2000）．したがってもし仕事の結果面がコントロールされないと，自営で働くことから得られる効用が過小評価されてしまうことになる．

　心理学で行われた網羅的な理論研究では，個人は，階層型の意思決定を適用されるよりも，独立している方を好んでいることが明らかにされている．ライアンとデチは，自己決定は独立していることと大きく関連しており，階

---

[1] 詳細についてはBenz and Frey 2008aを参照のこと．

層型組織の下では通常制限されていることから，自己決定には本質的な価値があると結論づけている（Ryan and Deci 2000）．自己決定は，能力，自立，関連性など，人間が先天的に必要とする「プロセスの財（procedural goods）」の基盤となるものである．関連したアプローチでは，人間の潜在能力の実現化（Ryff and Singer 1998），自制心（Grob 2000; Peterson 1999; Seligman 1992）に本質的な価値があるとされている．こうしたアプローチでは，独立して行動できる可能性そのものに価値があるのであり，個人は実用的な結果を必ずしも期待しているわけではない，と考えられているのだ．

　経済学の研究では，自営業に「効用のプレミアム」があることが示されている．ブランチフラワーとオズワルドらの研究によると，自営業者の方が自分の仕事に満足している（Blanchflower and Oswald 1998; Blanchflower 2000; Blanchflower, Oswald, and Stutzer 2001）．ハミルトンは，自営業者は独立しているがゆえに自ら高い所得を放棄しており，自営という働き方は実は割に合わないことを説得力のある形で示している（Hamilton 2000）．これらの研究では自営という働き方には金銭面以外のメリットがあるようだという明確な証拠を示してはいるが，メリットの具体的内容については調べられていない．そこでハドレイはこの点を詳細に検討したところ，自立性，柔軟性，能力活用，雇用保証の度合いが高い仕事についている自営業者の方が仕事満足度は高いことを見出した（Hundley 2001）．この研究結果は私の仮説とおおむね整合的である．そこで本章では，自営業者の効用の「プレミアム」が，「独立－階層型組織」別のプロセスの効用を反映しているかの問題について，より詳細に検討してみたい．

　自営業者と雇用者は，本質的には同じ労働市場で同じ生産活動に従事している．つまり，2つのグループを比較することは可能である．もちろん自営業者は，直接的に市場から，あるいは，法律・規制などの形で政府から課された多数の外部制約に直面している．しかし2つのグループの主な違いを労働の形態という点からみると，雇用者は階層型組織に属しているのに対し，自営業者は独立して働いているという点が異なっている．ここでプロセスの効用が通常の特性を持つのであれば，階層型組織に属さないことを好む人は，

大きい階層型組織ではなく小さい階層型組織の方を選択するだろう[2]．

仕事満足度

　仕事から得られる効用は，自己申告による「仕事満足度」を代理変数として測定されている．経済学者は，労働市場を分析する際，仕事への満足度を有意義な概念だとして積極的に使用してきた（Hamermesh 1977; Clark and Oswald 1996; Blanchflower and Oswald 1999; Clark 2001; サーベイ論文はWarr 1999を参照）．そこで自己申告による仕事満足度は，人々が仕事から得ている効用を測る指標として利用することができる．仕事に対する満足度は，領域別にみた幸福度の主観的指標の1つに位置づけられている（van Praag, Frijters, and Ferrer-i-Carbonell 2003）．本章で行なった実証分析では，ヨーロッパ諸国に関する主要なデータセットを用いた．具体的には，ドイツ社会経済パネル調査（German Socio-Economic Panel Survey; GSOEP），イギリス家計パネル調査（British Household Panel Survey, BHPS），スイス家計パネル調査（Swiss Household Panel Survey, SHP）の3つである．これら3つの調査は，ヨーロッパでは，仕事に関連する事項と所得，他の社会経済面の変数に関して，最も包括的な情報を得ることができる調査のひとつであり，以下のような優れた点がある．

・これらの調査は，仕事満足度に対する自営の効果を検証する際にこれまで使われてきたデータよりも（例えばBlanchflower 2000），仕事に関する重要な情報（所得，就業時間，職業，学歴，産業などの個人属性，勤務先の情報）を詳細に得ることができるため，これらデータを使えば，「独立─階層型組織」別のプロセスの効用を評価する際に，仕事の結果面は一定であると仮定することが可能となる．

・ヨーロッパで行われている調査では仕事に対する満足度が調査されているが，類似のアメリカの調査（Panel Study of Income Dynamics, Current Population Surveyなど）では仕事満足度の項目がない．仕事満足度は，仕

---

2) 会社規模と仕事満足度との関係については，Benz and Frey 2008aを参照．

事から得られる効用の代理変数として必要である．
・3つの調査のうち，GSOEP調査とBHPS調査は実証分析で利用可能なパネルの構造を持っており，基本的に同じ個人を数回の調査にわたって観察していくことが可能である．
・3カ国の調査データを使用することで，1カ国のみで研究する場合よりも，推定された効果の頑健性を幅広く把握することができる．3つの調査は別々に行われているが，調査のフレームワークは似通っている．

仕事満足度は，ドイツのGSOEP調査では「あなたは今，自分の仕事にどれぐらい満足していますか」という質問で調査されている．回答者は，0（とても不満である）から10（とても満足している）の段階で仕事満足度を答える．イギリスのBHPS調査の質問も似ており，「全般的にみて，あなたは，現在の仕事に，どれくらい満足していますか，あるいは不満ですか」であるが，回答の選択肢はドイツより少し狭い段階となっており，1（全く満足していない）から7（完全に満足している）の中から選ぶ方式である．スイスの調査の質問は，「0を全く満足していない，10を完全に満足しているとした場合，あなたの全般的な仕事満足度を答えてください」である．

考察の対象とした国の個人は，おおむね，自分の仕事にとても満足しているようである．1984-2000年の西ドイツでは，全就業者の仕事満足度は，1から10の段階で平均が7.25（標準偏差2.00）であった．1991-1999年のイギリスの平均値は1から7の段階で5.43（標準偏差1.36）であり，ドイツよりも仕事満足度が少し高かった．仕事満足度は1999年のスイスで最も高く，1から10からの段階で平均が8.10（標準偏差1.72）であった．

分析の焦点である自営業については，その人が階層型組織に属していないことから効用を得ているかが調査されている．「自営業」という変数は，ある年にある人が自営である場合に1をとり，組織で雇用されている場合には0をとるダミー変数である．西ドイツのGSOEP調査によると，1984-2000年では平均で労働者の8.3％が自営業であった．調査期間中のこの比率は比較的安定している（最小値は7.5％，最大値は9.9％）．1991-1999年のイギリスでは，平均で12.0％が自営業であり（最小値は11.0％，最大値は12.5％），

スイスでは 1999 年で 10.2% であった．

　この 3 つの調査では，主なコントロール変数に関する情報を詳細に得ることができる．所得と就業時間は仕事の結果面の中でもコアの部分であり，労働から得られる効用のうち，結果ではない側面を評価する際にはコントロールする必要がある．われわれの分析では，仕事満足度に対する所得の影響を説明するために，個人所得の合計金額を使用している．週あたりの平均就業時間（残業時間を含む）は，就業時間の影響をみるためである．こうしたコアのコントロール変数以外にも，労働の客観的側面に関連した様々なコントロール変数として，この調査に含まれている就業年数，年齢，性別，最終学歴，勤務形態（パート・フルタイム），職業，産業などを用いている．

　記述統計によると，ここで取り上げた 3 カ国全てで，仕事満足度は自営業者の方が高いことがわかる．具体的には，満足度の差は西ドイツが最小（0 から 10 の段階評価で 0.21）で，イギリスとスイスは同じような大きさとなっている（イギリス：1-7 段階で 0.21，スイス：0-10 段階で 0.42）．しかし満足度の差には，自営業と雇用者の特性の差が反映されているという可能性も考えられる．したがって，自営業者の仕事満足度が高いのは，独立していることから生まれるプロセスの効用が原因かどうかをより詳細に分析することが必要となる．

計量経済学的分析

　そこでまず，前節で述べたコントロール変数を用いた多変量解析を行った．表 7-1 に示したのは基本形の推定結果で，被説明変数の仕事満足度が序数であるため順序ロジット・モデルを用いている．変数は国別にウェイト付けされていることから，この推計結果は各国の水準を反映したものとなっている．また，ドイツとイギリスのパネル分析の頑健標準誤差の推定は，個人を長期間にわたり反復調査したデータによる修正を行っている．

　この多変量解析の結果から，仕事の結果面をコントロールした場合でも，自営業者の仕事満足度は，雇用者よりも高いことが確認された．その効果は 3 カ国の全てで非常に有意であり，その大きさは元の差と比較できる．この

表7-1 仕事満足度と自営業との関係
（西ドイツ：1984-2000 年，イギリス：1991-1999 年，スイス：1999 年）

	西ドイツ	イギリス	スイス
自営業	0.196**	0.278**	0.418**
	(0.064)	(0.056)	(0.112)
雇用者	参照グループ	参照グループ	参照グループ
コントロール変数[a]	あり	あり	あり
年ダミー	あり	あり	なし
サンプル数	70,229	52,022	3,431
調査対象者数	11,700	13,380	3,431
F値	5.85**	13.84**	3.38**

注：被説明変数は仕事満足度［西ドイツ：0－10段階，イギリス：1－7段階，スイス：0－10段階］．順序ロジット・モデル（頑健標準誤差を用いている．個人でクラスター化）．（ ）内は標準誤差．** は1%水準で有意であることを示す．a) コントロール変数は，個人所得（対数値），就業時間，就業時間の二乗，年齢，年齢の二乗，就業年数，就業年数の二乗，パート勤務，性別，学歴，職業，産業を含む．
出典：Benz and Frey 2008a．データは German Socio-Economic Panel, British Household Panel, and Swiss Household Panel を用いている．

分析は，先行研究（Blanchflower 2000; Blanchflower, Oswald, and Stutzer 2001; Blanchflower and Oswald 1998）の結果を確認するとともに拡張したものである．この結果から，結果面の違いによって，自営業者が仕事からより多くの効用を得ているのではないことがわかる．次節では，「独立－階層型組織」別のプロセスの効用がこの結果を説明しているかについて，更に検討することとする．

表7-1の分析では，例えば，自営業を営む人たちはもともと自分の仕事に満足するタイプだという可能性や，様々な面で雇用者とはタイプが違うという可能性は考慮されていない．つまり，推定された係数は，自営業であることから得られた非実用的なメリットを反映しているのではなく，単に2つのグループの個性の違いを示しているにすぎない．この問題については，以下で2つの方法論を用いて取り組むこととする．

個人の固定効果の推定

ここで用いた西ドイツとイギリスのデータはパネル調査であるため，同じ個人が自営業に参入・退出するといった変化を観察できる．そこで線形で推

定した固定効果の推計結果から，自営で働くことが仕事満足度に与える影響には頑健性があることがわかる〔この推計結果は省略〕．自営業の係数は，ドイツは0.11（t値1.87），イギリスは0.16（t値5.42）であった．2つのパネル調査で，自営業に参入・退出する人が自営業全体の約2割にすぎない点には注意が必要である．固定効果で推定した場合，自営業の係数は「自営業に参入・退出する人」の効果を見ているにすぎず，残りの8割は個人の固定効果に含まれるという形で無視されているからである．つまり，推定結果が一見安定的だとしても，自営業への参入と退出という動きが比較的少なく，集計レベルでみた労働力人口全体に占める自営業比率の変動が比較的安定している場合には，このアプローチは欠陥を持つのである．そこで自営業への大量の参入が発生し，自営業の全体に占める比率が大きく変化するような状況を研究する必要がある．

旧東ドイツ地域における「自然実験」

この方法は，自由業者の「創出」というある種の「自然実験（natural experiment）」〔基本的に社会科学では自然科学のような実験ができないが，ある社会変動を「実験」ととらえ，その前後の変化を観察することでその社会変動がもたらす効果をみる方法〕が行われたのと同様の状況を利用するものである(Meyer 1995; Besley and Case 2000)．1989年の「ベルリンの壁」の崩壊以降，東ドイツでは，基本的な経済構造に非常に大きな変化があった．特に自営業をめぐる状況は劇的に変化した．東ドイツでは初めて，自営業という選択肢が現実のものとなったのである．社会主義政権下の旧東ドイツでは，自営業は社会主義的な経済システムにそぐわなかったため厳しく制限されていた．したがって，労働力人口に占める自営業の比率は，旧東ドイツ崩壊の前年で2.1％にすぎないと推計されている（Lechner and Pfeiffer 1993）．東ドイツで初めてGSOEP調査が行われたのは1990年で，それ以降毎年調査が行われている．そのためGSOEP調査は，1989年以降の東ドイツにおける自営業の状況が観察できる点でユニークな調査となっている．

表7-2はこの「自営業の創出」という自然実験の結果を要約したものと

なっている．東ドイツでは，自営業に対する制限が突然撤廃されたことによって，労働力人口に占める自営業者の比率は大きく上昇した．自営業者比率は，1989年の2.1％から1990年始めには早くも3.4％に上昇し，1990-1992年には7.3％まで上昇した．それ以降の自営業者比率は7.5％-8.5％の安定した水準となり，現在の西ドイツとほぼ同じ水準となっている．東ドイツの労働者に関する順序ロジット・モデルの推計結果から（表7-2），自営業に参入した人の仕事満足度は，非常に大きく上昇したことがわかる．この東ドイツに関する順序ロジット分析には，表7-1の西ドイツの推計と同じ変数が入っており，1990年とそれ以降に分けた推計もなされている．1990年については，1989年以前に既に自営業だった人と，ベルリンの壁崩壊直後に自営業になった人にグループ分けしている．1991年以降の推計結果には，自営業者全体のネットの効果のみが示されている．自営業になることの効果は，1990年に自営業になった人の結果に最も大きく表われている．すなわち，自営業者の仕事満足度は，当時東ドイツで雇用されていた人よりもかなり高く，係数の1.340は，仕事満足度（0から10の段階）の約1.5ポイントの上昇に相当する．この効果は，東ドイツの雇用者の大部分が依然として社会主義の企業で働いているために仕事満足度が低いことによるのではない点には注意が必要である．実は，1990年時点の東ドイツの平均的な仕事満足度は西ドイツと同じ水準であった（東ドイツ7.20，西ドイツ7.25）．その後，東ドイツ地域の満足度は急落したのだが，これはおそらく，民営化の開始や失業率の上昇など厳しい経済状況によるものと思われる．そしてもともと仕事満足度が高い人がベルリンの壁崩壊後に自営業者になるケースは考えにくい．1990年の推計には，「5年前の生活満足度」という変数が入っている．この変数は，1985年時点で旧東ドイツの住民が生活全般の満足をどのように評価していたかという質問に対する回答である．もし，もともと仕事に満足している（あるいは不満である）人だけがベルリンの壁崩壊後に自営業になったのなら，「崩壊後に自営業である」というダミー変数の係数はゼロに低下するだろう．更に表7-2の1991-2000年の推計結果をみても，自営業の係数の符号はプラスで有意である．つまり，自営業にな

表7-2 仕事満足度と自営業との関係（東ドイツ，1990-2000年）

	1990年 （順序ロジット・モデル）	1991-2000年 （順序ロジット・モデル）	1990-2000年 （固定効果モデル）
自営業	—	0.384** (0.118)	0.656** (0.116)
ベルリンの壁崩壊以前に自営業	0.708* (0.290)	—	—
ベルリンの壁崩壊後に自営業	1.446** (0.432)	—	—
雇用者	参照グループ	参照グループ	参照グループ
コントロール変数 [a]	あり	あり	あり
年ダミー	なし	あり	あり
個人の固定効果	なし	なし	あり
サンプル数	2,675	17,389	20,064
調査対象者数	2,675	3,754	4,254
χ^2値／F値	310.4**	3.51**	4.14**

注：被説明変数は仕事満足度［0-10段階］．順序ロジット分析は頑健標準誤差による個人についてクラスター化．最小二乗法は固定効果回帰の結果．（ ）内は標準誤差．* は5％水準，** は1％水準で有意であることを示す．a）コントロール変数は，所得（対数値），就業時間，就業時間の二乗，年齢，年齢の二乗，性別，学歴，職業，産業，5年前の生活満足度（1990年の推計のみ）を含む．
出典：Benz and Frey 2008a．データはGSOEP調査を用いている．

った人の仕事満足度は，所得や就業時間などの客観的条件とは関係なく，同じ時期に雇用されていた人たちよりも高い水準であることを意味する．1990-2000年の全期間で固定効果モデルを推定した場合も同様の結果となった（この推計の自営業の係数には，観察された「自営業に参入，または退出」の効果のみが含まれることになる）．

　以上をまとめると，固定効果モデルと自然実験によるアプローチから，自営業の人は実際に仕事満足度が高いことが明らかになった．さらに推計で主な仕事の結果面をコントロールした場合，自営業者の仕事満足度が高いのは，仕事からプロセス面のメリットを得ているからだということもわかった．自営業がプロセスの効用の源泉となりうる点に関しての詳細は，私とベンツの研究（Benz and Frey 2008a; Benz and Frey 2008b）を参照されたい．

7.2 ボランティアと幸福度

個人の幸福の源泉

　古代哲学では，幸福は他人に手を貸すことで高まるかが議論となっていた．幸福の追求という観点からは，他人を助けることで幸福度は高まるとする見方（Smith 1759）がある．一方で，「経済人（ホモ・エコノミクス）」は利己的に振る舞うことで自分の効用を最大化するという全く逆の観点もある．つまり，他人を助けるという「コスト」を支払う人よりも，利己的な人の方が幸福だとする考え方である．他人を助けるために自分の時間とお金を犠牲にすることに価値があり幸福度を高める効果があるか否かについては，実証分析で明らかにされよう．

　向社会的行動（pro-social behavior）と幸福については，このように2つの相反する見方があり，これらを実証的に識別するには幸福度の指標が必要となる．本節でも，本書の他の部分と同様，自己申告による主観的幸福度を代理指標として用いていく．

　ボランティアという行動は，さまざまな動機上の理由から，人々の幸福度にプラスの影響を与える可能性があるが，この場合の影響が伝搬するチャンネルは，大まかにいうと，2つにグループ分けできる．第一は，人間は他人を助けることそのものに喜びを感じるために幸福度が上昇するというものである．この場合の「報酬」は，他人の幸福を気にかけるという内発的動機付け（intrinsic motivation）である．例えば助ける相手の効用を気にかけたり手を貸すことで「温かい気持ち」になったり，本質的な仕事の喜びを感じるというメリットが得られるのだ．第二は，人間はボランティアから一種の副産物を得る目的をもってボランティア活動を行うというものである．ボランティアをすること自体を楽しむのではなく，ボランティアを通じて得られる外面上の報酬があるために効用が高まるのだ．例えば，ボランティア活動を，人的資本や社会ネットワークへの投資ととらえる人もいる．

　本節では，ボランティアをする人は，しない人よりも，生活に満足してい

るかに関する実証結果を報告する (Meier and Stutzer 2008)[3]．この研究は，GSOEP調査の1985-1999年のデータを用いて，ボランティア活動と生活満足度との関係を分析している．GSOEP調査には，社会経済面に関する調査項目に加えて，生活満足度とボランティア活動の状況に関する質問も含まれている．

　ここで，ボランティアをする人はしない人よりも主観的幸福度が高いことが単純な相関係数から示された場合でも，因果関係も成立するとは限らない点には注意が必要である．つまり，ボランティアをすることで生活満足度が高まるのではなく，生活に満足している人がボランティアをする可能性が考えられるからである．この因果関係という問題は，従来の研究でもしばしば見受けられるが[4]，自然実験を利用することで直接的に取り扱うことができる．そこで本節では，自然実験の具体例として，旧東ドイツの崩壊という事象を用いることとする．旧東ドイツでは，ボランティア活動は，GSOEP調査が初めて行われた時点（ベルリンの壁の崩壊直後で東西ドイツ統一の直前）では，まだ広く行われていた．その後の東西ドイツ統一がもたらしたショックのため，ボランティア活動の基盤（例えば企業関係のスポーツクラブ）の大部分が崩壊してしまい，東ドイツの人々がボランティアをする機会は，統計的に見てランダムに失われた．ボランティアをやめた人と，その対象群としてボランティア活動については全く変化がなかった人について，それぞれの主観的幸福度を比較すれば，ボランティアがより高い生活満足度をもたらす効果があるかを分析することができる．

実証分析

　実証分析で用いられたGSOEP調査（1985-1999年）では，ボランティア活動の有無は，「あなたはボランティアをしていますか」という質問で調査され，回答者は4段階評価（4：週に1回，3：月に1回，2：ほとんどしな

---

3) Meier 2006, 2007; Oberholzer-Gee 2007も参照されたい．
4) 概要については，Wilson and Musick 1999を参照．

い，1：一度もしたことがない）で答える．ドイツ全体でみると，23％の人が何らかの形でボランティア活動に参加しており，この数値は，ボランティア活動の回数に関する研究結果（Anheier and Salamon 1999）と整合的である．頻繁にボランティア（「週に1回」，または，「月に1回」）をしている人の割合は14％である．ほとんど，あるいは，一度もボランティアをしたことがない（「ほとんどしない」，または，「一度もしたことがない」）は86％である．個人の幸福度（生活満足度）は，「全般的にみて，あなたは自分の生活にどれぐらい満足していますか」という質問で計測されている．回答は0（とても不満である）から10（とても満足している）の中から選ぶ方式である．

図7-1は，プールされたデータセットを用いて，ボランティア活動の頻度と生活満足度との関係を示したものである．記述統計をみると，ボランティアをすることと生活満足度との間にかなり強い正の関係があることがわかる．平均でみると，生活満足度が最も低いのは，ボランティアを全くしていない人であり，ボランティアの回数が多いほど，自己申告による生活満足度

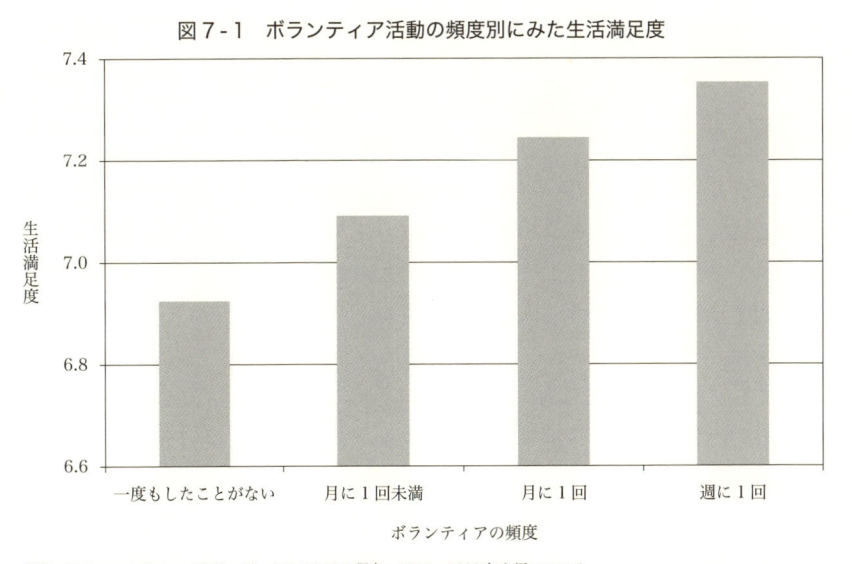

図7-1　ボランティア活動の頻度別にみた生活満足度

出典：Meier and Stutzer 2008．データはGSOEP調査，1985-1999年を用いている．

も高いという関係がみられる．すなわち，平均的な生活満足度は，ボランティアをしていない人が6.93であるのに対し，週に1回の人は7.35と，0.42高い（t検定で1％水準で有意）．ボランティアの回数で2つにグループ分けした生活満足度を比べると，週1回，または，月1回ボランティアをしているグループの平均的満足度は7.3であるのに対し，ボランティアをほとんどしない，または，全くしていないグループの平均は6.95である（t検定で1％水準で有意）．

　ボランティア活動と生活満足度との関係を単純な相関関係で観察する場合には，第3の要因（例えばその人の財政状況）がボランティアの回数と主観的幸福度の双方に影響を与える可能性が考慮されていない．そこで，このような個人属性をコントロールするために，多変量解析アプローチを用いることとする．

　表7-3は，生活満足度（被説明変数）とボランティアの回数（説明変数）との関係を，様々な社会経済・人口統計面の変数をコントロールした場合について示している．「一度もボランティアをしたことがない」から「週に1回ボランティアをする」の4つのダミー変数は，ボランティア活動の頻度をみるためのものである．参照グループは「一度もボランティアをしたことがない」である．モデル1は最小二乗法で推計されており，頑健標準誤差の推定は，個人を長期間にわたり反復調査したデータによる修正を行っている．このモデル1の結果から，ボランティアをする人の生活満足度は高いことがわかる．特に週1回，あるいは月1回ボランティアをする人の満足度は高い．そのインパクトはかなり大きく，統計的にみても有意である．具体的には，週1回ボランティアをする人は，ボランティアをしていない人よりも，主観的幸福度が平均で0.30高く，月に1回ボランティアをする人は，ボランティアをしていない人よりも，主観的幸福度が平均で0.26高いという推計結果が得られている．この結果は，ボランティア活動は効用を増大させるという仮説と整合的である．しかしモデル1では，観察できないが時間を通じて不変というタイプの個人差はコントロールされていない．例えば外向的な性格の人はボランティア活動に積極的で，主観的幸福度も高いというケースが

表7-3 生活満足度とボランティア活動との関係（ドイツ，1985–1999年）

	モデル1	モデル2
ボランティアをしたことがない	参照グループ	参照グループ
ボランティアは月1回未満	0.079**	−0.014
	(4.00)	(−0.89)
月に1回ボランティアをする	0.263**	0.026
	(9.75)	(1.19)
週に1回ボランティアをする	0.295**	0.081**
	(10.02)	(3.48)
コントロール変数 a)	あり	あり
年ダミー	あり	あり
個人の固定効果	なし	あり
サンプル数	125,468	125,468
調査対象者数	22,016	22,016
F値	93.52**	79.26**

注：被説明変数は生活満足度 [0–10段階]．最小二乗法は頑健標準誤差を用いている（個人でクラスター化）．（ ）内はt値．**は1％水準で有意であることを示す．a) コントロール変数は，ネットの時給（対数値），賃金が適用されない・利用できない，就業時間，就業時間の二乗，就業時間が適用されない・利用できない，世帯所得（対数値），世帯規模の平方根，年齢，年齢の二乗，教育年数（対数値），婚姻状態，子どもの有無，雇用形態，東ドイツ，EU域内国籍・EU域外国籍を含む．
出典：Meier and Stutzer 2008．データはGSOEP調査を用いている．

考えられる．GSOEP調査はパネル調査であることから，個人の固定効果モデルを推定することで，観察できないが個人の不均一性を発生させるような見せかけの相関関係をコントロールすることができる．

モデル2は，個人の固定効果を入れた場合の最小二乗法による推計結果である．ボランティアの効果は小さくなっているが，それでも，週1回ボランティアをする人は，全くボランティアをしない人よりも，平均的な主観的幸福度は0.08高い（1％水準で有意）．ボランティアを週に1回，あるいは月に1回している場合を1，たまにしかボランティアをしない場合を0とするダミー変数で推計した場合の結果もやはり頑健であり（掲載は省略），頻繁にボランティアをする人の生活満足度は，平均で0.054高かった（1％水準で有意）．

自然実験を用いた因果関係への対応

実は，ここまでの分析には，因果関係の問題が残されている．ボランティアをする人の生活満足度が高いのは他人への手助けによって幸福度が上昇す

るのか，あるいは幸福な人がボランティアをするのかという問題は，固定効果の推計ではわからないのだ．こうした因果関係の問題は，7.1 節の自営業の研究のように，人々が，外生的なショックから統計的にみてランダムにボランティアをやめてしまうという状況を分析することで対処できる．もしショック発生後にボランティアをやめた人が以前より低い生活満足度を申告している場合は，他の条件に変化がなければ，満足度の低下の原因はボランティア活動のとりやめである可能性が高い．もし主観的幸福度に変化がないのなら，第三の要因が幸福度に影響を与えており，逆の因果関係が発生していることになる．

　東西ドイツの統合では旧東ドイツに住むボランティアの状況が外生的に大きく変化したことから，理想的な「自然実験」の状況が生まれた．旧東ドイツ崩壊後，ボランティア活動の基盤の多くが崩壊してしまった．旧東ドイツではボランティア活動が広範に行われていたが，そうした機会の多くは旧来の社会構造とのつながりがあった．例えば，スポーツクラブは国営企業と関係があったが，統合後はこうした構造は消滅し，多くの国民が「やむをえず」ボランティア活動をやめてしまった．GSOEP調査によると，週1回，あるいは月1回ボランティア活動をしていると答えた東ドイツ地域の回答者の比率は，8%ポイント減少した．この数字から，東西ドイツ統合という外生的ショックによって，ボランティア活動は大きく減少したことがわかる．それではこの外生的ショックが，ボランティアをする人の主観的幸福に与えた影響を具体的にみてみよう．

　東西ドイツ統合の後，東ドイツの平均的な生活満足度は低下した (Frijters, Haisken-DeNew, and Shields 2003)．もしボランティアが幸福度にプラスの影響を与えているのなら，ボランティア活動の基盤が崩壊したことでボランティアの場を失ってしまった人の生活満足度は，以前より大きく低下するものと考えられる．図7-2は，1990年と1992年の東ドイツ地域について，同じ人の生活満足度を，ボランティア活動の状況別に比較したものである．ボランティアをやめた人（「ボランティアをやめた」と回答）の生活満足度は大きく低下している．すなわち，ボランティア活動に変化がなかった人（「い

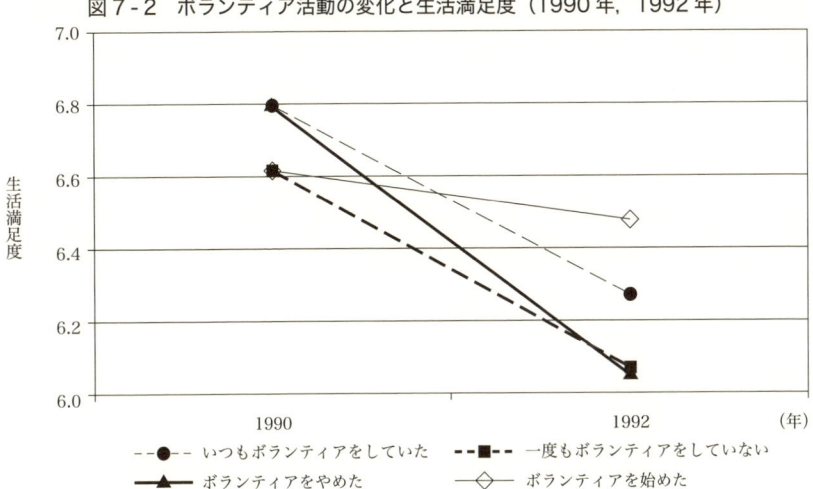

図7-2 ボランティア活動の変化と生活満足度（1990年，1992年）

凡例：
- ●（破線）いつもボランティアをしていた
- ■（破線）一度もボランティアをしていない
- ▲（実線）ボランティアをやめた
- ◇（実線）ボランティアを始めた

出典：Meier and Stutzer 2008. データはGSOEP調査，1990-1992年を用いている．

つもボランティアをしている」あるいは「一度もボランティアをしたことがない」と回答）の生活満足度は0.53低下しているのに対し，ボランティアをやめた人の生活満足度は0.72も低下している．両者の差（-0.19）は統計的にみても10%水準で有意である．1990年に頻繁にボランティアをしていた人の生活満足度はその時点では高かったが，その後，ボランティアをしていない人の水準にまで下落しているのだ．この結果から，因果関係は，ボランティアをすると生活満足度が高まるという方向性に働いていると解釈できる．

単純な「差分の差分析（difference-in-difference analysis）」を用いれば因果関係の推論が可能となるが，その結果の解釈については少なくとも2つの問題がある．

・全く別の要因がボランティア活動と生活満足度の双方に影響を与えている可能性である．例えば，失業者はボランティアをする可能性が低く，同時に生活満足度も低いだろう．しかし先にみた結果では，ボランティアをやめるよう強制された人がランダムに発生した場合に幸福度が低下することが示されている．個人の固定効果を取り入れ，社会経済面と人口統計面の変数を多

第7章　なぜ自営業とボランティアは幸福なのか　105

数用いてコントロールした多変量解析からも〔掲載は省略されている〕，同じ結果が得られている．すなわち，ボランティアの機会を失った人は，ボランティアの状況が変わらなかった人よりも生活満足度が0.23も低下している（5％水準で有意）．つまり本章で示した結果によると，生活満足度はボランティア活動からプラスの影響を受けており，したがって，別の要因が影響を与えているとの仮説は否定されるという因果関係の解釈が支持される．

・ボランティアの影響に関する別の解釈としては，旧東ドイツでボランティアをしていた人は古い政治システムとの関係が強かったという可能性が挙げられる．そうしたタイプの人は，旧東ドイツ崩壊後，ボランティアの機会だけではなく，体制との関係も失ってしまい，結果として地位も将来の展望も失われたとの仮説が考えられる．この解釈が実証的にみて正しいかは，旧東ドイツに関する満足度を1990年時点で調べた回答を用いるという方法で分析する．質問文は「次の質問は旧東ドイツについてお尋ねします．全般的にみて，あなたは，現時点で，旧東ドイツでの民主主義の状況に満足していますか．不満ですか．」であり，回答者は4段階で答える（1: とても満足している，2: 満足している，3: 不満である，4: とても不満である）．実証分析の結果をみると〔掲載は省略されている〕，ボランティアをやめることが生活満足度に与えた効果は，旧東ドイツでの民主主義に満足している人（1か2と答えた人，−0.74）と，不満な人（3か4と答えた人，−0.70）とで同じであった．つまり，旧体制に対し好意的であった人が，統合後に最も多くボランティアの機会を失ったという解釈は支持されない．

　東ドイツの崩壊は，ボランティア活動が人々の効用に与える因果関係を分析する際に利用でき，ユニークな自然実験ととらえることができる．分析結果からは，ボランティア活動は幸福度を高めることが示されており，生活満足度に影響を与える他の要因（個人の固定効果，失業の状況，空き時間に行う他の活動）をコントロールしても頑健である（Meier and Stutzer 2008）．

　つまり，ボランティア活動は生活満足度を高める効果があるという点で有益だということになる．本節では，東ドイツ崩壊をある種の自然実験とみなした研究から，ボランティア活動によって幸福度が高まるとの因果関係を示

す結果が得られた．それでは生活満足度を高めるためにもっと多くの人がボランティアをしないのはなぜだろうか．つまりボランティア活動を行わないために，自分の効用を高めていない人がいるのはなぜだろうか．理由の一つとして，人間は将来行う活動から得られる効用を予測する際に，非対称な誤りをおかしてしまうことが挙げられる．すなわち，ボランティアのように本質的な意味を持つ活動のメリットを過小評価し，残業をしてお金を稼ぐなど外面的な活動のメリットを過大にみてしまうのだ．こうしたことが，個々人のボランティア活動の過小供給につながるかどうかは，今後の研究の課題である．

第8章
結婚することで人は幸福になるのか

8.1 結婚に関する経済理論

　結婚の経済学では，モデル分析の焦点を特化（specialization）と分業（division of labor）におく．ベッカーの「結婚の経済学」に関する著名な研究では（Becker 1973, 1974a），結婚している人は，様々なタイプの雑用が世帯内生産され特化されることによってメリットを得ているとする[1]．結婚生活につきものの雑用を特化によって分担することができれば，パートナー双方の幸福度が上昇するものと考えられる．社会学の理論では，配偶者が世帯内の公共財を共同で消費すること，また，「同類」の関係にみられる相互利益と社会的平等に着目する．同類婚（Homogamy）とは「似た者同士で結婚したい」という傾向を指す．つまり，たまたま出会った人と結婚するのではなく，年齢，人種，宗教，国籍，教育，考え方などの特徴が似通っている人と結婚する傾向がみられるのだ（Hughes et al.1999）．「似た者同士で結婚したい」という傾向をもつカップルは，基本的な価値観と信念が一致しやす

---

[1] サーベイ論文はPollak 2002を参照．

い．ベッカーのモデルでは，（影の）賃金率に差があるケースと，教育の程度が同じという同類関係であるケースで，結婚確率が高いと予測されている．そこで，これら2つのモデルが基礎とする仮定が正しいかを分析する場合に主観的幸福度のデータを用いれば，結婚から大きなメリットを受けているのが誰で，あまり受けていないのは誰かについて，体系的な証拠を示す研究が可能となる．本章では，筆者らが行った研究（Stutzer and Frey 2006）を参照しながら，結婚と幸福との関係をみていこう．

人間は，夫婦双方が相手のためになることを行うとの約束を通して，結婚という長期的な関係を築いていく．配偶者は，安全と物質的な報酬だけでなく，パートナーから愛や感謝，承認などが得られることを期待している．つまり，結婚には保護の観点があるものと考えられる．結婚のもたらす保護の効果について，経済学では特にその金銭的なメリットが研究されてきた．結婚は，人生で不運な出来事が起こった場合に基本的な保険の意味合いを持つとともに，規模の経済と家庭内の特化によるメリットをもたらす（Becker 1981）．特化することで，配偶者は，労働市場での人的資本の形成の点で，有利な条件を得ることになる．この点は，既婚者が他の条件が一定であれば独身者よりも高い所得を得ていることからもわかる（Chun and Lee 2001）．

心理学，社会学，疫学の研究によると，結婚がもたらす広範なメリットは所得の増加そのものを上回っている．既婚者は，独身の人と比べて，身体的・精神的に健康であり（例えば中毒物質の乱用やうつ病が少ない），寿命もかなり長い（Gardner and Oswald 2004）．社会学では同類関係の利点が強調されている[2]．

近年，結婚が幸福度に与える影響への関心が高まっている．様々な国・時期で行われた研究の多くで，結婚が幸福度の水準と関連があることが示されている（Diener et al.2000; Stack and Eshleman 1998; Coombs 1991; Myers 1999）．自己申告による主観的な幸福度は，既婚者の方が，一度も結婚した

---

[2] 健康に対する影響についてはBurman and Margolin 1992; Ross et al. 1990を参照．所得，死亡率，子どもの育ちと性的満足感についてはWaite and Gallagher 2000を参照．長期的な証拠に焦点を合わせた調査のサーベイは，Wilson and Oswald 2005を参照．

ことがない人や離婚した人，別居している人，死別した人よりも高い．逆の因果関係の存在も議論されており，実証研究も行われている（Mastekaasa 1992; Stutzer and Frey 2006）．

8.2　実証分析

結婚による幸福度の増大

　結婚によって幸福度が高まる理由に関する2つの主張については，生活満足度のデータを使うことで直接的に検証することができる．前章までと同様に，われわれの研究ではGSOEP調査のデータを用いることとする．分析の対象をサンプル期間（17年間）に結婚していた人に限定し，婚姻期間別にみた幸福度を観察してみよう．図8-1は，結婚の前後の平均的な生活満足度を，1984-2000年のドイツの1,991人（サンプル数21,809）について計算したものである．幸福度の平均値の計算にあたっては，回答者の性別，年齢，教育水準，子どもの有無，世帯所得，世帯規模，世帯主との関係，就業状態，居住地，住民権の有無は考慮されている．

　図8-1から，平均的な満足度は，結婚が近づくにつれ高まり，結婚後は低下するという明らかなパターンがあることがみてとれる．

　このパターンについては，いくつかの説明が考えられる．結婚の経過に伴い主観的幸福度が短期的に変化することを指摘する心理学者もいる（Johnson and Wu 2002）．適応の証拠ととらえる研究もある（Lucas et al.2003）．結婚という文脈での適応とは，親密な関係のパートナーと暮らすことから受ける快適な（あるいは不快な）刺激に慣れることを指す．したがって，結婚してしばらくたつと，多かれ少なかれ，主観的幸福度はベースラインの水準に戻るのである．この現象が快楽に適応したからなのか，あるいは，既婚者が生活に満足する尺度を変えるのか（満足のトレッドミル）を判断するのは難しい．パターンの選択という説明も考えられる．将来的に報われそうな関係だと予想する場合に限り結婚する人が多いのかもしれない．配偶者として経験する将来時点の幸福感は，現時点での幸福感に基づいて予測

図8-1 結婚と生活満足度との関係

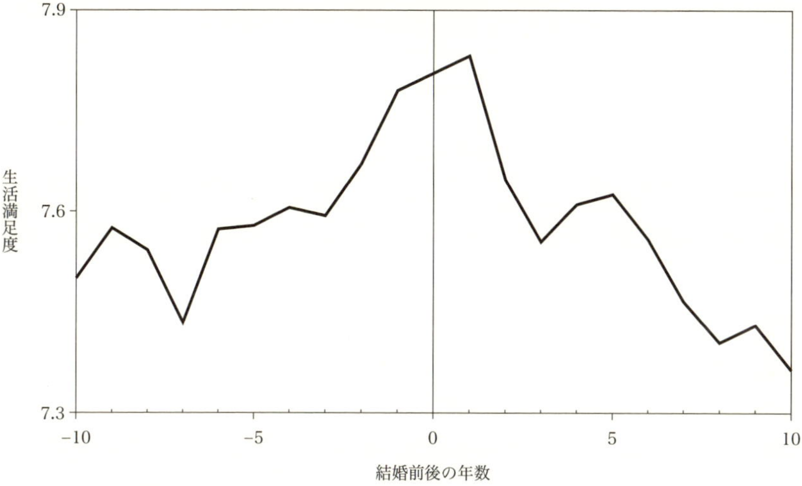

注:この図は結婚の経過に伴う幸福度のパターンを示すもので，回答者の性別，年齢，教育水準，子どもの有無，世帯所得，世帯規模，世帯主との関係，就業状態，居住地，住民権は考慮されている．
出典:Stutzer and Frey 2006. データはGSOEP調査を用いている．

しているものと考えられる．したがって結婚の前年は，生活満足度が最も高くなる最後の年となる．夫婦は，この時期に特に幸福な時間を過ごすからである．

本章の分析は，新婚の人たちの生活満足度が大きく変化する点に注目する．0を「全く不満である」，10を「とても満足している」とした場合，生活満足度の平均値は，結婚翌年の7.64（標準偏差が1.60）から，結婚2年目には7.43（標準偏差は1.59）に低下していることから，配偶者が新婚のカップルとして生活上で感じていることに大きな変化があったことがわかる．以下では結婚市場の理論で識別がなされているサブ・グループとの体系的な違いの可能性も検討することとする．

特化の可能性と幸福度

ベッカーの結婚理論から導き出される主要な予測の一つは，結婚のメリットと夫婦間の相対的な賃金差の間には正の相関関係がある，というものであ

る（1974a, p. 11）．夫婦間の相対的な賃金率の差が大きいと，家事に特化することのメリットや労働市場に参加することのメリットも大きくなるからである．

この仮説を，図8-2で確かめてみよう．ここでは夫婦を2つのグループに分けている．平均的にみた賃金率の相対的な差が，中央値より上の夫婦のグループと，中央値より下の夫婦のグループである．ここでの「平均」は，他の条件が等しいと仮定した場合の推定値である．ただし，図8-1ではあらゆるコントロール変数が用いられているわけではない．特化による家庭内生産の拡大というメリットが見込まれるため，世帯所得は，その代理変数である教育水準と同様に，コントロールされていない．

図8-2から，結婚後については，2つのグループの主観的幸福度に体系的な差がないことがみてとれるものの，結婚前については，相対的賃金率に

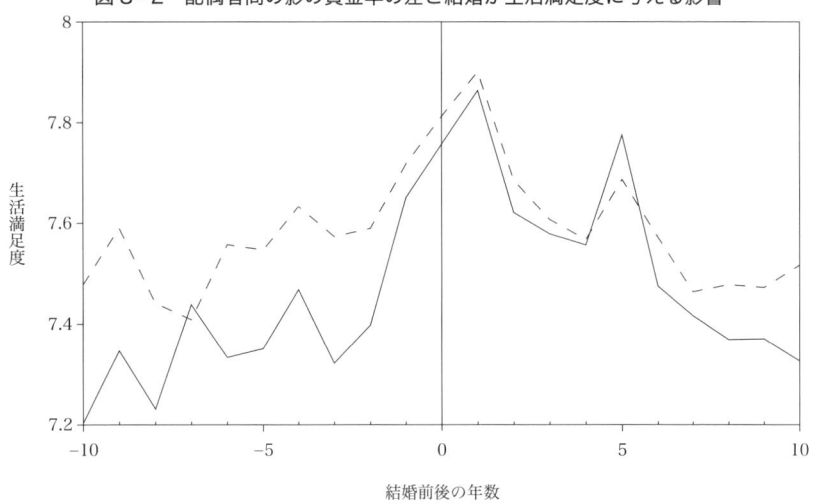

図8-2 配偶者間の影の賃金率の差と結婚が生活満足度に与える影響

- - 賃金率の差が小さいグループ　　──賃金率の差が大きいグループ

注：この図は賃金率の差でグループ分けした場合の幸福度のパターンを示すもので，回答者の性別，年齢，子どもの有無，世帯規模，世帯主との関係，就業状態，居住地，住民権については考慮されている．
出典：Stutzer and Frey 2006．データはGSOEP調査のデータを用いている．

大きな差があるグループの方が，差の小さいグループよりも，平均でみた幸福度は低い．つまり，相対的な賃金率の差が大きい夫婦の方が，結婚のメリットは大きいことになる．この結果は，特化のメリットに着目するベッカーのモデルが支持されることを意味する．

同類婚の夫婦にとっての結婚のメリット

結婚しているパートナー間の教育水準の差は教育年数で測ることとする．ここでは教育水準の差が小さい夫婦の方が，差が大きい夫婦よりも，結婚のメリットは大きいとの仮説をおく．

図8-3は，先の分析と同じ方法をこの特化の検証に用いることとし，図を用いた分析結果を示したものである．コントロール変数は図8-1と同じである．結婚前の期間をみると，結婚したパートナーとの教育水準の差が大

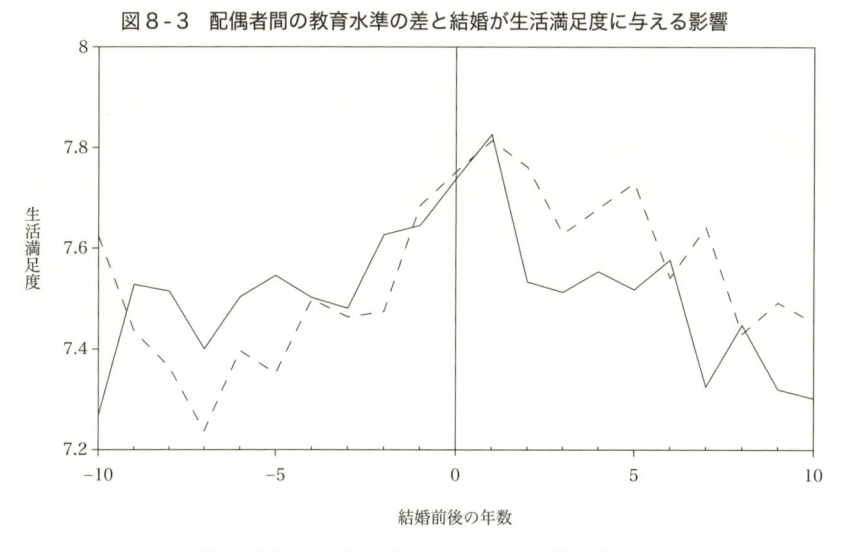

図8-3　配偶者間の教育水準の差と結婚が生活満足度に与える影響

― ― 学歴の差が小さいグループ　　―― 学歴の差が大きいグループ

注：この図は学歴の差によりグループ分けした場合の幸福度のパターンを示すもので，回答者の性別，年齢，教育水準，子どもの有無，世帯所得，世帯規模，世帯主との関係，就業状態，居住地，住民権は考慮されている．
出典：Stutzer and Frey 2006．データはGSOEP調査を用いている．

きい場合も小さい場合も，幸福度に体系的な差はあまりみられない．しかし結婚後については，教育水準の差が中央値を下回っている夫婦の方が平均的な生活満足度は高く，最初の7年間については，2つのグループの満足度に差があることが統計的検定でも確認できる．つまりこの図から，教育の水準が同じ夫婦の方が，結婚から大きなメリットを得ているとの仮説が支持される．

結論

　結婚（保護）のメリットに関する基本的な仮定を，直接的に分析したところ，経済学が重きを置く特化という仮説が支持された．結婚前の夫婦の生活満足度を相対的な賃金差のグループ別で比較すると，特化から得られる潜在的なメリットと結婚から実際に得られるメリットは，賃金差が大きい夫婦の方が，賃金差の小さい夫婦よりも大きい．しかし，本章での分析によると，結婚の7年後には，2つのグループの間の体系的な差はみられなくなる．この結果は，パートナー間の類似性が重要である点を重視する理論と整合的である．類似・同類のパートナーについては，価値観と共に，助け合いの関係がうまくいくとの確信が共有されるものと考えられる．教育水準の差が小さい夫婦は，差が大きい夫婦よりも，平均的にみて，結婚から得られる満足度が大きい．

　では，結婚が解消される場合には何が起きているのだろうか．その場合の個人の幸福度は，結婚にみられるネガティブな徴候と同じような経過をたどる（Gardner and Oswald 2006）．離婚は短期的には精神的痛手となる．離婚前の夫婦の幸福度は大きく低下し，その影響は男女とも同じである．しかし平均的な幸福度は，男女とも，結婚が破綻した2年後には，破綻の2年前の水準よりも高くなっている．この意味で離婚は「有益」である．やや意外ではあるが，離婚後にすぐに再婚するかとか，扶養中の子どもたちがいるかは，あまり関係がないようだ．

第9章
テレビの見すぎで不幸になる？

　テレビの平均視聴時間（1日あたり）はヨーロッパで3時間半，アメリカでは4時間50分である（IP International Marketing Committee 2004）．このように多くの国で，現在，労働と同じくらいの時間がテレビを見ることに費やされている．若年期と高年期を含む人生全体でみると，大半の人が，有給の労働よりも多くの時間をTVの前で過ごしている．人々は，テレビを見るという行為を，自発的に選んだ活動として楽しんでいるに違いない．さもなければあまりテレビをみないだろう．標準的な新古典派経済学の顕示選好の理論によれば，人間は，何から効用を得られるかを十分に知っており，「テレビ消費（television consumption）」に費やす時間を自由に選択しているものと仮定されている．人々がテレビを長時間見ていることからすれば，テレビから相当な量の効用を得ているものと考えられる．

　しかし，特に経済学と心理学の分野での最近の研究では，こうした結論が疑問視されている．顕示選好の理論に対して最も著名な疑問は，セン（Sen 1982, 1995）がなげかけたものである．一般に，個人はいつも自分の利益になるように行動しているわけではないことから，観察された行動をみることで効用を推し量ることはできない．人間の行動には例外やバイアスが多数確認されており（例えばThaler 1992参照），観察された行動と，それによっ

て得られた効用とが直接的に結び付いているかについては疑問視されている．例えば，個人は将来の消費から得られる効用を体系的に間違えて予測する可能性がある（第11章参照）．本章では，自分では完全にコントロールできないような習慣を持つ人々について論じてみたい．自分にメリットがある財ではなく，ドラッグ，アルコール，タバコなどの財を消費するタイプの人は自制心に問題があるものと思われる（Schelling 1984）．たとえばある実証研究によると，税金によって喫煙が制限された場合，喫煙者は状況が良くなったと考える（Gruber and Mullainathan 2005）．本章では，個人の下す評価が消費の決定を体系的に歪めているケースとして，テレビの視聴を取り上げる．テレビの見過ぎは自制心に問題があるのだが，この問題はテレビから得られる瞬間的なメリットによって発生する．しかもそのコストは微々たるもので瞬間的なものであることから，人々はコストの大半を将来になってから経験することになる．したがってテレビの視聴時間が長くても効用は最大化されず，平均的な幸福度は低下してしまう[1]．

　主観的幸福度のデータを用いれば，テレビを何時間見るかを決める際に人々が体系的な誤りをおかすかを研究することが可能となる．もしそうであるならば，個人の幸福度に影響を与える変数の大部分をコントロールした場合でも，テレビ視聴の程度と生活満足度の間には負の相関関係があるだろう．しかし，「テレビ消費」と主観的幸福度との間の負の相関関係は，逆の因果関係も考えられる．つまり不幸な人は，幸福な人に比べて，テレビを見る時間が長いという可能性である．もしテレビの視聴が，例えば孤独な人や退屈している人にとっての人間関係やもっと活動的な形の余暇など一種の代理行為という意味合いがあって，長期的には幸福度に対して負の影響を与えるのならば，観察された負の相関関係は「自己拘束的な循環（self-enforcing circle）」の結果なのかもしれない．こうした因果関係の問題は，多変量解析やパネル分析で多数のコントロール変数を用いたとしても解決することはできない．そこで，テレビ視聴に大きな外部的な影響が及んだ場合の変化を研

---

[1] Frey, Benesch, and Stutzer 2007; Benesch, Frey, and Stutzer 2006 を参照．

究することが望ましい．しかし筆者が知る限り，自然実験などの適切なデータは存在しないことから，本章では，テレビの見過ぎという効用のコストが，時間の機会費用と関係があるかをみることとする．こうした方法を用いれば，因果関係の方向性の間接的な証拠を得ることができる．具体的には，テレビを見て過ごした時間を後になって後悔するのは，主に時間の機会費用が高い人なのかを調べるのである．本章では，自制心の問題に悩んでいるのは，主として，就業時間が柔軟な人（余暇と仕事の時間とを自由に入れ替えできる）なのかを論ずる．一方，退職者や失業者，就業時間が定められた人など時間の機会費用の低い人たちは，意志力の欠如という重荷はほとんど感じていない．したがって機会費用の低い人は，たとえテレビを見るのに多くの時間を費やしたとしても，効用が大きく低下することはない．

　9.1節では，テレビをみすぎてしまうこと（テレビの過剰消費）に関して，検証可能な基本的仮説を展開する．9.2節では，テレビ視聴と主観的幸福度との関係について，既存の先行研究を検討する．9.3節ではデータを提示し，計量経済学による推定結果を示す．

9.1　テレビの過剰消費

　テレビを長時間見てしまったと後になって後悔する人は多い．つまりテレビの視聴は「過剰消費」に陥る傾向がある．しかし意志の弱さを克服することは難しい．自分の過去の行動に不満を持つ人は多いが，自分で妥当と思う以上にテレビを長々と見てしまうことはなかなかやめられない．人間は自制心に問題があるというのが，本章の実証分析で取り上げたいと考える基本的主張である．
　テレビが過剰消費に陥りやすい主な理由としては，テレビ視聴のメリットはその場で得られるのに対し，限界的なコストは瞬間的でごくわずかであることが挙げられる．スイッチを押すだけでよいのだ．映画館や劇場に足を運ぶこと，あるいはアウトドアの活動に参加することとは違って，家を出る前に適切な服装をする必要も，チケットを買う必要も，前もって座席の予約も

必要もない．テレビを見る場合には，身体・認知上の能力は特に必要ない（Kubey and Csikszentmihalyi 1990）．他の余暇活動とは異なり，テレビを見る場合に，他人との調整も必要ではない．テレビの前に1人で座ることはできるが，テニスやゴルフのような余暇活動には，同じ時間帯が空いていてしかもやりたいことが同じパートナーが必要となる．他の余暇活動と比べ，テレビを見る際の参入障壁は非常に低く，場合によっては存在しないことすらある．同時にテレビは娯楽としての価値があり，ストレス解消にはベストの方法のひとつと思われている．テレビ消費の費用は，多くの場合，直ちに発生するわけではない．例えば，睡眠不足というマイナスの影響が発生するのは翌日であり，社会的接触，教育，キャリアに対する投資が十分でないなどの悪影響が明らかになるのはずっと先のことである．テレビがこうした特性をもつ消費財であることから，多くの人がテレビを見すぎてしまうという事態が発生するのだ．

　個人がテレビを見る際に，自制心の問題があることを示す事例をいくつかみてみよう．アメリカでは成人の40%とティーンエージャーの70%が，テレビをあまりに見過ぎていること（Kubey and Csikszentmihalyi 2002），さらにテレビを見たくてたまらず，中毒になっていることを認めている（McIlwraith 1998; Kubey and Csikszentmihalyi 2002）．テレビ消費に対して，短期的な評価と長期的な評価が分かれている点は興味深い．ロビンソンとゴッドベイはこの現象を次のように述べている．「わたしたちはテレビを見ることをあまり楽しんではいないのだが，昨夜見た番組はかなり良かった」（Robinson and Godbey 1999, p. 299）．自制できないという理由で，テレビを全く見ない人もいる．そういう人たちはケーブルテレビの契約をキャンセルしたり，クローゼットにカギをかけてテレビをしまったり，テレビの前にわざと座り心地の悪い椅子を置いたりする．時間整合的（time-consistent）なタイプの人ならこうした自制心を保つような仕組みは不要であることから，効用を低下させたり望まない選択肢のコストを引き上げたりする必要はない．

　自制心の問題と時間的不整合の選好については，一般的にも実験でたびたび確認されており[2]，この理論は多数の問題に適用されている[3]．最近の実

証研究としては，貯蓄決定（Angeletos 2001），食品消費（Cutler et al.2003; Shapiro 2005），職探し（DellaVigna and Paserman 2005），労働供給（Fang and Silverman 2007），ジム通い（DellaVigna and Malmendier 2006）がある．

9.2 先行研究

　テレビ視聴には膨大な時間が費やされているにもかかわらず，この問題に取り組んだ研究は，経済学ではほとんどない．しかし経済学に近い分野の研究に，個人がどのようにメディアを利用しているかを研究する「利用と満足（uses-and-gratifications）」アプローチがある（Rubin 2002）．テレビが実際の視聴者と潜在的な視聴者の双方を満足させる機能を確認する研究は多数行われている．その仮定は，人間はテレビの「機能」から得た効用を比較し，制約の下で効用を最大化するというものである．けれどもこのアプローチは，実証的に検証可能な命題にはほとんど結びついていない．

　標準的なメディアの経済学では，ある特定のメディアの内容と時間収支（time budget）に対する選好がどのように需要を決定するかが分析されている．特にヨーロッパでの研究では，伝統的にテレビが提供する情報を「価値財（merit good）」とし，メディア市場における政府介入の正当性を論じる研究がなされている（Heinrich 1994; Kiefer 2003）．テレビ消費の悪影響を考察し喫煙との比較を行い，メディア市場の規則という方法で，自制心を働かせる仕組みを社会的なレベルでつくることを提案している研究もある（Schröder 1997; Kiefer 2001）．

　家庭内生産アプローチ（Becker 1965）では余暇と娯楽に対する需要が研究されている．しかし，テレビが余暇として非常に重要であるのにもかかわらず，テレビ視聴という需要の決定要因とその効用を分析した研究はごくわずかである．ここでは2つのアプローチをみてみよう．

---

2) 概要については，Frederick et al.2002を参照．
3) たとえば，Laibson 1997; O'Donoghue and Rabin 1999を参照．

短期的側面

「活動の楽しさ評価（activity enjoyment ratings）」はテレビを見ることの瞬間的な側面をとらえるものである．この調査は時間の使いかたに関する研究の文脈にあるもので，個人に，テレビ視聴を他の余暇活動と比較して評価するよう依頼するという方法をとる．1985年にアメリカで行われた調査では，0から10の段階でみた平均的な「楽しさ」は，テレビ視聴が7.8，テレビ以外の活動では7と，テレビの方がいくぶん高く評価されているとの結果であった．しかしテレビに対する評価は，他の多くの余暇活動よりも低い（Robinson and Godbey 1999, p.243）．カーネマン他（Kahneman et al. 2004b）はテキサス在住の900人の女性について「肯定的な情動指数（index of positive affect）」を作成した．テレビは0から6の段階で4.2と，全活動の中での順位はおよそ真ん中であったが，視聴時間の方は2.2時間となっており，テレビ視聴は，この調査で最も時間が費やされている活動の1つであった．

「経験抽出法（experience sampling method）」は，参加者にポケットベルやノートパソコンで，ある特定の瞬間にどのように感じているかをランダムに尋ねるという調査方法である．「快活さ・親切さ・幸福感・社交性」などから構成された情動尺度をみると，テレビ視聴に対する評価は低く，読書，仕事，趣味，のんびり過ごすこととほとんど変わらない．一方で食事，社会的接触，スポーツ，セックスに対する評価は高い（Kubey and Csikszentmihalyi 1990）．ただしこの短期的な評価は瞬間の情動をとらえているものの，個人が他のことをしていたら得られたはずの効用まではわからない．

テレビ視聴に対する全般的な満足感

テレビ消費から得られる効用の長期的な側面は，特定の瞬間や費やされた時間とは無関係に，テレビ視聴に対する全般的な満足感の調査によって把握する．1975年にアメリカで行われた調査によると，「楽しさ」を0から10の段階でみた場合，テレビ視聴の評価は平均で5.9ポイントと，他の大半の余暇活動をかなり下回っており，評価対象となった活動の平均値6.8ポイン

トよりも低かった．他の余暇と比べると，テレビ視聴の評価は，1995年では4.8ポイントとさらに低下した．女性がテレビ視聴に対して下した評価が掃除よりも低かったのは意外である（Robinson and Godbey 1999, pp.243, 250）．しかしこうした調査方法には，テレビ視聴にはマイナスのイメージ（カウチ・ポテト）がつきまとうといった問題や，世間一般に大半の番組はくだらないというコンセンサスがある等の問題がある．したがって調査の回答には，社会的に望ましいとされているものが反映されている可能性はある．一方，全般的な生活満足度の調査については，このようなバイアスによる影響はない．

　テレビの視聴と主観的な幸福度とを関連付けた研究も行われている．約3,000人のアメリカ人を対象とした1979年の研究（Morgan 1984）では，テレビをたくさん見ている人は，テレビをあまり見ていない人よりも，「孤独な・退屈な・憂うつな・不満な・平凡な・不幸な」などの要素からなる指数では，自分の生活を「ひどい」と考えている傾向がみられた．一方「興味深い・活動的・意義のある・面白い・達成感のある・刺激的な・興奮する」などの要素からなる指数では，自分の生活を「すばらしい」とは考えていない傾向がみられた．1,000人の西ドイツの住民を対象とした無作為抽出による調査でも，世帯規模，教育と年齢をコントロールした場合に，テレビの視聴時間と全般的な生活満足度との間に負の相関関係がみられた．エスプとサイワートは，テレビ消費が生活に対する不満の原因であると仮定しているが，その根拠となる証拠は示されていない（Espe and Seiwert 1987）．GSOEP調査を用いたドイツに関する別の研究によると，テレビ視聴に費やされた時間数と生活満足度との間に曲線的な関係が見いだされた（Jegen and Frey 2004）．適度なテレビ消費は，全くテレビを見ない場合や見すぎる場合よりも，高い生活満足度と関係がある．しかしパネル調査では，個人にみられるテレビ消費の短期的な変動と全般的な生活満足度との間に，経済学で適切とされる相関関係はみられない．これまでの研究によると，テレビ視聴は，他の活動に費やす時間を減少させ（Bruni and Stanca 2008），物質主義を増長させ（Sirgy et al.1998），主観的な相対所得を減少させ，所得への野心を高

める（Layard 2005; Bruni and Stanca 2006）ことから，生活満足度にマイナスの影響を与えるとの結果が得られている．

9.3　実証分析

データ

実証的な方法でテレビの過剰消費仮説に取り組むために，ここではヨーロッパ社会調査（European Social Survey, ESS）の第一回調査を使用する．ESS 調査は 2002 年と 2003 年にヨーロッパ 22 カ国で実施された．同調査は各国で約 1,200-3,000 の個人に面接調査を行っており，42,021 のサンプルが利用可能である．

ESS 調査には，生活満足度とテレビ視聴時間に加えて，社会・人口統計面の調査項目が多数含まれている．ここで使用したコントロール変数は，世帯所得（実質米ドルの相対価格水準に調整），性別，年齢，婚姻状態，雇用形態，教育，就業時間，国籍と居住地のタイプである．

被説明変数は，「全体として，あなたは最近，自分の生活にどれぐらい満足していますか」という質問に対する回答（0：とても不満である，から10：とても満足である）を用いた．生活満足度の平均は 7.0（標準偏差 2.7）であるが，国別の平均をみると，ハンガリーの 5.6 からデンマークの 8.4 まで，国によってかなりの差がある．観察できない「文化的な」違いをコントロールするために，回帰分析には，国固有の効果を加えている．

この調査では，テレビ消費の程度を，「あなたは，平日に，平均して何時間くらいテレビを見ますか．」という単一の質問で把握している．回答は「全く見ない」から「3 時間以上」までの 8 つのカテゴリーの中から選ぶ．回答者のおよそ 3% はテレビを全く見ないのに対し，20% 以上の人たちがテレビの前で 1 日に 3 時間以上を過ごしている（図 9-1）．この割合は国によってかなりの差がある．1 日にテレビを 3 時間以上見る人の割合は，スイスでは回答者の約 10% にすぎないが，ギリシャでは 38% を超える．

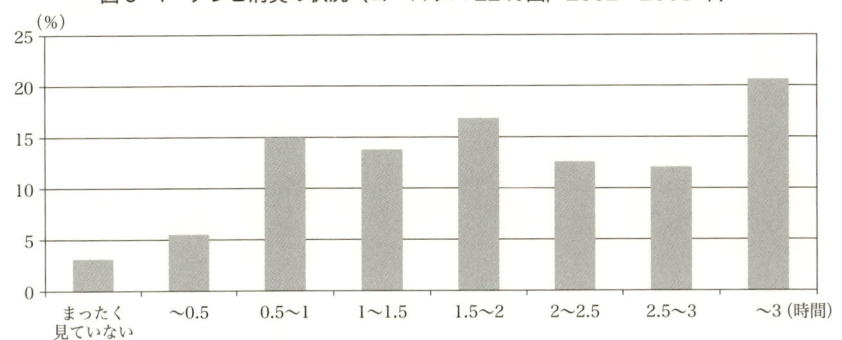

図9-1 テレビ消費の状況（ヨーロッパ22カ国，2002-2003年）

出典：Frey, Benesch, and Stutzer 2007. データはESS調査を用いている．

幸福関数

先に説明したデータを用いて，ミクロ経済学的な幸福関数を推定する．ここで，個人の生活満足度は，テレビ消費，個人の属性，国固有の効果に依存するものと考えられる．

テレビ消費の程度はカテゴリー変数であり，テレビ視聴に多くの時間を費やす人のカテゴリーについては上限がもうけられていないため，「テレビ消費」は連続変数ではない．そこで回帰分析にはダミー変数を用いる．テレビを全く見ない人は特殊なタイプである可能性を考え，参照グループは1日のテレビ視聴時間が30分未満の人とした．1日に30分以上テレビを見る人のカテゴリーは6つあるが，これを3つのカテゴリーに統合した．

幸福度に対するテレビ視聴の影響

表9-1はテレビ消費と自己申告による生活満足度との偏相関を示している．表が煩雑になるのを避けるため，コントロール変数の係数は示していない．推定には最小二乗法を用いている．被説明変数はカテゴリー変数であるため，本来なら順序プロビット・モデルによる推計が適切である．しかし両者の係数の大きさは比較的似通っており，最小二乗推定量は偏相関の近似値であると考えることができる．

最小二乗法による推定結果をみると，まず，テレビを見る時間が1日30

表9-1 テレビ消費と生活満足度との関係

	最小二乗法による係数	t値
まったく見ない	−0.110	−1.56
テレビ視聴時間：30分未満	参照グループ	
：30分以上～1時間30分未満	−0.101*	−2.18
：1時間30分以上～2時間30分未満	−0.101*	−2.14
：2時間30分以上	−0.183**	−3.84
コントロール変数 a)	あり	
国固有の効果	あり	
サンプル数	42,021	
決定係数	0.18	

注：被説明変数は生活満足度[0-10段階]．最小二乗法による推定．*は5%水準で，**は1%水準で有意であることを示す．
a) コントロール変数は就業時間，世帯所得，年齢，性別，市民権，婚姻状態，子どもの状況，教育，雇用形態，居住地のタイプ，世帯規模を含む．
出典：Frey, Benesch, and Stutzer 2007．データは European Social Survey（第1回調査）と World Development Indicators を用いている．

分未満の人は，他の条件が等しければ，他のカテゴリーを選択した人たちよりも生活満足度が高い．テレビを見る時間が30分から2時間30分の間の人たちは，参照グループである30分未満の人と比べて，生活満足度が，平均で約0.10ポイント低い．1日に2時間30分以上見ている人々については，推定されたテレビ消費の負の効果がさらに大きく，生活満足度は，参照グループの人々よりも平均で0.18ポイント低い．全ての差は，少なくとも95%の水準で，統計学的にゼロと有意に異なっている．以上の結果は，テレビの長時間視聴はその人の状況を悪化させるという基本的な仮説と整合的である．なぜなら自制心に問題がありテレビを見過ぎるという状況が発生しているからである．

　この推計結果の偏相関については，これはあくまで見せかけのものでありテレビの前でたくさんの時間を過ごすタイプの人の特性を示しているにすぎないといった単純な説明ではすまされない．推計では自己申告による生活満足度と体系的に関係のある社会・人口統計面の特性が多数考慮されており（例えば，回答者の年齢，性別，国籍，婚姻状態，世帯所得，教育水準や雇用形態など），これらの変数はテレビ消費と関係がある．

テレビ消費と主観的幸福度との相関関係がマイナスである理由は，ここまでは，過剰消費が効用水準を低下させているためとしてきた．しかし偏相関は逆の因果関係が発生した結果との可能性も考えられる．不幸な人は，幸福な人よりも，テレビをたくさん見るという説明はかなり説得力がある．逆の因果関係の問題については，回帰分析でなるべく多くの「状況的要因 (situational factor)」をコントロールすることで，ある程度は対応が可能だ．だが，この問題は，多変量解析で多数のコントロール変数を用いても，パネルデータを用いても，完全に解決することはできない．例えば，衛星放送が停止する，技術革新のおかげで初めてテレビが見られるようになるなど，テレビ消費の機会が外生的に変更されるケースの情報があれば理想的であるが，そうした情報とともに自己申告による主観的幸福度が調査された例はないようである．
　主観的幸福度に対するテレビ消費の影響の追加的な分析や因果関係の問題への対応といった点については，グループ別にみたテレビの過剰消費の影響に不均一性がある点を利用した仮説を定式化する研究が進められている．

時間の機会費用とテレビの視聴

　以上の分析では，テレビ消費と自制心の問題は全ての人に同じ影響を与えているとの仮定をおいていた．ここでは，時間の機会費用が高い人は，テレビ視聴ではなく，もっと自分の実益になることに時間を使うのではないかという点をみていきたい．時間の機会費用が高い人の例としては，自営業者（職人，弁護士，建築家，芸術家など），社会的地位の高い人（経営者，高級官僚，政治家など）が考えられ，そうした人たちは，仕事と余暇の間で時間を自由に配分することが可能である．こうしたタイプの人にとって，テレビの見すぎという自制心の問題は相当程度の費用が生じる．自分自身をきちんとコントロールする能力がないと効用が低下してしまうのだ．一方時間の機会費用が低い人は，自分がベストと思う量のテレビを見られない場合に不効用を感じたとしてもあまり苦痛を感じない．したがってテレビをみることで，時間の機会費用が高い人の生活満足度には有意に低下するが，一方で時間の機会

費用が低い人の生活満足度は，眼に見える影響がほとんどないと考えられる．

機会費用の考え方

ここで用いたデータには時間の機会費用を直接的に計測したものがないことから，時間の機会費用の高い人と低い人を区別するために，以下の2つの指標を使うこととする．

・仕事と余暇の配分を自由に選択できる人は，あらかじめ決められた時間帯で働く人と比べ，時間の機会費用が（金銭的に）高い傾向があるものと思われる．そこで回答者を就業時間の柔軟性に応じて，2つのグループに分ける．質問は「あなたは，勤務時間を柔軟にすることを，会社からどの程度許可されていますか．」であり，回答は，0（全く許されていない）から10（自分で完全にコントロールしている）の中から選ぶ方式である．0から5までと回答した人は時間の機会費用が低いグループ，6から10の場合はもうひとつのグループとする．雇用されている人（パートタイムなど）についてはこちらのサブ・サンプルに入れることとする．

・2番目の指標として，雇用形態・職業を用いる．退職者と失業者は自由時間が多いという傾向があるので，時間の機会費用が低いグループに入れる．就業者の中でも，特に自営業者，地位の高い役職者と専門職の人たち（議員，政府高官，経営者，国際標準職業分類［ISCO-88］で定義された専門的従事者）は，時間の機会費用が高いグループとする．

実証分析の結果

表9-2は，機会費用の2つの指標別に推計した線形回帰の結果である．左から1列目と2列目は，時間の機会費用を労働時間の柔軟性でグループ分けした場合の推計結果である．時間の機会費用が高いグループに属する人でテレビを見る時間が参照グループ（30分未満）よりも長い人は，他の条件が等しければ，生活満足度が低い．その影響はかなり大きく，機会費用の高い人が1日に30分以上テレビを見る場合の主観的幸福度は，1日に30分未満しかテレビを見ない場合と比べ，0.33から0.38ポイント低く，統計的に

表9-2 時間の機会費用別にみたテレビ消費と生活満足度

	就業時間で区分				雇用形態・職業で区分	
	時間の機会費用が高いグループ	時間の機会費用が低いグループ		時間の機会費用が高いグループ		時間の機会費用が低いグループ
まったくテレビを見ない	−0.355* (−2.33)	0.056 (0.33)		−0.238 (−1.58)		−0.251 (−1.24)
テレビ視聴時間：30分未満	参照グループ	参照グループ		参照グループ		参照グループ
30分以上1時間30分未満	−0.328** (−3.59)	−0.072 (−0.69)		−0.074 (−0.80)		−0.105 (−0.70)
1時間30分以上2時間30分未満	−0.339** (−3.62)	−0.041 (−0.38)		−0.229* (−2.38)		0.052 (0.35)
2時間30分以上	−0.377** (−3.78)	−0.140 (−1.28)		−0.389** (−3.76)		−0.012 (−0.08)
コントロール変数 [a)]	あり	あり		あり		あり
国固有の効果	あり	あり		あり		あり
定数項	6.203** (12.39)	5.410** (10.45)		6.203** (10.94)		6.919** (11.93)
サンプル数	6,460	7,062		5,950		8,974
決定係数	0.14	0.15		0.16		0.22

注：被説明変数は生活満足度 [0‐10段階]．最小二乗法による推計．（ ）内は t 値．グループ1（1列目）は、就業時間の柔軟性が0‐10段階で6以上，グループ2（2列目）は5以下と答えた雇用者である．グループ3（3列目）は自営業者，経営者，政府高官，議員，専門職（ISCO-88分類による）であり，グループ4（4列目）は退職者と失業者である．* は5%水準，** は1%水準で有意である．a）コントロール変数は，就業時間，世帯所得，性別，年齢，子どもの状況，婚姻状態，雇用形態，居住地域のタイプ，世帯人員数を含む．
出典：Frey, Benesch, and Stutzer 2007．データは European Social Survey（第1回調査）と World Development Indicators を用いている．

も有意である．一方時間の機会費用が低い人たちについては，テレビ視聴に関する変数の係数は 0.04 から 0.14 と小さく，統計的にも有意ではない．

　雇用形態・職業別（自営業者・経営者・政府高官・議員・専門職の人／退職者・失業者）で比べた場合も，同様の結果となった．機会費用の高いグループの係数をみると，1日に1時間半以上テレビを見る人の平均的な生活満足度は，1日30分未満しか見ない人よりも，0.23 から 0.39 ポイント低い（各々，1%水準と5%水準で統計的に有意）．一方，時間の機会費用が低いグループについては，テレビ消費と自己申告による生活満足度との間に関係性は見られない．係数は非常に小さく統計的にも有意ではない．テレビの視聴時間が30分から1時間半未満の係数は統計的に有意ではない．

　もちろん，時間の機会費用が高い人にみられる負の相関関係は果たして因果関係なのか，もしそうであるならば，因果関係はどちらの方向に働いているのかという疑問はまだ残っている．しかし，満足度からテレビ視聴への方向性があるとすると，それではなぜ，時間の機会費用が高いのに満足度の低い人がテレビを見てしまうのかが理解できなくなるだろう．

結論

　本章では，長時間のテレビ視聴は自制心に問題があり，そのために幸福度が低下するかどうかを検討した．テレビを長時間みる人は，他の条件が等しければ，生活満足度が低かった．テレビ視聴のマイナスの効果は，時間の機会費用が低い人よりも，高い人の方が大きかった．

　データから観察された相関関係は強く，個人の特性を多数コントロールした場合でも消えなかった．全般的に，本章の実証結果から，人間は不完全な見通しを体系的に持っており，主要な日々の活動では自分の行動をコントロールしていることが示された．テレビをみることで獲得された効用は期待された程度よりも低い．人間の行動は，大部分は，「合理的選択」で説明できようが，テレビ視聴は現在，人々が最も時間を費やす活動の一つであることから，テレビ消費は個人にとって，特に重要な課題なのかもしれない．テレビを見ることで，少しでも楽しい時間を過ごせたり，重要な情報が得られた

りすることを否定する人はいないだろう．しかし本章の分析では，テレビを見ることで，得られるメリットと（将来の）費用との間で最適なトレードオフを行うことができない人もいることが示された．

第10章
プロセスの効用をはかる

10.1 プロセスの効用とは

「プロセスの効用」という概念は，人間は結果だけなく，むしろ結果に至るまでの条件やプロセスも評価していることを意味している（Frey, Benz, and Stutzer 2004; Benz 2005）．プロセスの効用は，人間の幸福について，経済学で用いられている標準的なものとは，全く異なるアプローチである．現在の経済学で一般的に用いられている効用の概念は結果志向であり，個人の効用は，実用的な結果（instrumental outcome）につながる便益と費用の結果とされている．一方プロセスの効用は，プロセスに伴う実用的ではない快・不快を指す．プロセスを重視することは，別の点からも重要である．幸福を直接的に獲得することは，完全に不可能ではないにしても，かなり難しい．幸福は，結果よりもプロセスが重要であるとする「善き生活」の副産物と考えられる．

プロセスの効用は人間の幸福の重要な決定要因であり，経済学の理論と実証研究にもっと幅広く役立てるべく導入されたものである．経済学以外の社会科学では以前からプロセスの効用に類似した概念を取り扱ってきたが，経

済学では今のところ，このアプローチはほとんど無視されている．

本章では，プロセスの効用という概念を構成する3つの要素を概説した上で，既存の経済学のアプローチにどのように有益に統合することができるかに関するアイディアを示す．また，プロセスの効用が経済学にとって重要な概念であることを示すため，社会科学の諸分野の証拠も幅広く検討する．最後に，プロセスの効用が政策と大きな関連性を持つ点を論ずる．

経済学の標準的理論と結果面の効用

1930年代に実証主義が経済学に取り入れられて以来，経済学の分析では実用的な結果が重視されてきた．このアプローチが非常に重要であったことは，人間の行動に関する経済学のアプローチが社会科学で成功を収めたことからもわかる．人間は明らかに実用的な結果を気にしている．自分が利用できる選択肢の費用と便益に「実用的な結果」が反映されているからだ．経済学ではこの洞察を用いて，人間の行動に関して説得力のあるモデルが作り出されてきた．

逆説的ではあるが，経済学で考えられている「実証主義」では実用的な結果を重視するとはされていない．実際は，経済学はこれまで，人間の選好の中身についてはわざとあいまいなままにしてきた．1930年代の経済学者は，効用は直接的に観察可能だと考えることを断念し，顕示された行動が効用を推論できる唯一の方法であるという見方を採用した．価値があると思うことは人それぞれだからである．したがって，個人がプロセスの効用を享受していると考えるかどうかは，経済学では実は未解決の問題なのである．

しかしプロセスの効用は，経済学の多くの分野で実際に使われている効用の概念に対して，いくつかの疑問を投げかけている．既存の経済理論の基礎では基本的に，期待効用理論やゲーム理論という形で，通常，選好を金銭的利得（payoff）と定義している．そこで，今日用いられている経済学のモデルでは実用的な結果に焦点がおかれ，人間の効用を狭い見地から考えることとなる．実用的な結果だけが効用をもたらすのではないし，行動を起こす原動力ではないという考え方は，現在の経済学の分析からほぼ完全に欠落して

いる．だが，このような経済学のスタンスは批判も受けてきた．最も優れた経済学者の一人であるセンは，経済的選択のモデルは，結果に対する選好とプロセスに対する選好の双方を結び付けて考えるべきであると繰り返し主張している（Sen 1995, 1997）．プロセスの効用の存在は，効用を伝統的な経済学の効用関数でとらえる際に，実用的なアウトプット（結果）を越えた何かがあることを示唆している．すなわち人間は実用的な結果がどのように生み出されるかに関する選好を持っているのであり，このプロセスに関連した選好がプロセスの効用を生み出すのである．

プロセスの効用の構成要素

　プロセスの効用という概念は，実用的な結果ばかりでなく，実用的ではない側面をより広範に理解するのにも役立つ．ここでプロセスの効用は3つの構成要素からなっており，経済学で通常用いられる効用の概念とは重要な点で大きな違いがある．

・プロセスの効用では，「ウェル・ビーイング」としての効用が重視されている．効用は喜び・苦しみ，肯定的・否定的な情動，あるいは生活満足度など幅広い概念であると考えられる．そこで効用は個人が高く評価するあらゆることから成り立っていると考える，初期の経済学の考え方が復活することになる．そのため，自己申告された主観的幸福の研究や幸福の経済学では，幸福度が人間の効用を直接的に示す指標として用いられているのである．

・一番目の要素とも関係があるのだが，プロセスの効用は，効用の決定要因のうち，「実用的でない」要因に注目する．プロセスの効用は，様々な意志決定のプロセスを経てもたらされた実用的な結果とは全く関係がない．むしろ，人々の生活や行動とかかわるプロセスと制度は，効用とは独立したところから発生すると考えられている．

・プロセスの効用という概念は，人間は「自我の意識」を持っているという発想から生まれた．この概念は，経済学に社会心理学の中心的理論を導入したものである．つまり人間は，自分は自分をどのように認知しているか，他人は自分をどのように認知しているかを自分は気にかけているというのであ

る[1]．その際のプロセスが自分に関する重要なフィードバック情報を提供してくれることから，プロセスの効用は存在する．プロセスの効用は特に，自己決定にかかわる本質的心理ニーズを別のものとして取り扱う．心理学では，自立，関連性，能力の3点は，心理ニーズとして不可欠なものと考えられている．ここで自立に対する願望とは，自身の行動を体系づける経験やその源となる経験である．関連性に対するニーズとは，愛情と気遣いを通じて他人とかかわっていたいと思うこと，また社会集団の中では敬意を払われるような一員でありたいと思うことである．3点目である能力に対するニーズとは，周りの環境をコントロールすることを通じて，自分を有能で目立つ存在だと感じていたいということである．こうしたニーズが満たされた場合には，様々なプロセスを通して，様々なプロセスの財が得られると考えられる．こうした点から，経済学で伝統的に研究されてきた実用的な結果とは別に，プロセスの効用は人々の幸福を高めるのである．プロセスの効用という概念は，心理学者（特に Deci and Ryan 2000）の貢献によって，自己に関する理解や動機を重点的に分析した洞察を多数生みだしてきた．

したがって，プロセスの効用は，制度を前提としたプロセスの下で，生きることや行動することから得られる幸福であり，自己に対してプラスのイメージを与え，自立，関連性，能力に対する内面的なニーズと関わるものと定義することができる．

プロセスの効用の例

「プロセスの公正さ（procedural fairness）」という視点からプロセスの効用を分析した研究の中で最も傑出したものの1つに，プロセスの効用に関する全体的な概念を説明するリンドとタイラーの研究がある（Lind and Tyler 1988）．リンドらは研究で，訴訟当事者が調停プロセスに関与する状況を調査した（Lind et al. 1993）．法廷は調停の最後に裁定額を命じる．訴訟関係者はこの裁定額を受け入れるか，あるいは拒否し裁判に向かうかどうかを決

---

[1] サーベイ論文は Baumeister 1998 を参照．

めることができる．経済学で通常行われる分析では，裁定額を受け入れる場合の費用とメリットを考えることで，関係者の行動を予測しようとする．すなわち，裁定額の受け入れは，実際の裁定額と始めに請求した金額との比率という実用的な結果，あるいは訴訟当事者がその裁定結果を好ましく思っているか，不都合であると評価しているか（この評価は裁判に行くことで見込まれるネットのメリットを代理するものと思われる）に依存していると考えるのである．しかし全般的には，受諾するかどうかの決定には，こうした実用的な結果よりも，仲裁手続の公正さの方が重要である．すなわち，調停プロセスを公正だと評価した訴訟当事者は，実用的な結果とは関係なく，法廷が命じた裁定額を受け入れる可能性が高いのだ．プロセスは，当事者自身に重要なフィードバック情報を伝えることを通じて，個人の幸福に影響を与えることから，こうした結果が生じる．公正だとみなされるプロセスでは，例えば，個人に「発言」の機会を与えるなどの方法がとられている．自分の意見を発言する場が与えられると，自立と能力など自己決定に対する内面的なニーズが汲み取られることから，プロセスの効用が発生することになる．プロセスの効用は，あるグループ内での立ち位置を示す重要なシグナルとなるため，関連性とつながりを持つ内面的なニーズにも影響を与える．

プロセスの効用に対する批判

　ここで，プロセスの効用に対する批判の中から2つを取り上げ，検討してみよう．

　結果面の効用との違い

　プロセスの効用は，標準的な経済学で「結果」と呼ばれている効用と区別できないのではないかという点は議論となろう．プロセスは重要な方法で人間の幸福に影響を与えると仮定されていることから，プロセスの効用は「結果」としての側面も持っている．しかしプロセスの効用は，経済学者が現実やモデル分析において重要な結果と考えていることとは，明らかに異なっている．経済学では一般に，「結果」は，実用的な（instrumental）ことと理解

されており，金銭面，特に所得で定義されることが多いからである．

標準的な経済理論への統合

プロセスの効用は，新しいカテゴリーを設けるに値するほど，従来の効用との違いがないのではないかという点も議論となろう．けれどもプロセスの効用を用いることで，個人が高く評価しているのは何かを更に理解し，人間の幸福の決定要因をうまく整理することが可能となる．プロセスの効用の概念が持つ潜在的価値を研究する際に参考となるのが，新制度派経済学（New Institutional Economics）で行われている制度の経済学的分析である．この分析は，制度を，実用的な結果がグループ間で異なっている意思決定メカニズムととらえ研究していく．ここでプロセスの効用というカテゴリーを設けると，この種の分析では無視されがちな側面に焦点をあてることが可能となる．例えば制度が自立，関連性，能力に対するニーズに資する場合には，制度自体も人々の幸福に直接貢献する．この点は，制度をデザインする際に，潜在的ではあるが重要な意味を持つ．全体的な満足感や効用など「状況」に対する個人の全般的な評価が，実用的な結果から得られた効用だけではなく，プロセスから生みだされる効用とも関係があるのならば，実用的な結果のみに注目することは適切ではないからだ．適用されたプロセスが「良い」場合には，当事者にとって不都合な実用的結果でも受け入れられる可能性があり，一方でプロセスが「悪い」場合には，当事者に好都合な結果でも全体的な満足感はほとんど上昇しない．したがって，プロセスの効用という概念は，制度の研究に新たな光を当てることになる．

10.2　プロセスの効用の源泉

2つのカテゴリー

プロセスの効用の源泉は，次の2つの大きなカテゴリーに分類される．

制度

人間は，配分と再分配の決定方法に対して，選好を持っている．社会のレベルで決定に利用される最も重要な公式のシステムは，価格システム（市場），民主主義，階層型組織，交渉である（Dahl and Lindblom 1953）．こうした制度では関係者に対する判断が示されることから，人々は，制度からプロセスの効用を得る．例えば，言論の自由のように住民の自由を保障する憲法は，人々の自尊心を高める働きをする．一方，犯罪者の政治的権利を否定するような憲法は，実用的な結果にかかわらず，個人の自己意識に大きな不安感を与える．制度は，自立，関連性，能力の内面的ニーズを取り扱うことによって，個人の幸福に対し，直接的な効果を持っている．

個人間の相互作用

人間は，自分に対する行動について，その行動のもつ結果面だけでなく，自分がどのように扱われているかも加味して評価している．ここで重要なのは，この扱われ方を決定するのは制度であるいう点だ．制度は，人々の人間関係において，日常的な相互作用という形で，お互いにポジティブな対応をとるようなインセンティブを与えている．例えば，労働法と会社法は，経営者と従業員の間の相互作用を形成している．他にも，医療システムの組織は，医療の提供側と患者との関係を方向づけている．制度は，人々の取り扱われ方を動機づけするとともに制限も行って自己意識に影響を与えることで，個人の幸福に対し間接的な影響を及ぼしているのである．

2つのカテゴリーの間にはしばしば，円滑な移行がみられることがある．まず制度は職場の同僚，住民と消費者への対応を通じて人々を選択し，同じ基準で動機付けを行う．一方人々は，制度やプロセス，当局を評価する際に，制度に関与する人たちの扱われ方を判断の基礎とするのである．

プロセスの効用の出現

プロセスの効用は，多様で区別が難しいレベルで発生することがあるが，だからといって，その概念を独断で用いてもよいというわけではない．プロ

セスの効用が市場，民主主義的な意思決定，階層型組織などの制度から出現するのか，あるいは，もっと小さな範囲のプロセスの違い（例えば組織，政治システム，法的枠組みなどのプロセスの違い）から発生するかに関しては，影響のあるこうしたチャンネルすべてに共通点がある．すなわち，個人は，自己決定に関わる内面的なニーズが取り扱われている限りは，そのプロセスをプラスと判断する，という点である．このことから理論的仮説をたてることが可能となる．小さな範囲のプロセスの違いについては，良いプロセスとはなにかに関する「プロセスの公平さ」「プロセスの正当性」の観点から，多数の先行研究によって明快な解釈がなされてきた（Lind and Tyler 1988）．このレベルに関するプロセスは，組織，公的機関，法律上の文脈で当局が担う場合が多いことから，公平性に対する評価と行政当局への信頼（Bohnet 2007），個人が尊厳を持って対応されていると感じる度合いや個人に与えられた発言権の程度（Tyler et al.1997 も参照）など，プロセスが伝える情報が内面的ニーズに影響を与えている．民主主義や階層型組織など，規模の大きな制度についても，同様の仮説を立てることができる．例えば民主主義は，個人の自己決定の認識を高めるという点で，プロセスの効用にプラスの影響を与えるものと考えられる．一方階層型組織では個人の自己決定が妨げられることから，プロセスの「不効用」を生み出す可能性が高い．この点に関する議論と結論は，10.3節で詳細に議論することとする．

最終的にプロセスの効用が有益なカテゴリーかどうかは，実証上の重要性を示せるかにかかっている．プロセスの効用は，経済，政治形態，社会，組織，法律などの幅広い分野において重要であることが明らかになってきたことから，これらの分野でも実証的な証拠の再検討が行われるだろう．

10.3 プロセスの効用と経済活動

個人が自分の力でプロセスの効用を得られる領域は経済関連に多い．プロセスを通じて生まれた効用が量的にみても重要であることを明らかにするために，ここでは，2つの領域を議論したい．まず個人が消費者として行動す

るケース，次に所得の稼ぎ手として行動するケースの2つについて，例を用いて述べていこう．

消費とプロセスの効用

　消費はおそらく，プロセスの効用がほとんど期待されないような領域であろう．消費は通常，十分に機能している市場で行われており，取引は実用的な結果に重点が置かれているからだ．だがプロセスの効用も，消費者の決定に影響を与えていることがわかってきた．最初の証拠としては，明らかに超過需要が発生し（例えば大雪が降った翌朝），財（除雪用シャベル）の価格が上昇したという状況に対して消費者が見せた反応を調査したものが挙げられる（Kahneman et al.1986）．調査対象者の82％が価格の上昇は不公平であると考え，市場メカニズムが通常通り機能している状況を受け入れ難いと評価した．この場合の消費者の反応はプロセスの効用から解釈できる．人々は自分たちに向けられた行動を搾取と認知する場合に，感情面でネガティブな影響を受ける．消費者は，供給側と対等の立場だと考えているため，消費者としての立場が損なわれるからである．価格上昇に対する同様の反応はアメリカ（Konow 2001），スイスとドイツ（Frey and Pommerehne 1993），ロシア（Shiller et al.1991）でも指摘されている．これらの研究では，消費者の大半が，超過需要の状況であっても不足分解消のための価格上昇を不公平と考えていることが示されている．このような特殊な状況の場合，多くの国で，一般の人たちは，価格メカニズムが配分を行うための公平なプロセスだとは思っていない．アナンドは同様のアンケート方法を用いて，経済上の選択が異なる状況でプロセスの公正さが与える影響を研究している（Anand 2001）．消費者がプロセスに対して関心を持っている場合には，供給側の利潤最大化行動に制約が課され，市場均衡にも影響を与えるのである．

　しかし市場メカニズムに関しては，これを単独で研究すべきではない．そうではなくて，配分の異なる制度と比較するべきである．そこでわれわれが個人が価格メカニズムに原因があるとする効用を他の配分メカニズムと比較したところ（Frey and Pommerehne 1993），同様の物価上昇を不公平だと回

答した人の割合は少し低かった（73%）．だが，市場は意思決定が行われる他のメカニズムよりも劣っており，例えば伝統的な配分（早い者勝ち）を不公平だと考える人はずっと少なく（24%），行政（地方自治体）が同様の配分を行う場合に不公平だと考える人の割合は57%であった．価格システムより劣るのは，すべての人に等しい確率で財を割り当てることから特に合理的な配分メカニズムだと考えられているランダムな配分のみであり(Intriligator 1973; Mueller 1978)，この配分方法を「公正」であるとする回答者は14%にすぎない．このように，制度は，消費者の決定において，非常に重要な役割を果たしている．人々は，実用的な結果以上に，顧客として取り扱われることを重視しているのである．

　もちろん，個人がプロセスから得る効用の評価に関する研究は始まったばかりであり，現実の行動の分析はまだこれからである．実際の生活で，同じ状況や似た状況に遭遇した人はもしかしたら違う反応をみせるかもしれない．そこで，実験を用いることで，理論と現実の間の中間的なケースを確かめることができる．実験は現実の生活の場ではない行動を研究するため，外的妥当性（external validity）の問題が残る．しかし経済学の実験では，このような問題に関する重要な証拠が挙げられつつある．例えば実験上の市場では，物価上昇に対する反応として消費者のボイコットが研究されている（Tyran and Engelmann 2005）．その研究によると，価格上昇に対する消費者の反応は，大部分がボイコットの呼びかけとその実行であること，そしてボイコットは，不公平な価格上昇を引き起こした当の売り手を罰することにはなるものの，実用的な目的という点では役に立っていない．すなわち，価格はほとんどの場合低下せず，消費者に実益はないのに，ボイコットは実行されるのだ．ボイコットは，成功した場合は公共財という性質を持つという事実にもかかわらず実行される．

　ある状況ではどのような配分のプロセスが適切なのかを教えてくれる証拠は，今のところほとんど存在しない．だが研究によると，消費者が配分に対して下す全般的な評価は，実用的な結果のみに基づくわけではない．そうではなくて，実用的な結果を生じさせる配分のプロセスには，独立した役割が

あるのである．

所得の稼得とプロセスの効用

個人は，労働市場で階層型組織という制度の問題に直面することがある．階層型組織では生産と雇用が組織的に行われ，決定は上層部のどこかの段階で行われるという特徴がある．階層型組織では社会における労働組織や生産に関する決定が行われており，経済にとって不可欠で広範囲にわたる機能を果たしている点で，最も根本的な制度だと考えられる．

それでは階層型組織にプロセスの効用の要素はあるだろうか．理論面の議論から次のような明快な命題が導かれている．つまり，個人は，階層的な意思決定に従うよりも独立する方を好んでいるということである．階層型組織は，自己決定を望む内面的ニーズに干渉することから，プロセスの不効用を発生させてしまう．個人が自立や自分の能力を試すことは，階層型組織の下では通常制限されてしまうが，個人の独立性と大きな関連性を持っている．この点に関する実証的な検証については第7章で取り上げた．

階層型組織内のプロセスの側面に関しては，他の文脈でも研究されている．例えば，よく知られていることだが，労働者は名目ベースでみた給与カットに抵抗することが多い．その結果として生じる賃金の下方硬直性は，マクロ経済に景気後退期の行き過ぎた失業の発生という影響を与えている（Bewley 1999; Fehr and Götte 2005）．賃金カットに対する労働者の抵抗感から，結果あるいは配分の公正さだけではなく，プロセスが重要な問題であることが明確にわかる．例えば，経営者が減給の根拠をきちんと，しかも配慮をもって示すなど，減給が公正なプロセスを通じて行われる場合，労働者はさほど大きな反対はしない（Greenberg 1990a）．

10.4 政治形態，社会とプロセスの効用

住民という立場にいる人々は，プロセスの効用を生み出す様々な政治的・社会的プロセスの対象となっている．本節は，民主主義制度，公共財の配分

プロセス，課税，再分配，不平等などについて論じる．

民主主義的な政治参加

　政治参加は個人の自己決定の認識を高めることから，社会科学，特に心理学，政治学，社会学では，先行研究の多くが政治参加を肯定的にとらえている[2]．政治的決定に参加する権利は，いかなる民主制度にとっても必要不可欠である．この権利には，選挙で投票し，住民投票を行い，議会に立候補することなどが含まれている．住民は，政治プロセスが生じさせた結果以上に，この参加する権利からプロセスの効用を得ているものと思われる．この権利によって，住民は，一体感，自己認識，自己決定といった感情と共に，自分も政治に参加し影響力を持っているのだという感覚が持てるからである．政治に参加できることによって，住民は，政治の場で，自分たちの望んでいることが公正な政治プロセスで真剣に検討されていると感じとることができる．したがって政治参加が制限された場合には，政治制度に対する疎外感や無関心が生じてしまう．

　参政権は，市民に実際の参加よりも包括的な自己決定を与えているとの仮説を立てることができよう．政治に参加する権利は，政治制度の重要な特性であり，政治が活発に行なわれている時期に限らず人々の幸福感に影響を与える．参加する権利といっても，実際に参加するかどうかの決定は個人に委ねられている．人々は，政治に参加する権利を行使することがまれであったり，あるいは，全くなかったとしても，この権利に価値を見出しているのである．

　住民が参政権からプロセスの効用を得ているかどうかを実証的に示すことは可能だろうか．第6章では，国民という地位は，外国人とは基本的に異なるという考えに基づき，実証的な識別戦略（identification strategy）を用いた結果を示した[3]．投票権と政治的意思決定に参加する権利は，国民にはあ

---

2) より包括的なサーベイは Lane 2000 の第13章を参照．
3) 詳しくは Frey and Stutzer 2005c 参照．

るが外国人にはない．もし国民がプロセスの効用を享受しているのならば，国民は，外国人よりも，参政権から多くの効用を得ているはずである．そこで第6章ではスイス国民6,000人以上のインタビュー調査のデータを用いることで，この仮説に関する計量経済学的な検証を行った．スイスは住民の間でも参政権の程度に違いがあるというユニークな特徴を持つ国である．選挙以外にも，スイス国民は直接民主主義的な手段（住民発議，住民投票）を利用することができる．これらの手段は州によってかなり異なっている．被説明変数は自己申告による主観的幸福度であり，これを効用の代理尺度として用いる．自己申告による生活満足度を用いて，参政権が広範な場合の全般的な効用の効果を推定すると，それ自体がかなり大きい．参政権が充実している州では，自国民も外国人も，高い主観的幸福を感じている．しかし，自己申告による生活満足度に与えるプラスの効果は，外国人の方が小さい．これは，外国人がプロセスの効用から排除されているためと考えられる．参政権のもたらすプラスの効果は，外国人よりも自国民の方が約3倍も大きかった．つまり，望ましい政治プロセスがもたらす幸福度の増大は，その大部分がプロセスの効用によるものなのである．多数の要因や主観的幸福との相関（特に社会・人口統計面の特性，雇用形態，世帯所得，政治上の結果の代理変数）をコントロールした場合も，同様の結果となった．

　参政権から得られるプロセスの効用は，顕示された行動にも表れている可能性がある．1994年のドイツ連邦下院選挙前に行われた実験による研究では，個人が投票カードを破棄することで選挙で投票する権利の放棄を了承した場合に支払いを受けるとしたら，その金額はいくらかを調査した（Güth and Weck-Hannemann 1997）．一票は選挙の結果にほとんど影響がないにもかかわらず，大半の人はかなりの金額が提示されても投票権を売ろうとしなかった．最も高い金額（200ドイツマルク，当時で約100米ドル）でも，63％の人が投票カードの破棄を拒否した．10ドイツマルク（約5米ドル）以下で投票権の放棄に同意したのは5％に過ぎなかった．この結果から，個人は，選挙結果が変更になることから生じる結果面の効用よりも，投票する権利の方を重視していることがわかる．政治参加の権利は，プロセスの効用の源泉

となっている．なぜなら，政治に参加することで，個人の自己決定と共同決定の可能性が高まるからである．

公共財の配分

政策が直面する問題の中で最も緊急の課題の一つに，一般的には重要で望ましい公共事業（病院や空港，核廃棄物処理場など）に対して，個人がいわゆる「NIMBY（うちの近所では止めて）」な抵抗をすることに対応する方法と手段をみつけることがある．伝統的な経済理論は，この問題に対し率直な解決を示してきた．それは，全体としてメリットが費用より大きいと見込まれる場合にはメリットを受けそうな人に課税し，その税収はデメリットを受けそうな人に分配されるべきとするものである．最も明快で効率的なプロセスは，適切なオークションを行うことである（Kunreuther and Kleindorfer 1986; O'Sullivan 1993）．しかし，このような状況で価格システムを利用すると大きな反感を買ってしまう．「価格システムに基づくプロセス」による解決がうまくいくことはめったにない．あるプロジェクトの立地によって損をしそうな人は，金銭的な補償を，自分たちがそもそも反対していることに対して差し出された「わいろ」と考えるようだ．わいろは，自分を礼儀正しい住民であると考える人々の感覚を無視しており，マイナスのプロセスの効用を発生させてしまう[4]．施設の立地受入れの説得のため，近隣の住民に金銭的な補償を提示すると，かえって逆効果の反応（立地への支持が低下）を引き出してしまうことは実証的に示されている（Frey and Oberholzer-Gee 1997）．だが，もし補償が，影響を受ける個人の関心事に対応する形で提示される場合には，そのプロジェクトが受け入れられる可能性が高まる．例えば，核廃棄物処理場の建設により健康リスクが高まるとの不安感が住民の間に高まっている場合に，その地域の医療施設の改善を行うという方法である．空港で発生する騒音に対する不安感に対しては，住宅の遮音対策をするなどのサポートが必要となる．このような物質的な補償をある程度行っても，伝

---

[4] クラウディング理論（crowding thoeory）についてはFrey 1997bを参照．

統的な厚生に関する理論からすると十分とはいえない．だが個人は，自分の懸念に対するプロセスが公正であると感じられる場合には，たとえ好ましくはない実用的な結果についても，受け入れようとするのだ．

制度上の違いも影響を及ぼしている．オベルホルツァー・ギー他（Oberholzer-Gee et al. 1995）は害のあるような施設を設置する際について，様々な意思決定プロセスの受容性を調査した．インタビューを受けた900人は，設置を受容できるプロセスについて，次のように回答した．交渉（取引）が79％，住民投票（民主主義）が39％，くじによる決定が32％だった．価格システムが受容できるプロセスであるとした人はほとんどいなかった（「受容する意思がある」は20％，「支払う意思がある」は4％）．

納税者への対応

個人は，納税者としての役割を果たす場合にもプロセスの違いを評価していると考えられる．これは，納税者行動に関する経済学の研究では，完全に無視されてきた点である．公共経済学，あるいは新古典派の財政学では，結果の考察のみに基づく納税者行動のモデルを用いている（Allingham and Sandmo 1972）．このモデルでは，脱税額の大きさは，脱税が露見する確率と露見した場合の処罰の大きさと負の関係があるというものだ[5]．実証上の観点からすると，このモデルには2つの重大な問題がある．第一に，脱税額の大きさを示すこと自体が，不可能でないとしても，困難である．多くの国で脱税抑止策があまり効果を挙げていないことからすると，納税者は実際（つまり遵守が高すぎる状況）以上に脱税したいと思っているようだ．アメリカについてはエルム（Alm et al. 1992, p. 22）は次のように論じている．「純粋な経済学の分析では，納税の回避行動のギャンブル性に関して，ほとんどの個人がもし『合理的』であれば税金から逃れようとすることが示されている．悪人がとらえられ罰せられることはほとんどないからである．」第二の問題は，計量経済学的なパラメータ推定が十分になされていない点であ

---

[5] 概観については，Andreoni et al.1998; Slemrod and Yitzhaki 2002を参照．

る．それらの推計では係数が統計的に有意でない場合もあるし，符号が理論と一致していないケースもある (Pommerehne and Weck-Hannemann 1996; Torgler 2005, 2007)．したがって，プロセスの公正さに着目すれば，納税の遵守と脱税に関する新たな洞察が得られるだろう．例えば，納税者は，税金当局の対応に体系的に反応している可能性がある．税務署員が敬意をもって納税者に対応すれば，税金を支払おうという自発的意思が賛同を得たり高まることもあるだろう．一方，税務署員が納税者のことを，単に支払うべきものを支払う「対象」としかみていない場合には，納税者は税金から積極的に逃れようとするだろう．

スイスの1970-1995年の州のデータを用いて，納税者がこうした予測に沿った行動をとっているという計量経済学の証拠も挙げられている (Feld and Frey 2002, Frey and Feld 2002)．個人は，課税のプロセスで，敬意をもった対応を受けると効用が高まり税金を快く支払おうとする．さらにスイスの税務当局は，敬意を持って扱われるか否かに対する納税者の反応に気づいているかのような行動をとっている．スイスでは脱税防止策は当局が用いている動機付けの方法のひとつにすぎず，むしろ当局は，徴税にあたって敬意を表すというプロセスに重きをおいているのだ．

再分配と不平等

大多数の個人と政府が社会的不平等に関心を寄せている．社会的不平等が生み出す不幸感は，社会の所得分布がどの程度不平等であるかということと，個々人がこの分布のどこに位置するかで決まる．しかし，これがすべてではないかもしれない．ある特定の社会的不平等は，不平等をもたらす社会的プロセスという点からも判断することができる．例えば，社会的なプロセスによって，すべての人が成功して裕福になるチャンスを公平に持っている場合には，社会的プロセスに歪みがある場合や不公平な場合と違って，不平等はさほど問題ではない．社会的不平等は，結果としての分布の問題だけではなく，社会的プロセスの公平性の問題でもあるのだ．

再分配に対する人々の態度は一次分配の原因に対する認識によって決定さ

れる (Fong 2001, 2006)．調査によると，個人が貧困は自分たちでコントロールできる範囲を超えており環境によって引き起こされると思っている場合には，人々は再分配が大きい方を好ましいと感じる．第5章で論じたように，社会的不平等の幸福に対するマイナスの効果は，アメリカよりもヨーロッパの方が大きい．つまり人々が再分配政策を支持するかどうかは，社会的流動性の程度による影響が大きい．社会的流動性が高い場合には，再分配に対する支持は低下する．もちろん，これは，結果の観点から解釈することもできる．つまり，もし自分が裕福になれる確率が高いならば，再分配政策支持が支持される可能性は低いだろう．自分がネットでみるとプラスとなる分を支払う人になるかもしれないからである．だが社会的流動性は，プロセスの観点からも解釈することができる．平均的・客観的な意味で実際に所得の流動性が社会にあると考えられている場合は，社会的プロセスは公平だとみなされ，不平等はさほど問題視されない．こうした2番目の解釈を支持する証拠も報告されている (Alesina, Di Tella, and MacCulloch 2004)．平均的には社会的流動性の程度により再分配への支持が下がるが，その効果は社会的流動性のプロセスで個人が感じる公平さの程度に大きく左右される．流動性が高く平等な機会が本当に存在すると感じている人たちは，あまり不平等を気にかけることなく，高い流動性の「客観的な状態」をみてすべての人に本当にチャンスがあるのだと判断し，再分配への支持を取りやめる．一方，社会的流動性のプロセスにひずみがあるとみている人は，流動性が高い場合でも再分配への支持を取り下げない．客観的にみて流動性が高い場合でも，すべての人ではなく，一部の人に対ししかチャンスがないと考えるからである．

組織

プロセスの効用が最も集中的に研究されてきた分野は，組織の領域である．階層型組織の下では，大半の事項が権威主義的な方法で決定される．そのような環境では，プロセスに対する人々の関心は高いはずだ．組織におけるプロセスの公平さ・公正さに関する先行研究は非常に多く，メタ分析も行われている (Cohen-Charash and Spector 2001)．そうした研究では，プロセス

の公平さに対する関心は，雇用関係で重要とされ広範囲にわたっていることが首尾一貫して見いだされている．変化（合併・買収，レイオフ，リストラ，戦略的計画）に対する態度や人事（人事選抜，能力評価，報酬[6]）と同様に，プロセスの公正さが社員の行動と満足感にとって重要なのだ．研究で重要とされたプロセスの側面には，組織のポリシーと規則が含まれているが（例えば決定の事前通知と発言する機会については Greenberg 1990b; Lind and Tyler 1988 を参照），個人間の処遇状況も含まれている（Bies and Moag 1986）．個人は組織上の結果以上に，公平なプロセスに価値があると思っている．分析で配分の公平さと共に個人の業績もコントロールされている場合には，プロセスの公平さの影響は大きい．つまり，確かに，プロセスの効用は，組織で働いている個人が評価する重要な要素なのだ．

法律

組織と同様に，法律でも，プロセスの面が重要であるものと思われる．人々は当局が下した決定に従わなければならないからである．それゆえ法律は，プロセスの公平さが徹底的に分析されてきた分野である．多くの研究で，法廷が下した客観的な判断であっても，人々は不公平な法的プロセスには反対するという反応をすることが分かっている．不公平なプロセスは当局に対する正当性と裁判に対する満足感を低下させ，それ以降の規則遵守（コンプライアンス）にも影響を与える[7]．

10.1 節で要約した研究はその一例である．この分析は実際の行動を調査したものであることから，経済学者にとっては非常に興味深いものとなっている．法廷が命じた調停による裁定額に対し，連邦裁判所で企業と個人の訴訟当事者を含む実際の訴訟当事者が受諾するか否かを調べた研究によると（Lind et al.1993），調停プロセスを公平なものだったと判断している訴訟当事者は，客観的な結果とは関係なく，法廷が命じた裁定額を受け入れる可能

---

6) 概観については，Konovsky 2000 を参照．
7) 概観については，Tyler 1997 を参照．

性が高い．興味深いことに，正式の裁判に進むという決定に，プロセスの公平さに対する考え方が最も強い影響を与えていた．この研究によると，訴訟に関わる金額は最高で80万米ドルにも上っていたからである．客観的にみた裁定額の大きさと他の実用的な要因も，程度は小さいものの，受諾を予想した．したがって，この研究は，訴訟ではプロセスによる効用が結果面の効用以上に重要であることを示している．

10.5　プロセスの効用と結果面の効用との関係

プロセスの効用が存在するとした場合，プロセスの効用を，既存の経済学のアプローチに意味ある形で統合することは可能だろうか．本節では，プロセスの効用と，標準的な結果面の効用との理論的な関係をみる．

プロセスと結果は独立の関係にあるか

もしプロセスによって効用が生まれるのなら，プロセスと結果との関係をどのように理解すればよいだろうかという疑問がまず浮かびあがる．この点は，社会の水準（市場，民主主義，階層型組織などの意思決定メカニズム）で用いられるプロセスを研究する場合や，プロセスがもたらした結果を評価する際に特に重要である．この疑問は，社会的選択（社会が集計された社会厚生の判断にどのようにうまくたどりつくか）という根本的な問題と関係がある．以下の考察は主にアマルティア・セン（Sen 1995）の研究による．センは，アメリカ経済学会（American Economic Association）の会長講演でこの問題を見事に要約している[8]．

社会厚生に対する経済学のアプローチは（政治学の大半のアプローチでも），たいていの場合，純粋な結果指向をとっている．その最も極端な形はおそらく「新厚生経済学（New Welfare Economics）」にみられる．つまり，社会的意思決定の基準はパレート原則とされる．他者の効用を損なうことな

---

[8] Sugden 1981, 1986 も参照のこと．

く少なくともある人の効用が高まるならば，公共事業，規制，規制緩和などによって社会の改善が達成されるというものである．このアプローチでは，プロセスは純粋な意味での役割を全く果たしていない．例えばある結果が個人の基本的権利や自由を保持することにより達成されたのかどうかにかかわらず，プロセスの側面には本質的な価値を与えていない．同じような批判は，公共選択のアプローチや，一般的には制度派経済学（Institutional Economics）で広くなされている．これらのアプローチではプロセスの研究に関心が持たれているが，それは主として，プロセスの生み出す結果が興味深いと考えられているからだ．例えば民主主義の意思決定のプロセスを研究する場合や階層型組織での生産を市場と比較する場合には，制度は，それがもたらす結果によって評価される．こうしたアプローチは，プロセスを通して経験される快・不快を考慮に入れないため，人間の幸福にとって潜在的には大きい源泉を無視している．センは次のように述べている（Sen 1995, p.12）．「慈善や課税，あるいは拷問などにより特定の効用の配分が引き起こされているのかといった本質的な重要性が全く考慮されず，配分につながるプロセスが全く無視されている場合には，われわれは，ある特定の効用の分配が，納得のいく形で判断されていると確信するのは非常に困難だ．」したがって，社会厚生の結果の判断は，社会がその結果に到達したプロセスと無関係になされるべきではない．その代わりに，様々な社会経済の決定メカニズムから生じるプロセスの効用を考慮に入れるべきである．このような見方は，経済学の分析では，暗黙のうちにすでに示されている．経済学では，市場がより良い結果をもたらすだけでなく，相互作用によって取引相手にも好ましい取り扱いを規定するという理由から，市場が配分メカニズムとして支持されている．しかし，個人が市場メカニズムからプロセスの効用を得ているのか，得ているとしたらどのような条件の下なのか，あるいは経済学者の一部が論じるように，市場メカニズムは民主主義のような平等主義的な決定メカニズムに本質的な価値を付加しているのか，といった実証上の疑問はまだ残されている．

では，結果を無視しながら，プロセスを適切に評価することは可能なのだ

ろうか．ノージックら自由論者たちは極端に肯定的な立場をとっている（Nozick 1974）．ノージックの「正しい規則（right rule）」では，個人の自由は，財産権と同様，権利と自由に基づくシステムが生みだした結果とはほとんど関係なく，本質的に高い価値が与えられている．だが，純粋にプロセスのアプローチでも，自由主義社会がもたらす結果が破滅的なものとなる可能性は考慮されるべきである．センは，「ノージックのシステムで明示されたような自由主義的な諸権利が実現している経済においても，大規模な飢饉が実際に発生する可能性はある．」と述べている（Sen 1995, p. 12）．

　要するに，社会経済の決定メカニズムを分析する際には，プロセスと結果を同時に考察するのが妥当だということになる．「正しいプロセス」と「良い結果」が相対的にどの程度重要なのかを調べるには，個人の幸福と同じ枠組みでの実証研究が有効となろう．

プロセスと結果の間にトレードオフはあるか

　これまで論じてきた証拠から，どの制度上の取り決めが，プロセスへの関心と結果への関心の双方を同時に満たしているのかがわかる．例えば，直接民主制による参政権のケースでは，プロセスは，より良い結果と共に，プロセスの効用を高める働きもあるようだ．このケースは社会経済上の決定メカニズムでは幸運な例と考えられている．それは，個人から，望ましいプロセスであり良い結果であるとの評価を受けているからだ．だが一般的な分析では，プロセスと結果との間には，トレードオフが頻繁に発生することを明示的に考慮すべきである．ここでは，社会的選択を考察する分析ではなく，もっと個人のレベルでこの点を考察することとする．

　ミクロ経済学の単純な分析では，プロセスの効用は，効用の実用的な変数と共に，効用関数の中に入っている．そして，プロセスの効用と他の変数とのトレードオフは可能である．このことは，補償変分の均衡アプローチで行うことができる．例えば，労働者が特定の組織でのプロセスを本質的に評価している場合は，労働者は，それが適用されている組織で働く際に，より低い賃金（すなわち実用的な結果が悪いケース）を進んで受け入れようとする

はずだ．しかし単純なトレードオフはない．結果の効用とプロセスの効用は完全には分離できないからである．

プロセスの効用に関する心理学の研究では，結果の評価とプロセスの評価との間にわずかではあるが交差効果がある点が強調されている（均衡の考察についてはほぼ完全に無視されている）．一般に，プロセスの質は，結果が良くない場合，そして，結果が良くてもあまり適切ではない場合に重要であるものと思われる．訴訟はこのようなトレードオフが徹底的に研究された分野のひとつである[9]．多くの研究で，特に訴訟の結果が自分とって都合の悪い場合には，人々は不公平な司法上のプロセスに反対するという反応をするとされている．一方結果が良い場合には，ある程度は気にするものの個人はプロセスの質をさほど気にかけない．

しかし，不公平なプロセスは自己防衛の働きをする場合がある．組織内の賃金決定のプロセスを考えてみよう．もしある年に自分の業績が振るわないために賃金が下がったが，賃金決定のプロセスは極めて公正であったなら，その人は自分の給料に満足するだろうか．イエスと答える人は，不公平なプロセスよりも公平なプロセスを好んでいる．だが相殺する効果も存在する．もしプロセスが公正なら，不都合な結果は自分のせいとなる．一方でもしプロセスが公正でない場合には，悪い結果を上層部のせいにすることができる（Brockner and Wiesenfeld 1996; Schroth and Pradhan-Shah 2000; van den Bos et al.1999）．この「帰属効果（attribution effect）」は，プロセスと結果の間に補完的な関係がある可能性を示唆している．つまり，公平なプロセスが高い評価を受けるのは結果が良い場合なのである．プロセスの効用と結果面の効用の間のネットの関係は，代替効果と補完効果のどちらが相対的に強いかに左右される．この2つの効果については，イギリスの労働者を代表するサンプルを用いた研究で，賃金決定のプロセスを通して得られるプロセスの効用の検証が行われた（Benz and Stutzer 2003）．この研究によると，労働者の報酬に問題があり，低賃金の労働者と高賃金の労働者で賃金への満足

---

[9] Lind and Tyler 1988 の第4章を参照のこと．

度が同じ場合，賃金への満足度は高い．

結論

実証上の証拠から，経済と社会の多くの領域で，プロセスの効用の存在とその重要性が立証された．経済学にプロセスの効用を統合することで，経済学の内容をより豊かにし，説明が困難であったり不可能であったりする現象を考察することが可能となる．個人の効用関数に結果の公平性を統合することを中心として，プロセスの公平性は，経済心理学や行動経済学で徐々に認められるようになってきた（Bolton and Ockenfels 2000; Fehr and Schmidt 1999; Konow 2003）．

制度は，特定の結果を生み出すだけではなく，意思決定のプロセスをかたちづくるという意味合いを持っている．市場は，よく知られている条件の下では効率的な結果を導くのだが，プロセスの効用と不効用も生じさせてしまうことがある．需要と供給を均衡させるために市場価格を利用すると，関係者からの強い反対に合うことがあるのだ．特に消費者は，需要量を抑制するための価格引き上げは不公平で無神経なやり方だと考えており，他の意思決定メカニズムによる方法の方が好まれている．このような反応はしばしば観察されてきたが，経済学では価格システムの実用的な側面だけに関心を寄せているため，実証上でみられるこのような現象に対応する準備が不足している．なお，プロセスの効用が生み出される際，すべての意思決定メカニズムに長所と短所がある点は重要である．経済学者が政策上の提案を行いそれが受容されるかに関心がある場合には，様々な意思決定システムに付随するプロセスの効用にも注意を払う必要があろう．

経済理論の内容を豊かにする別の側面は，個人が社会や経済の意思決定に参加できることから生まれるプロセスの効用と関係がある．政治的，経済的な決定に参加する権利は近代社会の重要な特徴である．政治上の参加権は，選挙や住民投票で投票することから，立法府に立候補することまで，多岐にわたる．経済面の参加権は，職場や会社組織で影響を及ぼすことや，企業経営で全面的な共同決定にかかわること，また，自営という形で自己決定を完

結させるなど，様々な方法がある．本章で議論された証拠から，個人はプロセスの効用を，生み出された結果以上に，参加する可能性から得ていることがわかる．参加することで，一体感，アイデンティティ，自己決定といった感覚と共に，自分も関わって影響力をもっているのだという感覚を持つことができるからである．憲法で，労働者参加の公式な制度が認められている国もある．その代表例はドイツで，広範な共同決定権が認められている．しかし経済学では，結果や生産性，特に賃金に与える実用的な影響に関する分析が主であった．そこで，純粋にプロセスの側面も考察の対象とするべきであろう．

以上で論じた証拠から，消費と就業行動，人々が公共事業を受け入れたり納税を行おうという自発的意思，社会的不平等や企業戦略の問題といった分野の経済政策を経済学で分析したり推論する際の刺激が得られるが，実は，まだ調査されていない分野に有望な研究の可能性がある．例えば行政と住民との関係でいうと，プロセスは，住民の公共サービスに対する評価にとって重要であるものと思われる．同じことが医療制度にも当てはまりそうである．再分配の問題では，移転が現金なのか現物なのか，公的な資金で行われるのか民間の資金で行われるのかが重要だろう．経済活動の組織では，非営利の会社は，プロセスの効用という点で，営利会社とは体系的に異なるプロセスを用いることが期待されている（Benz 2005）．階層型組織がプロセスの不効用を伴うのであれば，企業の境界に対する理解も深まるだろう．労働組合と企業との交渉では，公平なプロセスが問題解決に役立つ可能性が高い．さらに政策については，プロセスに対する不満と，住民の公共政策や法遵守に対する抵抗感との関係を更に研究する必要があろう．

第11章
なぜ消費でミスをするのか

　標準的な経済理論は顕示された行動に信頼をおいており，人間行動という視点からは，観察されたすべての行動について，効用最大化が当然なされているものと考えている．そして個人は，代替的な消費の組み合わせから得られる効用について完全な情報を持っており，効用を最大化することは完全に可能であるとする．つまり標準的な経済理論では，人間が何かを決める際に体系的な間違い（mistake）はしないとの仮定を置いているのだ．幸福度研究は，このような経済理論の仮定からは大きく離れ，決定という行為と，経験することで得られる効用とを切り離して考えている．主観的幸福度の指標を用いると経験効用を独立に測定することができるため，個人が決定を行う際におかしうる体系的な誤り（systematic error）を確認することが可能となる．本章では，消費の決定と，仕事と生活のバランスに関連したトレードオフの問題を取り上げる．人々は，効用を予測する際にしばしば体系的な誤りをおかしてしまうため，自分の評価に基づいた効用の最大化が常に行われるわけではない．特に人間は，更に高い所得から得られる満足感と，その高い所得を獲得するために必要な追加的努力が生みだす不満足感の双方について，予測ミスをしてしまうのだ．

11.1 効用の予測ミスの原因と結果

　人々が効用を間違って予測する（mispredicting utility）ことに関する基本的な主張は次のように要約することができる．すなわち個人は，本質的なニーズ（intrinsic needs）に関わる消費（たとえば家族・友人たちと過ごす時間や趣味に費やす時間など．例えば Gui and Sugden 2005 を参照）から得られる効用を体系的に過小評価するのに対し，外面的な願望（所得や地位）が重視される消費関連の特性を過大評価してしまう．したがって，外面的な財や活動と比べて，本質的な面が強い財や活動の消費は過小となる傾向があるのだ．複数の選択肢の中から選ぶ際，個人が自分の主観的な評価に従うと判断に歪みが生じることから，効用は本来なら得られたはずの水準よりも低くなる．時間の経過とともに重要性が変化する属性を比較する必要があるため，個人が正しい決定を習得することは難しく，不可能なこともある．

　この議論は以下の4点に分解することができる．
- 財や活動は，「本質的な」属性（intrinsic attributes）と「外面的な」属性（extrinsic attributes）という2つの特徴を持つ．
- 選択肢のうち，本質的な特質から得られる将来の効用は，外面的な特質から得られる効用に比べ，判断の際に過小評価される．
- したがって，本質的な特質が多い財・活動は，外面的な特質の多い財・活動に比べ，過小に消費されることになる．
- 個人がこのような評価を下すことで消費の判断に歪みが生じ，結果として効用は低下してしまう．

　以下では，これら4点について，手短に論じることとする（詳細は Frey and Stutzer 2004a, Stutzer and Frey 2007b を参照．政治プロセスへの応用については，Frey and Stutzer 2006b を参照のこと）．

本質的な特質と外面的な特質
　標準的な経済理論では，個人の消費する財・活動がもたらす将来の効用を

比較することは可能であると仮定されている．人間は合理的に消費の決定を行い，自分の効用を最大化しているというのだ．財・活動のさまざまな特性 (Lancaster 1966; Becker 1965) や選択肢の特質（Keeney and Raiffa 1976) を分類することは有用であろうが，そのような分類を行っても，将来の効用を評価する際の個人の能力に影響はない．消費者の意思決定に関する標準的な経済学のモデルは，ほとんどの財と活動，状況に当てはまる．人々がランダムに予測ミスをする場合や，すべての財と活動で同様の予測ミスが発生する場合にも，理論による予測に影響はないとされる．

　本章ではこうした仮定から出発し，効用が様々な選択肢を特徴づけている２つのタイプの属性から発生していること，また，効用の予測ミスの程度には体系的な違いがあることを議論していく．さて，財や活動の１番目の特質は，「本質的なニーズ」と関連がある．自己決定に関する心理学の理論は，本質的なニーズについて，主に３つの側面から，包括的な考察を行っている (Deci and Ryan 2000)．

・関連性に対するニーズ
　個人は，特に家族や友人たちを含む社会的環境の中で，愛情を伴う他人とのつながりを感じたいと思っている．
・能力に対するニーズ
　個人は環境をコントロールし，自分を有能で影響力を持った存在であると感じることを望んでいる．
・自律性に対する欲求
　個人は自分の行動に責任を持つ経験やその原因となる経験を重んじる．

　本質的ニーズの属性は，趣味などの活動に完全に没頭する際に起こる「フロー体験（flow experience, Csikszentmihalyi 1990)」という特徴を持つ．
　財や活動の２番目の特質は，モノを所有したり，名声，地位，威信を得ようとする気を起こさせる「外面的な願望」と関係がある．所得は，選択集合の中では重要な選択肢である．高い所得は，大半の場合，物質面で高い生活

水準を維持する前提条件となっているからだ．

　それぞれの選択肢と活動，財は，多元的な面をもっている．一般に，ある特定の代替的な選択肢にも，本質的なニーズと外面的なニーズという特質，すなわち本質的属性と外面的属性の両面があるのだ．本質的な性質を多く持つ財や活動（例えば，友人たちと過ごす時間）もあるが，消費者にとって基本的な物質に対するニーズを上回っているモノ（例えばデザイナー物の洋服）のように，外面的な性質を持つ財や活動もある．ここでは分析のポイントを，自由裁量での使用が可能な時間と所得から得られるニーズに対する満足感にあて，生理学的なニーズへの満足感は考慮しないこととする．

　ここでの主な主張は，人間が決定を行う場合，様々な選択肢からなる本質的な特質よりも，外面的な特質の方が重視されるということである．そのために，個人が消費の選択を行う場合，外面的なものよりも，本質的なものの方が過小評価される．この歪みは，予測効用（predicted utility）と経験効用（experienced utility）の間にみられる体系的な不整合につながる．後者は快楽的な経験であると考えられる（Kahneman, Wakker, and Sarin 1997）．2つの効用（予測効用と経験効用）の尺度は伝統的な決定効用とは異なっている．決定効用は個人の行動から観察される効用のみを対象としており，この2つの効用を合成したものだからである．

効用を予測する際に過小評価される本質的な側面

　外面的な財や活動と比べて，本質的な面から得られる将来の効用を過小評価してしまう理由のうち，重要なものを以下に挙げよう．

適応の過小評価

　個人は，将来の消費からどれぐらいの効用が得られるかをうまく予測できない[1]．例えば感情面の予測の研究によると，人々はマイナス面のある出来

---

1) 実証的な証拠については，Loewenstein and Adler 1995，大規模な調査については Wilson and Gilbert 2003 を参照．

事に対処する自分の能力を過小評価している[2].そのために感情の強さと持続する期間の予想に偏りが生じ,人々は現在時点で予測する以上に将来時点では適応できるという見通しが持てない.

　適応は,本質的な面でよりも,外面的な面で特に過小評価されている.人間は本質的な要素が強い財や活動にはあまり適応しない.(肯定的な)経験は,新しい消費がなされるたびに更新されていく.一方で親しい友人と一緒にいることは常に価値のあることであり,この経験に対する評価を下げようと考える人はほとんどいない.しかしその逆が真なりなのである.友人との対話が視野を広げ,新鮮な喜びや楽しみを与えてくれるのだ.同様に,ずっと書きたいと思っていた論文や本の執筆に没頭する場合に,「フロー体験」を経験する学者は多い.この経験に対応した効用は,徐々に消えていくわけではない.多数の論文や本を執筆した優れた学者の多くは,最初の研究よりも,新しい研究の論文を書く方が,同じくらい,あるいは幾分高い「フロー」を経験している.

　財と活動の適応効果が本質的,外面的な面で異なる点は,最近の実証的な証拠の多くと整合的である[3].個人は,本質的なニーズから生まれる満足感を妨げるような望ましくないことを経験した場合には,自分の効用の評価を適応させない.特に,慢性の病気や次第に悪化していく病気など重大な健康上の問題があると,自立性が低下し,自己申告による主観的幸福も低下していく(Easterlin 2003).労働によって,人々は,同僚と一緒にいたり専門知識や自立を経験することでフローを感じ,本質的なニーズを満たすような経験を得る.したがって,失業に慣れるというケースはほとんどなく,失業は,主観的幸福度に対して,非金銭面でマイナスの影響を与えることが度々見いだされている(Clark et al.2006).一方,自営業のように自立の度合いが高い仕事の場合は,仕事への満足感が高い.第7章で示したように,自営業の人たちは,所得や労働時間の水準とは無関係に,階層的な組織で働く人より

---

2) 本書3.1節の適応の議論も参照のこと.
3) サーベイ論文はFrederick and Loewenstein 1999を参照.

も，仕事から得ている効用が大きい．ボランティアも平均的な生活満足度が高いことから，同じことがいえる．

　一方で個人は，外面的な側面を多く持つ財や活動に対しては，高い適応力を示すという実証的な証拠がある．この点はまず所得について明らかにされた（van Praag 1993; Easterlin 2001; Stutzer 2004）．個人が所得の上昇を経験した場合，当初は効用の水準が上昇したが，プラスの効果はその大部分が約1年後には消えてしまった．所得分布で高い位置にいる人についても，効用の60％は時間の経過と共に消えていく（van Herwaarden et al. 1977）．

　本質的な特徴を持つ財やサービスに対する適応はまれで，場合によってはまったくないことや，外面的な面を持つ財やサービスに対しては強い適応を示すという証拠があることから，個人は適応を過小評価したり無視することすらある．したがって個人が外面的な面から得られる将来の効用を予測する場合には，本質的な面から得られる将来の効用を予測する場合よりも，大きな失敗をしてしまうことがある．

経験に関する記憶の歪曲

　個人が将来の消費を決定する場合には，自分の経験という手段に頼らざるをえない．そこで人々は過去の瞬間をじっくり検討したり，ある特定の状況で起こりがちな感情を総括してみたりする（Robinson and Clore 2002）．特定の情報が利用できる場合，人々は判断の際にその情報を優先する．印象的な瞬間を経験すると，過去にさかのぼって行う感情の評価に歪みが生じてしまう（Kahneman 1999）．感情的な出来事の最も強烈な瞬間（ピーク）と直近の瞬間（終わり）は，「記憶すべきこと」とみなされる．ピーク・エンドの法則（継続期間の無視）は，実験による検定で何度も確認されている（Kahneman 2003）．

　本質的な特質は，穏やかではあるが継続する肯定的な感情を長期間にわたり経験することと関連があるようだ．先にも述べたように，相互作用のあるタイプの喜びを新たに体験するには時間が必要である．同じことは，フロー体験に没入する能力にも当てはまる．一方，外面的な特質は，短期的な経験

のうち，特にピークの感情と関係がある．したがって，人々が回顧（retrospection）に基づいて効用を予測した場合，持続時間と関係のある財や活動の本質的な面は，ピークとの関連がある外面的な面と比べると，過小評価されてしまう．

合理的説明がたやすい外面的側面

個人は，自分や他人に対し，自分の決定を正当化したいという強い思いがある[4]．例えば何を買うかという決定など，消費から予想される効用ばかりでなく，安いものを買おうと考えることも影響がある（Thaler 1999）．決定の際には，感情面の影響を抑え合理的な面を考慮するという一般的な傾向である．この「理由ベースの選択（reason-based choice）」は合理主義にあるとされる（Hsee et al.2003）．実験を用いた研究によると，人々は絶対的な経済的利得に決定の焦点を合わせ，経済的でないことは過小評価する（Hsee et al.2003）．意思決定の段階で理由を述べるように言われると，明確に表現できる出来事には大きなウェイトを置き，経験にとって重要な面は無視してしまう（Wilson and Schooler 1991）．同様に人間はルールと原則に則った選択を行い，自分の選択によってもたらされた結果に基づく予測を避ける傾向がある（Prelec and Herrnstein 1991）．したがって人間は，予測効用を最大化するような選択肢の様々な属性を最適に考慮しない．

外面的な属性と本質的な属性の不整合は，意思決定においても存在する．本質的な特徴よりも外面的な特徴の方が，合理的な正当化はたやすい．採用通知をもらった仕事が，所得は多いが余暇時間は少ない場合を考えてみよう．大半の人は，自分や他人に対して採用通知の受諾を正当化する方が簡単だと考える．外面的で金銭的な次元の方が重要だからである．一方，余暇時間から得られる本質的な特徴は大幅な所得増をあきらめるほど重要なのだと正当化する方がより困難である．その結果，外面的な要素に関連した意思決定を行う際に本質的な属性で強く特徴づけられた財や活動が顧みられることはほ

---

[4] 決定をする前の正当化については Shafir et al.1993 を参照．

とんどない.

将来の効用の源泉に関する誤った直感的理論

人間は,自分を幸せにするものは何かに関して非常に多様な直感的理論 (intuitive thoery) を持っている (Loewenstein and Schkade 1999). こうした信念は,将来の効用の予測に直接的な影響を与え,人々が誤ちをおかしてしまう原因となる.直観的理論は,過去の感情を再統合し,現在の自己概念や信念との整合性を与えるという働きを持つ (Ross 1989). したがって,直感的理論は,先に議論した予測ミスの3つの原因と相互に関連している.

獲得と所有(すなわち物質主義)は,幸福に到達する上で,重要な信念のひとつである[5]. 物質的,外面的な人生の目標を持つ人は,本質的な目標を持つ人よりも,自尊心と生活満足度が低い (Kasser and Ryan 1996; Sirgy 1997). この相関関係から,外面的な属性を直感的に信じている人は効用の予測に失敗してしまうことがわかる.一方,本質的な人生の目標を持つ人は,個人の成長,人間関係,共同体意識を重視し,本質的な属性を重視する直感的理論を用いるため,将来の効用の予測に失敗することはほとんどない.個人間にみられるばらつきは,先の予測ミスの理由と組み合わせることで,追加的に検証可能な予測につながるだろう.

制度上の条件

本質的な属性と外面的な属性に対して,予測ミスが異なる影響を与えている点については,その決定に市場がどの程度かかわっているかにも依存する.金銭至上主義的に財や活動をとらえる人は,外面的な属性を通常以上に重視する.このことは仕事と消費の双方に当てはまる.その一例が能力給の導入である.こうしたインセンティブがあると,社員は,報酬と関係のある業績の方が重要だと考えるようになる.一方で,報酬との関係が薄い業績は顧みられなくなる (Frey 1997b; Frey and Osterloh 2005; Osterloh and Frey

---

[5] 例えば Tatzel 2002 を参照.

2006)[6]．消費の領域では，広告では財の外面的な面が強調されることが多い．その一方で本質的な価値については，ほとんど，あるいは全く触れられることはない．「商業化」の程度により (Kuttner 1997; Lane 1991)，財の将来的な効用を間違って予測する程度が決まることになる．人々は，本質的な特徴に比べ，外面的な特徴の方が，実際よりも幸福にしてくれそうだと考えるように誘導されてしまうのである．

関連するアプローチと証拠

ここで提案する理論は，同様の現象が確認され実証的に研究された多くの文献と関連がある．

・新しい状況への適応を過小評価してしまう点については，異時点間の意志決定に関する理論モデルにうまく取り入れられている (Loewenstein et al.2003)．投射の偏り (projection bias) のモデルを用いることで，様々な現象をモデル化できる．例えば，耐久消費財の見当違いの購入や，若年期の過剰消費などの消費プロフィールである．効用の予測ミスから，通常は個人の自制心の問題という枠組みで取り上げられるなど，一見すると合理的ではないような貯蓄行動の別の解釈ができる．しかし先のローウェンスタインらの研究では，適応に対する財や様々な選択肢の属性，個人差について，きちんとしたモデル化がおこなわれていない (Loewenstein et al.2003)．したがって，行動と幸福度が整合的に決定されていない可能性は，彼らのモデルに限定されている．

・個人の「仕事と生活」のバランスに最近歪みがみられるのではないか，との議論がある．人々は仕事をしすぎて，生活の他の面を無視するように誘導されているというのだ．こうした主張はアメリカで声高になされ，確かに「働き過ぎである」ことは確認されている (Schor 1991)．この問題は，本質的な属性の代わりに，外面的な属性を持つ選択肢，特に所得によって特徴づけられた選択肢が重要視されるというわれわれの仮説と整合的である．

---

6) 実証結果のサーベイ論文は，Frey and Jegen 2001 参照．

・地位をめぐって競争することで，負の外部性が生み出され，地位といわゆる「地位財（positional goods）」を獲得することにあまりにも多くの努力が払われている（Frank 1985a, 1999; Layard 2005）．地位財の特徴は，非常に強い外面的な属性を持つことにある．したがって効用の予測ミスをすると，消費において地位をめぐって競争するという歪みが大きくなってしまう．
・プロセスの効用（すなわち結果よりもプロセスから得られる満足感）は内面的ニーズと関係がある．特定のプロセスがもたらす効用は，能力，関連性，自立を高め，財や活動の本質的な属性と密接な関連があるからだ（本書第10章とFrey, Benz, and Stutzer 2004を参照）．人々は決定を行う際に，プロセスの効用の源泉を過小評価しがちである．こうした考え方と整合的な形で，個人は決定をする際に好ましい結果を約束してくれる制度の方を好む傾向がある点は，実証的にも示されている（Tyler et al.1999）．しかし事後的には，公正なプロセスに即した制度の方が好まれている．
・これまでの経済学では伝統的に，個人は物質財を重視しすぎていて，非物質的なメリットが得られる財の方は無視しているということが議論されてきた（Lebergott 1993; Lane 1991）．「快適な」財は，「刺激がある」財よりも過剰に消費される点は重要だ（Scitovsky 1976）．快適な財は否定的な情動から保護する防御的活動とされる．快適な財は，迅速な生産性向上を通じて得られる消費財から成り立っており，外面的な性質を強く持つ．一方刺激は，創造的な活動からもたらされる．創造的活動では珍しさ，驚き，多種多様さ，複雑さなどの感情を味わう．こうした側面では，本質的な属性も重視される喜びの更新に重きがおかれる．

われわれは，通勤時間の長さについて人々が行っている決定を分析することで，効用の予測ミスに関する実証研究を行った（Stutzer and Frey 2007a）．通勤の決定には，給料や住宅の質と通勤時間との間にトレードオフが存在する．合理的に効用を最大化する人は，その両者が補償される場合のみ，通勤する．しかし，外面的な欲望を満たす財から得られる効用の方を重視する場合は長時間通勤の方を選択するため，効用は低下してしまうだろう．ドイツの大規模なパネルデータを用いた分析によると，通勤は完全には補償されて

いないことがわかった．すなわち，通勤時間が片道 22 分（標本平均）の人の生活満足度が，通勤しない人と同じ水準になるには，月給が現在よりも 35％上昇する必要があるのだ．

11.2　人間はなぜ学習しないのか

　人間が効用の予測を体系的に失敗したとして，選択を繰り返すうちに素早く学習をするのであれば，経済学ではほとんど問題とならない．このようなケースでは，予測ミスによる不均衡は発生するものの，個人は自分の効用を最大化する合理的な意思決定者であるという概念には，基本的には影響がない．しかし，学習は複雑なプロセスであるとする先行研究は多い．人々が学習するのは，多次元の財と活動が金銭上の用語で表現され，本質的に 1 つの次元にまとめられた場合に限られる．そのようなケースであれば，個人は，短い時間内であれば，誤りの多くを修正することができるため，標準的な経済学のモデルをうまく適用することは可能となる．

　ここで議論したような選択と同じような状況では，決定する時点から消費する時点の間に，様々な属性の重要度が変化するため，学習は更に難しくなる．将来の消費についてどのような意思決定を適用するかを学習する際には，以前に経験した感情を復元し参考にしていることが多いだろう．そのため，このプロセスでは，記憶している過去に経験した効用と同じ予測ミスをする傾向がある．記憶が断片的で自分の直感的理論に多くを頼る場合には，学習は非常に難しい．したがって，記憶効用と予測効用は同じようなものとなる．この 2 つの効用は，経験された効用とは全く異なるものである．この現象は，3 つの調査（ヨーロッパへの旅行，感謝祭の休暇，カリフォルニアでの自転車旅行）を用いた分析で立証された（Mitchell et al. 1997）．その分析では事前に予想した喜びと，その最中に経験した喜び，その後に思い出した喜びを研究した．実際には，参加者は予想したほど旅行を楽しんでいなかったのだが，旅行後に思い出す際には，事前に予想したのと同じ水準の喜びを述べていた．

　一般に，将来の消費から生まれる効用については，入念な学習プロセスが

必要である．本質的な特徴よりも外面的な特徴が優位を占めるような活動に関連した意思決定の際には，一歩引いてみてみることが必要となる．全般的な評価を行う場合には自己点検が不可欠であり，いわゆる「ダブル・ループ・ラーニング（double-loop learning）」が必要なこともある（Argyris and Schön 1978）．きちんと学習することは犠牲を伴うし，学習の過程でミスをすることもあるため，個人はすべての予測ミスを短時間で修正することはできない．多くの場合は全く修正できず，結果として，将来の効用の予想ミスは長期間にわたって続いてしまう．

　学習が限定されることと，自分や他人がおかす効用の予測ミスに部分的ではあるが気づくことは，同時に起こりうる．例えば，仕事と生活のバランスをとることの難しさや失敗について語る人は多い．それでも，人間は，外面的な属性と比べて，本質的な属性を過小評価するような決定をしてしまうのだ．

　個人の学習が限定されている根本的な理由は，進化のプロセスでの効用の予測ミスの機能性にある．ラヨとベッカーは，遺伝上の模写で成功を最大化するような人間の効用関数がいかに作られるかをモデル化している．そして適応を自身が与えた外部性とし，人々がこの適応を無視することを理論的に説明している（Rayo and Becker 2007）．しかしこの効用関数には予測ミスが本来的に備わっているため，現実の世界で経験効用と社会における成功の動機づけについて最適な組み合わせが保証される点には役立たない．

11.3　インプリケーション

　人間は，消費する財と活動がもたらす将来時点の効用を，体系的に間違えて予測することがある．家族や友人たちと過ごす時間や趣味の追求などの財や活動は，本質的な属性が強いという特徴があり，大半の消費財など外面的な属性が強い財やサービスと比べ，過小評価されている．様々な属性との比較は複雑でもあり必要でもあるため，学習には時間がかかり不完全なこともある．そして多くの決定が歪められ，長期間にわたりそのままにされる．そ

の結果，個人の効用は，このような予測ミスによる体系的なバイアスの影響を受けていなければ得られたはずの効用よりも，低くなってしまう．

　実証的な応用例として，主観的な幸福度データによる個人の通勤の決定が分析されている．通勤に多くの時間を費やす人の生活満足度は低い．つまり通勤の負担は，もっと高い給料，もっと良い生活環境，もっと低い賃料によって，必ずしも相殺されているわけではないのだ．これは，採用通知や住宅の選択といった外面的な属性で将来の効用を過大に見込んでしまうといった現象や，通勤で身体的な負荷がかかり，友人や家族と過ごす時間も減るといった本質的な属性が無視されるなどの現象とも整合的である．幸福について人々が持つ直感的理論が変動することを利用し，基本的な仮説に取り組むといった緻密な分析が行われている．人生の目標が外面指向で効用の予測ミスをする人の傾向を研究するのだ．外面的な人生の目標に重きを置くタイプの人は，相殺される程度が最も小さく，通勤からマイナスの影響を受けている．

　個人がベストを尽くしていても状況が悪化してしまうことがあり，これは，われわれの分析が伝統的な「消費批判（consumption critique）」とは異なっている点である．後者では，個人は自分にとってベストなものを選択することができず，なにが「ベスト」なのかは外部の選好によって評価される．

　筆者らの分析を，政府による介入が必要であるとか賢明であるといった結論に飛びつく口実にすべきではない（第Ⅲ部参照）．政治家や役人が，将来の効用の予測ミスを克服できる洞察力やインセンティブを持っているとは考えづらいからだ．また，ダブル・ループ・ラーニングのようなことを行って，自己を拘束するようなルールを自ら作ることで，外面的な属性ではなく，本質的な属性を伴う財や活動の方を受け入れ，バランスを修正することができる人はいることだろう．

第12章
公共財の便益をはかる

12.1 公共財の測定に関するアプローチ

2つの標準的な方法

　公共財は市場で取引されていないため，公共財の便益（benefit）の測定は本質的に困難である．したがって支払われた価格に，個人が考えた価値を示す指標としての役割はない．そこで公共財に対する選好の測定方法については様々なアプローチが開発され（例えば Freeman 2003 を参照），主に2つの方法が研究されてきた．

　表明選好法（Stated Preference Methods）　最も一般的な方法は仮想評価法（Contingent Valuation）である．この方法は，公共財の金銭的な評価を，個人に直接質問するというものである．しかしこの方法には仮想的な性質があり，信頼性に欠けた回答や表面的な回答を引き起こす可能性がある．また，戦略的な回答行動が誘発される可能性もある．

　顕示選好法（Revealed Preference Methods）　この方法は，私的財の市場

での取引から公共財の価値を推論する際に，個人の行動と市場で取引される様々な財と公共財との間にある補完的・代替的関係を利用しようというものである．有名な例として，ヘドニック法（Hedonic Method），トラベルコスト法（Travel Cost Approach），回避行動法（Averting Behavior Method）がある．顕示選好法では，重要な要素は本質的に計測するのが難しいこと，そして不使用価値は捕えることができないことなど，厳しい仮定がおかれている．

生活満足感アプローチ（Life Satisfaction Approach）

自己申告による主観的幸福度を効用の代理尺度と仮定することで，公共財を効用の観点から直接的に評価することが可能となる．公共財の限界的な効用と不効用の推定は，基本的に，正（負）の公共財の量と，個人の自己申告による主観的幸福度との相関関係を用いて行う．このアプローチを用いれば，表明選好法でも顕示選好法でも問題となっている主な点を，部分的ではあるが，回避することができる．所得の限界効用と共に，正の公共財の限界効用と負の公共財の限界不効用を計測すれば，所得と公共財のトレードオフの比率を計算することが可能となる．これが生活満足感アプローチである．

生活満足感アプローチは，広い範囲の正（負）の公共財とその正（負）の外部性を評価する際に使うことができる．このアプローチは，これまでは，環境保護の分野で外部性を評価する場合にのみ使われていた．

環境の外部性の評価にあたって，最初に生活満足度のデータを明示的に使用したのはヴァン・プラーグとバーズマである（Van Praag and Baarsma 2004）．プラーグらは，個票データを用いてアムステルダム空港周辺の騒音公害の影響を分析したところ，主観的な幸福に対して，客観的に計測された騒音の水準よりも認知された水準の方が大きな影響を与えていることがわかった．つまり幸福感は騒音の水準とほとんど関係がないのである．さらに騒音の水準は，世帯規模，バルコニー・庭の有無など様々な仲介変数（intervening variable）に影響を受けていた．そのため，補償金の推定金額にはかなりの個人差がみられた．国別の分析も行われており，例えばウェル

シュは，二酸化窒素で計測された都市の大気汚染が平均的な生活満足度にマイナスの効果を与えていることを明らかにし，大気汚染の改善は多額の金銭的価値に相当するとの結論を得ている（Welsch 2002）．

本章では，この生活満足感アプローチを，近年悪評が高まっており将来的にも政治的課題の上位に位置するテーマ，すなわち，テロリズム，あるいは「テロリズムの除去」と定義される治安の分析に適用することとする[1]．具体的には1973-1998年のフランスのデータを用いて，テロ活動が引き起こした効用の損失（utility loss）に関する推定を行う．

12.2　生活満足感アプローチと他のアプローチとの比較

生活満足感アプローチには，標準的方法である表明選好法と顕示選好法と比べ，優れた点がいくつかある．

表明選好法との比較

表明選好法の中でよく知られている方法は，仮想評価法である．この方法は，回答者に細かな条件を示した上で，ある公共財を評価するものである（例えば Carson et al.2003 を参照）．だがその条件が回答者には不慣れである場合が多く，戦略的回答（strategic response）という問題がしばしば持ち上がるため，仮想評価法に基づく結果の信用性（credibility），有効性（validity），信頼性（reliability）をめぐり，経済学では活発な論争がおこなわれている．そこで信用性・有効性・信頼性を保証するためのガイドラインが多数開発されている．その最も重要なものとしては，適切な情報の提示，信用できる（仮想の）報酬体系の選択，国民投票方式の利用（これは誘因両立性［incentive compatible］を満たす唯一の導出方法）がある（Arrow et al.1993; Portney 1994）．

---

1) データと実証分析の方法，他の推計結果とデータ更新後の結果については，Frey, Luechinger, and Stutzer 2010 参照．

しかし仮想評価法にはまだ根本的な問題がある．回答者が仮想的な質問に不慣れなことから予算制約や代替的な状況の影響を考えてしまうなどの調査上の失敗が排除できない点である．その結果，態度表明とうわべだけの回答という形の記号評価（symbolic valuation）がなされてしまう可能性が高い（Kahneman and Knetsch 1992）．戦略的行動については限定された範囲でしか取り扱えないという問題もある．ところが生活満足感アプローチには，こうした問題の影響がない．回答者は公共財の供給の変化をすべて適切な結果と考えがちだが，生活満足感アプローチではそのような回答者の能力を当てにしていないからである．もし回答者がある程度の正確さで自分の生活満足度を述べればそれで十分である．戦略的行動を予想する必要もない．

顕示選好法との比較

　非市場財評価に関する別の方法は，個人は，公共財と私的財の様々な組み合わせの中から選択する際に，これらの財に対して何らかの評価を表明した上でトレードオフを行うというアイディアに基づいている．そこで特定の環境下であれば，私的財の市場取引から，公共財に対する個人の支払意志額を推論することができるのである．

　顕示選好法の中でも最も洗練され頻繁に利用されているのがヘドニック法である（例えば Blomquist, Berger, and Hoehn 1988; Chay and Greenstone 2005 を参照）．公共財には，住宅と仕事で差別化された市場財であるという質的な特性がある．したがって住宅市場と労働市場には公共財の価値が反映されていると考えられる．賃金と賃貸料の違いは暗黙の価格の役割を果たしており，均衡状態では，個人の公共財に対する限界的な支払意思額と対応関係にある（Rosen 1974）．しかしこの点がヘドニック法の根本的な問題である．この方法は，住宅市場と労働市場が完全な均衡状態にあるという仮定に基づいているのだが，この仮定が成り立つのは，家計が情報を豊富に持っている場合，住宅と仕事の種類が多い場合，価格が急速に調整される場合，取引費用や引っ越し費用が小さい場合，そして，市場の規制がない場合に限定される（Freeman 2003, p. 366）．一方生活満足感アプローチは，市場が均

衡していない場合でも，効用の損失を明確にとらえることができる．しかし他の市場の補償変分については，クロスセクションの分析による説明が必要である．そうしないと，生活満足感アプローチは，残余の外部性だけをとらえることになってしまう．その場合には，生活満足感アプローチとヘドニック法は，互いを補完することになる．ヘドニック法には，人々が行っている外部性の水準の変化に応じた調整を考慮する必要があること，また，ヘドニック的な市場での供給サイドの反応を考慮する必要があるなどの欠点もある．

　顕示選好法による方法すべてに共通する課題は，消費と転居の決定が，客観的な快適さ（不快さ）の水準ではなく，認知された水準に基づいている点である．そこで，もし人々の認識と客観的な指標との対応関係が不十分な場合には，推定に大きなバイアスが生じてしまう．この点は，生活満足感アプローチについても，同様の注意が必要である．しかし顕示選好法と比べると，生活満足感アプローチは，たとえ直接的な影響がみられない場合でも，健康などの別のチャンネルを通じて，外部性が個人の効用にもたらす影響を，間接的にとらえることができる．例えば，騒音公害は効用に直接的な影響を与え，その防止費用や移転の決定という対応につながるのに対し，放射能の被曝は，生活満足度を低下させるようなプロセスが気づかれないことで，健康にダメージを与えることがある．そのような場合は行動の形で示されないため，顕示選好法では，効用の損失を計測することはできない．同じ理由で，顕示選好法は，存在価値（existence value）などの非利用価値を評価することはできない．生活満足感アプローチは，純粋な存在価値（あるいは，一般的には純粋な公共財）をとらえることはできないものの，この点で優れている．さらに，行動研究（behavioral research）により，効用の概念には2つの種類（経験効用と決定効用）があることが明らかになってきた．結果から得られる経験効用は，その結果と結びついた快楽経験を包含している．それに対し決定効用は，個人が決断の際に結果に当てはめる「ウェイト」である（Kahneman 1994）．もし経験効用と決定効用が体系的に異なるのならば，私的財の市場での決定を観察してみても，公共財の消費によるヘドニック的な経験は正確にはわからないことになる．

このように，公共財の評価に関しては独創的なアプローチが他にもあるが，特定の財に対してそのどれかを適用しようとすると，様々な問題が持ち上がる．生活満足感アプローチはこうした問題を多少なりとも回避することができる．生活満足感アプローチは，伝統的なアプローチの代わり，あるいは，補完する方法として有望である．

12.3　テロが生活満足度に与える影響

テロなどの政治プロセスは，住民の幸福に体系的な影響を与えるものと思われる（Frey and Luechinger 2003; Frey 2004）．整然とした政治状況下で生活する人よりも，テロが多発する国で生活する人の方が不幸であろうと考えることは理にかなっている．その良い例は1962年のドミニカ共和国である．トルヒリヨ大統領の暗殺後，政情は極めて不安定となり，政治的混乱が著しく，同国の生活満足度は過去最悪であった．0から10の段階で1.6を記録したのである．一方，スイス，ノルウェー，デンマークのように政治的に安定した民主主義国家では，国民の幸福度は高く，1990年代の生活満足度は，デンマークで8.16，スイスで8.02，ノルウェーで7.66であった．したがって，幸福感と政治的安定は，密接な関連があるものと思われる．

しかし，それとは逆の因果関係もあるかもしれない．つまり，政情不安が人々の満足度を損なうのは明らかだが，一方で，不満を持つ人々がデモ，ストライキ，テロ活動といった手段に訴えることで政治の不安定な状況が引き起こされることも考えられるからだ．けれども，革命というものは既存の政治状況での不幸感が引き起こすのだとするのはロマンチックすぎる見方（Tullock 1987）であろう．クーデターと革命のほとんどは，対立する政治グループや政党，軍部によって企てられている．統治者の交代は政権寄り勢力（political class）内で起こるのであって，統治者に対する人々の不満は，交代劇を部分的にあおるだけである．国民の不幸感は権力を掌握する口実に使われるにすぎない．

データと実証分析の方法

　生活満足度のデータを用いて，テロ活動が引き起こした効用の損失分を評価するには，いくつかの方法がある．そのひとつが，例えば環境条件（environmental conditions）の効果を特定化することで，各国のクロスセクション・データや時系列データを用いたマクロの幸福関数を推計しようという方法である（Welsch 2002）．別の方法としては，住民の生活満足度を，テロの影響を受けた地域とそれ以外で比べるという斬新なアプローチがあり，本書ではフランスを例にこの方法を紹介するが，フランス以外の国を対象とした研究にも応用されている（Frey, Luechinger, and Stutzer 2010）．

　生活満足度のデータは，1970–1999年のユーロ・バロメーター調査（Euro-Barometer Survey Series）を用いる．生活満足度は，「全般的にみて，あなたは今の自分の生活にどれくらい満足していますか．」という質問に対するカテゴリー形式の回答を用いる（とても満足している：4，かなり満足している：3，あまり満足していない：2，全く満足していない：1）．テロ事件の発生件数は，テロ活動の重要度と頻度を表す指標として用いる．この指標は，米ランド研究所・英セントアンドリュース大学の国際テロ活動統計（RAND-St. Andrews Chronology of International Terrorism）とイスラエル反テロ国際研究所（International Institute for Counter-Terrorism）のテロ活動統計（Terror Attack Database）のデータから作成されている．図12-1は，パリを含むイル・ド・フランス地域，プロヴァンス・アルプ・コート・ダジュール地域（ユーロ・バロメーター調査の対象地域であるコルシカ島を含む），フランスの他地域の3地域について，テロ発生数を1973–1998年の時系列で比較したものである．これらのデータセットを基に，ミクロ計量経済学的な幸福関数の推計を行う．ある特定の時期に特定の地域に住む個人の生活満足度を，地域と期間でみたテロ発生数の違い，世帯所得，その他の個人の社会人口統計面等の特性，地域と時間に固有な影響によって説明することとする．誤差項がグループ内やクラスター内で相関している可能性を考え，分散については頑健推定量を用いている．なお，本章に示している推定量は，特定の年のクロスセクションの結果である．

図12-1 テロ事件の発生件数（フランス、1973-1998年）

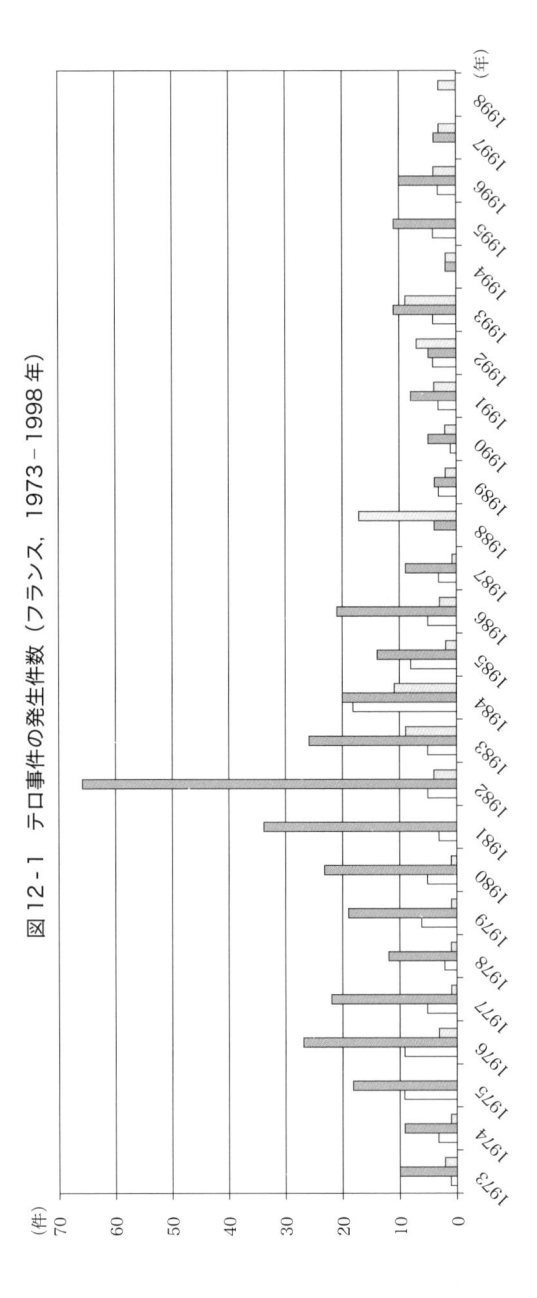

	フランスの他地域	パリ	プロヴァンス・アルプ・コート・ダジュール地域
平均	4.29	15.63	3.91
標準偏差	3.95	14.03	4.23
最小値	0	0	0
最大値	18	66	17

出典：Frey, Luechinger, and Stutzer 2010.

推計結果

表12-1の推計結果から，テロの発生件数は，自己申告による生活満足度に対して，有意にマイナスの効果を与えていることがわかる．テロ事件が15件（研究の対象期間のパリにおける平均的な件数）発生すると，4段階でみた生活満足度は，平均で0.04単位低下するものと推定された．この効果は，雇用されずに失業している場合の約5分の1に当たる．よって，テロの指標としてたびたび使われているこの指標は，人々の主観的幸福とかなり強い相関関係があることがわかる．

テロの水準の離散的変化については，推定された係数を用いて仮想的な支払意思額を計算する．イル・ド・フランス地域（パリ）と，他の地域（プロヴァンス・アルプ・コート・ダジュール地域を除く）との差を比較することで，テロの影響度合いを考察するのだ．他の平穏な地域と同じ程度にテロ活動が減少した場合，パリに住む平均的な世帯所得の住民の支払意思額は，所得の約14％となった．この暗黙の支払意思額は，アメリカの暴力犯罪の発

表12-1 テロと生活満足度との関係（フランス，1973-1998年）

	係数	t値
テロ事件の発生件数（単位：10）	−0.028**	−4.03
所得（対数値）	0.218**	17.22
コントロール変数 a)	あり	
地域の固定効果	あり	
時間の固定効果	あり	
サンプル数	43,231	
クラスター数	70	
F検定のp値	0.000	
自由度修正済み決定係数	0.07	

注：被説明変数は生活満足度［1-4段階］．最小二乗法による推計．標準誤差は地域内のクラスターで年ごとに調整した．** は1％水準で有意であることを示す．a) コントロール変数は，世帯規模，性別，年齢，年齢の二乗項，学歴，子ども数，婚姻状況，就業状態，居住地域を含む．
出典：Frey, Luechinger, and Stutzer 2010. データの出典は，ユーロ・バロメーター調査（Euro-Barometer Survey Series, 1970-1999年）と，米ランド研究所・英セントアンドリュース大の国際テロ活動統計（RAND-St. Andrews Chronology of International Terrorism, 1968-2000年）である．後者は米オクラホマ市テロリズム予防記念研究所（Memorial Institute for the Prevention of Terrorism, www.mipt.org）とイスラエル反テロ国際研究所のテロ活動統計（the Terror Attack Database of the International Institute for Counter-Terrorism, www.ict.org.il）により提供された．

生率が最も高い地域に住む個人について労働市場と住宅市場から確認した結果と同様の結果であった（Blomquist, Berger, and Hoehn 1988）．以上の検証から，生活満足度のデータがテロによる住民の効用損失を評価するのに適していることが示された．

結論

　生活満足度のデータを用いるという方法は，個人の公共財に対する評価を測定する場合に広く行われてきたテクニックがかかえる主な弱点の一部を克服できる点で，興味深く，新しいアプローチといえる．

　この方法は，自然環境やテロなどの公共財について，その正と負の価値をマクロ経済的な評価を行う場合には特に適切である．ただし公共財を特定して評価する場合，例えば特定のミクロ経済学的なプロジェクトの費用便益分析のような文脈にこの方法を適用するのは難しい．その理由は，生活満足度の信頼性は，十分な数の観測値を必要とする統計的関係に基づくためである．

　われわれの実証研究からは，生活満足感アプローチがテロの社会的費用を十分にとらえることができることが示された．テロがもたらす社会的費用は，経済的にも統計的にも重大であるばかりか，純粋な経済的コストを超えるものとなっている[2]．したがって，遺族がかかえる不安や深い悲しみなど，テロによる心理的コストは莫大であろう．

---

[2] テロリズムの経済的な費用の分析に関するサーベイは，Frey, Luechinger, and Stutzer 2007を参照のこと．

第III部　幸福度と政策

　幸福度研究は，政策，特に経済分野の政策にとって重要な意義がある．幸福度政策に対する学者の関心は，理論面や実証面の研究に比べるといくぶん低いものの，幸福度の研究成果は重要な意味がある．多くの人にとって，幸福は人生の主要な目標であり，究極の目標であるからだ．

　第13章では，最初に幸福に関する研究が示してきた提言をみる．一般向けのメディアでは幅広い結論が得られており，「ポジティブ心理学（Positive Psychology）」という新しい流れが展開されている．

　経済学で行われている幸福度研究に基づいた提言は，きちんとした研究結果を利用したものが多い．人々の選好を変化させる，余暇を増やす，インフレ率を引き上げることで失業率を低下させるなど，経済政策に対して具体的な提案を行っている．一部の学者は，政府は国民幸福度指標（National Happiness Indicator）を最大化すべきで，地位の外部性（positional externality）を低下させるために増税すべきとの提言を行っているが，この点について，批判的な議論を展開する．

　第14章では幸福と政治制度との関係をみる．まず14.1節では，直接民主制を通じて政治参加する権利が強化された場合に国民の幸福度は高まるのかについて，証拠を考察する．14.2節では，分権的な意志決定により個人

の幸福度が高まるとの研究結果を論じる．現在の連邦制が抱える主なデメリットを克服できる制度として，連邦制の新しい形態である「機能的に重複し競合する行政単位（Functional Overlapping Competing Jurisdictions）」を提案する．

　第15章では結論を述べ，幸福度研究が，方法，理論，政策の点で，経済学に革命を起こしていることを論ずる．

第13章
幸福度を高める政策はあるのか

13.1 一般向けのメディアと幸福

　最近の幸福度研究ではさまざまな結論が導き出されているが，なかでも人気の高いのは，読者に「いかに幸福になるか」について個人的なアドバイスをするタイプの研究である．そうしたアドバイスの中にはほとんど価値のないものもあるが，きちんとした研究に基づいたものもある．例えばニュー・サイエンティスト誌（New Scientist 2003）は，幸福な人生を送るための10個の必須項目を挙げている[1]．これは幸福度研究の学者グループがアドバイスの重要度を判定し（採点は，0点：全く重要ではない，5点：非常に重要である），その判定をニュー・サイエンティスト誌が調査に利用したものである．幸せになるための10個の「秘訣」を，重要度の低いものから順番にみてみよう．

---

[1] 本書ではこれらの決定要因の大部分を取り扱うが，残りについては，Diener and Seligman 2004 を参照．

1.「天才ではなくても，くよくよしない．重要度：0」IQで測った知性が高ければ，さらに幸福になれるわけではない．頭が良い人は，期待も高くなる傾向があるからだ．

2.「もっとお金を稼ぐ（ただしある程度まで）．重要度：0.5」第3章で示したように，相対所得が高ければ幸福度も高まるが，その増加分は，程度が小さく一定の水準までの所得に限られており，国と時点によっても異なっている．

3.「優雅に歳を重ねる．重要度：0.5」第3章でみたとおり，加齢は平均的には生活満足度を引き上げる傾向がある．この傾向は，健康と他の要因（所得など）が悪化していない場合にあてはまる．つまり高齢者はうつ病になる傾向がみられると指摘されることがあるが，そのような主張は否定されるのだ．高齢者が幸福であることの主な理由は，自分に残された時間がなくなりつつあることを意識し，自分の感情を加減する（幸せを感じられることを大切にし，それ以外は避ける）ことを覚えるからである．

4.「自分のルックスを他人と比べない．重要度：1」容姿の整った人は人生がかなり楽なため幸福なのであろうが，幸福になりたいと思ったら，自分をモデルや映画スターと比べるのはやめた方が良い．有名人のイメージは，マスコミが流布する非現実的なものにすぎないことを理解しよう．

5.「宗教を信じる．でなければ，他のなにかを信じてみる．重要度：1.5」神や死後の世界を信じることで，人間は意味と目的が与えられ，孤独だという感情も和らぐ．したがって，宗教は，不運に対処する際の心強い味方となる．

6.「他人を助ける．重要度：1.5」幸福と利他主義には大きな関連性があり（第7章を参照），思いやりのある人やボランティアをする人の生活満足度は高い．

7.「多くを望まない．重要度：2」人間は，「野心のギャップ」のせいで，所得が増加してもさほど幸福になれない（第3章を参照）．所得，友人，家族，仕事，健康など，自分が既に持っている以上のものを望まない人の生活満足度は高い．野心の水準が下がれば，幸福度は上昇するのだ．

8.「友達を作り，大切にする．重要度：2.5」物質的なものをほとんど持たないけれど社会的な関係が充実している人は，そうでない人よりも，ずっとうまくやっている（第3章を参照）．ただし友人を作ることは時間がかかり努力も必要で，さほど簡単なことではない．

9.「結婚する．重要度：3」第8章では，結婚している人は独身の人よりも幸福だという証拠が示されている．興味深いことに，同棲のメリットは結婚と同じではない．その理由としては不確実性が考えられる．

10.「遺伝子を最大限に活用する．重要度：5」心理学の研究によると，幸福の「セットポイント（set point）」は生活満足度に大きな影響を与える．人間が受け継いでいる遺伝子は，このセットポイントの大半を決定する．幸福になるためには，幸福感を支える性格やライフスタイルを身につけることが有効である．例えば機会費用の高い人は，テレビを見る時間を減らすなどの工夫が必要だ（第9章を参照）．社交的な人は，一般的に，内気な人よりも幸福である．社交的な人は，友達と過ごす時間を楽しんだり結婚するなど，幸福になれる可能性が高い行動をとるからだ．

より基本的なアドバイスとしては，幸福は，副産物としてとらえるべきであって，幸せになることを目標にすれば達成できるというものではないことが挙げられる．この点は「快楽のパラドックス（hedonic paradox）」としても知られている（例えば Mill 1909 を参照）．つまり，幸福だけを追求していくとかえって幸福から遠ざかってしまうが，何か他のことを追い求めていると偶然，幸福に近づくのかもしれないということである．

13.2 「ポジティブ心理学」

心理学の分野で，人間にとって価値のある主観的経験（幸福，満足，希望，楽天主義，フローの経験など）に関する研究の基礎を築いたのは，マーティン・セリグマンとミハイ・チクセントミハイが率いる著名な学者グループである（Csikszentmihalyi 1990; Seligman and Csikszentmihalyi 2000; Seligman 2002; Frederickson 2001, 2003; Carr 2003）．条件の整っているケースで，

ごく普通の人がどのようにふるまうかは，実はほとんどわかっていない．それは心理学が，「健康な」人の生活をいかに改善させうるかに関しては，研究を疎かにしてきたからである．心理学ではむしろ，人間が逆境に耐え生き残るさまに関する研究が中心であった．そのため精神障害への理解は進み，治療に役立てられてはいる．

　ポジティブ心理学の主要な要素は3つである．1番目は，ポジティブな経験やある特定の瞬間が，なぜ他の瞬間と比べて良いと思うのかに関する決定要因と関連がある．カーネマンは幸福の主要な決定要因として，最新の経験の快楽的な質を強調している（Kahneman 1999）．ポジティブ心理学の2番目の要素は，自己組織化（self-organizing），自律心（self-directed），適応性（adaptive entities）といった性格面と関係がある．自己決定理論（Deci and Ryan 2000; Ryan and Deci 2000）ではこれと関連する人間の3つのニーズに注目している．すなわち能力，帰属意識と自立であり，それらのニーズが満たされると個人の幸福度は高まる．このタイプの幸福を感じている人は内発的な動機を持ち，自分の潜在能力を開花させ，個人的な成長に取り組むことができる．適切な条件があれば，人間は，外部からの圧力を受けていても内発的動機付けを持ち続けることができる．しかし，すべての学者が自立によって幸福がもたらされると考えているわけでない．シュワルツは自立を重視することが，結果として，心理学でいう「圧制（tyranny）」を生み出していると主張している（Schwartz 2000）．自立の程度が過度であるとかえって不満が高まるというのだ．自立と関連した選択は実は厄介なものであり，不安感や後悔につながるからである．選択が制限されている場合の個人の幸福度は，低下するのではなく上昇することがある．心理学のこのような見解は，経済学で主張される合理的な選択と非常に対照的である．経済学では選択肢が多い方が常に望ましいと考えられている．選択肢が多いほど，誰もが好ましいと思うものを選ぶことが可能となり，費用をかけずに望まない選択肢を捨てさることが可能となるからである．ポジティブ心理学の3番目の要素は，人々やその経験は社会的状況に組み込まれているとの認識に基づいている．教会や家族のようにポジティブな側面をもつ共同体は，幸福になるた

めの重要な要因となるものと考えられる．

前述の考えを基に，幸福になるため心理的変化を引き起こそうとする場合に必要な対応方法として，以下の３点が提案されている（Nettle 2005, p. 145）．
・否定的な感情の影響を小さくすること．否定的な感情は影響力が大きいからである．
・ポジティブな感情を増大させること．
・快楽のパラドックスを避けるために主観を変えること．

もちろん，「そのような対応は本当に実行できるのか」という疑問はあるだろう．不幸な人はこれらの提案を的確に実行する能力に欠けていて，こうしたアドバイスがあまり役に立たないこともありえるからだ．

人々の幸福感を持続させ増大させる点で，ポジティブ心理学が示す示唆はしばしば取り上げられ，一般的な文献として話題に上る．だがポジティブ心理学に対する批判がないわけではない．その一派は宗教に近いような運動を展開しており，科学論文に必要とされる厳格な条件が常に満たされているわけではないからである．

13.3 経済政策を通じた幸福の実現

経済学者による幸福度研究では，幸福の決定要因とその性質に関して，興味深い分析が多数行われている．以下に，主な結果を挙げてみよう．
・多くの国では，長期間にわたり，ほとんどの人が自分の生活に満足している．
・経済条件（所得，就業，物価の安定，公平な所得分布）は幸福の重要な決定要因である．
・物質的ではない側面（家族，友情，その他の社会的なつながり）は，幸福に大きな影響を与える．
・人生でプラスの出来事，マイナスの出来事が起こった後，人間の幸福は，基本的な水準への調整がなされるが，調整のスピードと程度は，その出来

事が所得，就業などと関係があるかによって異なる．
- 人間は地位を追い求め，いつも他人と自分を比べている．
- 結婚すると幸せになるが，その幸福は長くは続かない．
- 子どもは親の生活満足度を低下させるが，子どもが独立すると親の幸福度は再び高まる．
- テレビをたくさん見ても，活動的な人はあまり幸福を感じられない．
- ボランティアや金銭的なサポートを通じて他人の手助けをすると幸福度は上がる．
- 人間は，過去と将来の双方の幸福について，体系的な誤りをおかしてしまう（予測ミス）．意志の弱さという問題を抱えているからである．
- 幸福感に対して，プロセスの効用は，結果面の効用以上に重要である．
- 文化は，幸福の様々な決定要因の限界効果には，ほとんど影響を与えない．
- 政治制度，特に民主主義と連邦制を通じて住民が参加する機会は，生活満足度の重要な決定要因である．
- 公共財の価値は，生活満足感アプローチを利用することによって計測することができる．

　経済学者は，これらの洞察を元に，政策の改善を目的とした様々な提言を行っている．以下ではそうした政策について論じる．

選好の変化

　選好は，標準的な経済理論では一定であるとされる．したがって，選好を変化させるという政策は想定されていない．標準的な経済学者のうち選好の変化を認める少数派でさえ，自分の利益を最も良く判断できるのは個人であると仮定している．幸福度研究はこれとは対照的に，選好は内生的であり（第3章），個人は決定の際に体系的な誤りをおかすこと（第11章）を明らかにしている．そのためイースタリンは，十分な情報の下での選好を示す意思決定の指標に，きちんとした注意を払うべきだと主張している（Easterlin 2003）．しかしイースタリンは，レイヤード（Layard 1980, 2006, 2007）と同じく，この達成方法については何も語っていない．彼らは教育に期待して

いるようだが，歴史的経験からみると，人々の選好を望ましい方向に変えようとするのは難しく，不可能な場合もある．

　個人に対して，快楽の適応と野心の社会的比較の影響を考慮しなさいとのアドバイスをしても，あまり意味はない．「人生とは学ぶこと」(Layard 2005) だからだ．だが第11章で議論したように，個人が自分の将来の選好の予測を修正することは容易ではない．単純な学習プロセスはないため，政策がどの範囲で機能するかは明確ではなく，個人が自分で決定する権利に政策が介入する場合には，困難な問題が多数生じることになる．例えば子どもたちを狙った広告の禁止という提案には，多くの人が賛成することだろう (Layard 2005)．だが幸福度政策では，政府がさらに踏み込んだ介入を行う政策も提案されている（13.4節を参照）．

余暇時間の増加

　先進国経済では，就業者と失業者の間の不平等が大きいという特徴がある．欧州連合 (EU) では労働力人口の約10％が失業しているが，東ドイツでは20％近くとなっており30％を超える地域もある．失業している人の大半は働きたいと思っている．第4章でみたように，失業中の生活満足度は，所得の減少に対して補償がなされた場合でも，大きく低下してしまう．同様に，退職する人の大半が何らかの方法で働き続けることを望むものの，実際は辞めざるをえない．このような現象は就業規則が厳格な公共部門で特によく見られる．一方で雇用者の大多数は，たとえ所得が少々減ったとしても，週と年間の就業時間を減らすことを望んでいるが (Sousa-Poza and Henneberger 2002)，実際には多くの人々が，就業時間が厳格に規定されたフルタイムの仕事につかざるをえない．こうした規制によって労働者の選択は大きく制限され，個人は就業時間を最適に調整することができない (Di Tella and MacCulloch 2005)．就業者の多くが，働きすぎで，ストレスがたまっており，くたびれていると感じている．この現象はアメリカでよくみられる (Schor 1991)．したがって，就業時間を柔軟に選択できれば，生活満足度は上昇する可能性がある．柔軟性が実現する方法としてはパートタイムの仕事の増加

があるが，主として現行の税制と社会保障の協定があるために，このような動きは阻まれている．社会保障と雇用者負担の多くがパートタイム労働者とフルタイム労働者に対して等しく課されており，企業と就業者の双方にとって，パート雇用は不利益となるからだ．

　もし仕事がもっとうまく配分されれば生活満足度は高まるだろうが，達成するのは容易ではない．働きすぎの人から，求職中の人や働く時間をもっと増やしたい人に，機械的な方法で仕事を分配しなおすというわけにはいかないからだ．賃金にどのような影響があるか，また，仕事を減らそうとする人の多様な意向が，仕事を探している人の意向ときちんと一致するかによって，結果は大きく変わってくる（これは「マッチング問題」として知られている）．更に，働きすぎの人の労働時間を減らすと労働生産性の上昇という結果にはつながらず，失業者に追加的な仕事が提供されないことも考えられる．

インフレ率の引き上げによる失業の削減

　幸福度研究では，失業によって幸福度が非常に大きく低下してしまうことが，一貫した結果として得られている．同じ1％ポイントの上昇でも，インフレ率が引き起こす幸福度の低下は，失業率ほど大きくはない．そこで，一国全体でみて，失業率が1％ポイント低下するのに必要なインフレ率の平均的な大きさが問題となる．前述のディテッラらの研究（Di Tella et al.2001）は，ユーロ・バロメター調査のデータを利用し，この問題を取り上げた．ディテッラらは，自己申告による生活満足度は，通常の範囲では，失業率とインフレ率という2つの経済要因と線形関係があると仮定できるとしている．彼らの推定では，国固有の影響，年の影響，国特有のタイムトレンドがコントロールされており，失業率1％ポイントの上昇は，インフレ率1.7％の低下によって相殺されるとの計算結果が得られている．つまり，例えば失業率が5％ポイント上昇した場合（3％の場合は8％に上昇），インフレ率が8.5％ポイント低下すると（10％の場合は1.5％に低下），生活満足度は変わらないことになる．いわゆる悲惨指数は，インフレ率と失業率を単純に足し合わせているだけなので，自己申告の幸福度に対する失業の影響のウェイトがイン

フレに比べて過少となっていることから，実際の状況は正しく伝えられていない．

このようなマクロ経済政策の提案によれば（Di Tella and MacCulloch 2006），失業率が5％ポイント低下した場合のインフレ率の上昇が8.5％ポイント以下である場合には，失業を減らすことで国民の主観的幸福度は高まることになる．しかしこのアプローチには，いくぶん紛らわしい点がある．すなわち経済政策の立案者は，失業とインフレの間のトレードオフに対してどのような立場も自由に選択できるとしているが，このような選択は実際には不可能であろう．トレードオフの変更がなされれば，インフレ期待も変化するからだ．特に小規模な開放経済で政策手段を精密に舵取りしていくことは困難である．

他の政策

ここまでみてきた政策以外にもとるべき政策はある．本書で議論してきたように，ミクロとマクロの計量経済学的な幸福関数で特定化した幸福度に対して，体系的な影響を与える要因は，原則としてすべて，政策的介入の候補となる．もしある決定要因が幸福度にプラスの影響を与えるのならば，政策はそれを促進すべきであり，もしマイナスの影響を与えるのならば，政策はそれを制限すべきである．いくつかの例を挙げよう．

- 第8章で示したように，別居と離婚によって幸福度が大きく低下するのに対し，結婚は幸福度の増大に寄与する．そこで，家族の価値観を支持する政策は生活満足度を引き上げるものと考えられる．
- テレビ広告の制限やその他のテレビの内容規制は，幸福度を高めるには良い方法である．規制がなされれば，このようなメディアにありがちな非現実的な比較が行われなくなる（本書第9章, Layard 2005）．もしテレビが存在しなかったなら，われわれは，もっと裕福で，もっと美しく，もっと成功していて，もっと「かっこ良い」人たちの存在を知る機会はずっと少なかっただろうし，自分が持っているものに対する満足感も高いだろう．
- 自然環境の悪化は幸福にマイナスの影響を与える．環境を保護し改善する

政策は人々の主観的な幸福度を上昇させる．
- 「流動性」は，重要な社会的関係を断つことで幸福度を引き下げてしまうため，重視されるべきでない．その代わりに，信頼と忠誠が尊重されるべきである（Layard 2005; Osterloh et al.2001, 2002; Frey and Osterloh 2002）．
- 第12章で議論し実証的に示したように，テロと犯罪は生活満足度を低下させる．したがってテロ活動の抑制は，住民の幸福度を高める上で重要である．テロ対策は，そのタイプにより，幸福度に対して全く異なる影響を与えうる．抑止に基づく高圧的なテロ対策（テロリストの殺害や投獄など）が行われた場合，その国の住民に大きなマイナスの影響を与える．特に人権が抑制され，旅行が制限されるからである．一方，ポジティブなテロ対策は，テロリストたちが市民社会に戻るよう誘導するものであり（Frey 2004），効果的なだけでなく副作用も少なく，生活満足度を高めるものと期待される．

13.4　政府は国の幸福度指標を最大化するべきか

本節では，政府は，集計レベル・国全体でみた幸福度指標を可能な限り最も高い値にすることを目指すべきなのだろうかという問題を考える．

国民幸福度（National Happiness）の概念

国民総生産（GNP）は経済活動を集計した標準的な指標であり，経済協力開発機構（OECD）や国連などの国際組織が規定する明確な基準である．しかし幸福の観点からすると，GNPによる経済活動の総計の測定には，多くの欠陥があることはよく知られている．最も重大な問題点は次の5点である．
- 消費の限界内単位における消費者余剰が無視されている．
- 所得や資産の分布に問題があるため，厚生という観点で消費者のレベルから経済全体のレベルまで集計することは不可能である．

- 家庭内で無給で行われているサービスなど，市場で取引されない社会活動は無視されている（政府活動はその大きな例外だが，コストで測られている）．
- 「影の市場活動」（国民経済計算の範囲外にある付加価値の産出）が無視されている（特に麻薬取引のような非合法の取引が該当する）．
- 交通事故などのように痛ましいことであり厚生を低下させてしまうようなことも，生産活動に計上されている．

　これらの欠陥からすると，GNP は国民の幸福の指標として適切とはいえない．だが GNP は幸福の指標として，学術論文や一般の議論で頻繁に用いられている．

　開発経済学者や「ポスト非自閉的経済学者（post-autistic economist, Bakshi 2004）」らのグループは，オーソドックスな指標である GNP に対抗し，「国民総幸福量（Gross National Happiness: GNH）」を提案している．このアプローチは，ブータン王国で高く支持されている．国民総幸福量は，「総合的な」観点から国の繁栄をとらえ，消費の水準ではない実際の幸福度を示そうとし，「基本的な幸福」を，栄養，住宅，教育，医療，地域での生活など，質の面から測定するものである．とはいうものの，国民総幸福量には，作成方法と計測方法に関するコンセンサスがないという実用上の欠陥がある（Ura and Gatay 2004）．

　国民総幸福量の代わりとして，幸福度研究を先導する学者ら[2]が近年，「国民幸福度指標（National Happiness Indicator: NHI）」を提案している．NHI は第 2 章で議論した主観的幸福度の測定に基づいたものであり，一国の国民の全般的な幸福度をとらえた指標である．

　カーネマンら（Kahneman et al. 2004a, p. 433）は，「公共政策の目標は測定された GNP の最大化ではない．もっと良い幸福度の指標の方が政策に情報を与えてくれる」とし，「主観的な経験を伴う様々な活動に割り当てられ

---

[2] Diener 2000; Di Tella et al.2001; Kahneman et al.2004a; Diener and Seligman 2004; Di Tella and MacCulloch 2005 を参照．

た時間を計測することによって，国民の幸福度を測定する」ことを提案している．このような指標があれば，国民の感情面の幸福を平均的にとらえることができるというのだ．カーネマンらは，この国民幸福度指標（NHI）が次の3つのように利用されることを期待している．

- ある国の長期間にわたる幸福度の変化，特に，ある状況で感情の変化が果たす役割を確認する．
- 同様に，例えば所得の高いグループと低いグループというように，幸福度の差がグループごとにあるのかを確認する．
- 各国間の幸福度の差を確認し分析する．

ディーナーとセリグマン（Diener and Seligman 2004）は，経済指標は人間の幸福と関連した一部分をとらえているにすぎないと批判した上で，経済指標の代わりに「国民幸福度指標体系（national system of well-being indicators）」を提案している．この指標は生活満足度を測る現在の指標（例えばユーロ・バロメター調査や世界価値観調査）をはるかに超えるものである．この指標は，「特定のサブ・サンプルを含む完全な指標であり，信頼，ストレス，意義とそれ以外の幸福の構成要素などの狭い範囲を計測するとともに，仕事や健康など生活の主要な領域をなす幸福感と不幸感の変化を敏感にとらえるものである」（同上，p.21）．ディーナーとセリグマンによれば，幸福は，ポジティブな感情や気分（楽しい生活），関わり（善き生活），生活に意味があること（有意義な生活）を包含するものである．ディーナーとセリグマンは，国民の幸福度指標を作成することで，重要な問題に対する回答が得られ，関連する問題が国民から注目され，政策担当者に取り上げられるようになると考えている．ここでいう「問題」とは次のようなことである．「経済成長は幸福度にどのような影響を与えるか」「ガバナンスは幸福度にどのような影響を与えるか」「所得の不平等は幸福度に影響を与えるか」「仕事を楽しく，そして魅力的にするものはなにか」（同上，p.22）．

「国民幸福度指標NHI」を提案している学者たちも，指標の作成は容易ではなく莫大な予算が必要だとの認識は持っている．だが彼らは，指標がもたらすメリットにより，費用の大きさは正当化されると主張している．

国民幸福度指標（NHI）の利点

　幸福関数はほどほどに良いものであり，少なくとも社会的厚生関数の近似形としては現時点でベストであることから，幸福度を最大化する政策を行おうという誘因が経済政策にあるのは明らかだろう．その場合，この見解に基づいて計算された決定要因の最適値が，経済政策の達成すべき目標となる．社会厚生の最大化が経済政策の究極の目的だとするのは経済学が昔から夢見てきたことであり，ベンサム（Bentham 1789）やエッジワース（Edgeworth 1881）にまでさかのぼる．現代の経済学に導入したのはティンバーゲン（Tinbergen 1956）とタイル（Theil 1964）であった．この「夢」は，経済学を，物理学などの自然科学に転換しようとする取り組みと密接な関係がある．エッジワースが1881年の著作に「数理精神科学（Mathematical Psychics）」というタイトルを付けたのは，この見解と整合的である．しかしこのアプローチには，最大化された社会的厚生関数を実証的に計測できないという欠陥があった．これまでは実証上の根拠が示されていなかった経済政策の数量化理論に基づく社会厚生の最大化は，ようやく内容が充実してきたようだ．ディテッラ，マッカロッチ，オズワルドはその有力な論文の冒頭で次のように述べている（Di Tella, MacCulloch, and Oswald 2001）．

　近代マクロ経済学の教科書では，インフレ（π）と失業（U）で定義した「社会的厚生関数」という仮定がおかれている．だが，この $W(\pi, U)$ という関数の存在を示す公式の証拠が文献で示されたことはこれまでない．……推定された関数 $W(\pi, U)$ のパラメータが分からなければ最適な政策ルールを選択することはできないはずなのだが，マクロ経済学の理論書の多くでは，この関数の活用が妨げられることはなかった（p.2）．

　国民幸福度指標（NHI）の最大化を目指す政策は，次に挙げるような理由から，賢明なものと考えられる．
・国民幸福度指標（NHI）は，人間の幸福のうち，物質的ではない側面を含んでいる．例えば社会的関係，自立，自己決定が主観的幸福に与える影響

である．他にも現在のGNPを拡張した重要な指標として「経済福祉指標 (Measure of Economic Welfare, Nordhaus and Tobin 1972)」，「厚生の経済的価値 (Economic Aspects of Welfare, Zolotas 1981)」，「持続可能な経済福祉指標 (Index of Sustainable Economic Welfare, Daly and Cobb 1989)」があり，これらの指標も犯罪の防止や損害の修復に使われる資源をすべて損失として計上しているが[3]，NHIの方が優れている．
- 国民幸福度指標（NHI）は，投入経由でGNPに含まれている要素の結果面を表す指標である．この点は特に政府の活動（GNPでは財と労働の費用で計算されている）という広範囲の領域に当てはまっており，（公的）医療や教育への支出についても直接的に該当している．「社会発展指数 (Index of Social Progress, Estes 1988)」などの社会指標の大半は，病床や医師の数，教室や教師の数といった投入サイドを計測しているにすぎない．
- 「潜在能力アプローチ（世界銀行の人間開発指数［HDI］など）」は，観察可能な能力と機能を重視している（Sen 1985, 1992, 1999; Nussbaum 1999, 2000; Anand, Hunter, and Smith 2005; Comim 2005）のに対し，国民幸福度指標（NHI）は主観で評価された結果面に着目している．
- 国民幸福度指標（NHI）は，政府に新しい理念を与える．この「理念」とは，GNPを超えて，政府が本当に人々の幸福を気にかけているというシグナルの役割を果たすものである．
- 国民幸福度指標（NHI）によって，住民が，政府の全般的な業績を，個人の幸福度を基準として評価するという可能性が高まる．
- 国民幸福度指標（NHI）は，すべての人に同じウェイトを置いている点で，限定的ではあるが民主的な側面がある．一方，GNPの財の価値評価で重要とされている価格は，市場参加者の購買力（所得と資産）によって決定されていることから，可処分所得の少ない個人の選好は無視されてしまう．

以上の議論は国民幸福度指標（NHI）の利用による幸福度の社会的最大化に賛同するものであるが，以下では，このアプローチは多数の理由から却

---

[3] 様々な実証的な厚生の測定については，Michalos 2005を参照．

下されるべきであることを論じていく．

社会的厚生関数の最大化に対する厚生経済学からの異論

古典派厚生経済学[4]では，以前から，個人厚生（individual welfare）ではなく集計された社会厚生（social welfare）の概念を使うことに関して，根本的な議論が続いている．集計された社会厚生の概念（Sen 1970）に関連して，非常に重要であり，しかも部分的に関連のある異論が2つある．

不可能性定理

アロー（Arrow 1951）以降，多数の「合理的な」条件下では一般的に，独裁制を除き，一貫性のある結果をランク付けできるような社会的厚生関数は存在しないことが広く知られている．不可能性の仮定から得られたこの結論から，仮定を修正した場合の結論が頑健かを分析した膨大な研究（「社会的選択」という用語で分類されている）が行われた．そうした様々な定理からは，公理の構造にかなりの変更を加えた場合でも，独裁制以外では結論はほとんど変化がないことが証明されている（例えばSen 1970, 1995; Slesnick 1998 を参照）．「実証的な観察結果だけを用いて倫理的に満足がいく数量化を行う方法はない．倫理的に満足のいく社会厚生の順序づけが不可能であることは言うまでもない．」との結論が出されている（Hammond 1991, pp.220-221）．この判断は社会的厚生関数の立場をとっている幸福関数にも当てはまる．

基数性と個人間の比較

古典派ミクロ経済学は，経済学の序数主義革命に確固たる基盤を置いている．そして，個人の厚生は基数ではなく序数でのみ計測が可能であり，効用を個人間で比較することに意味はないということが当然のこととして考えられている．たとえ個人厚生の理想的な指標が存在したとしても，公共政策の目的で社会厚生を判定する場合には，根本的に，哲学上の問題を避けて通る

---

4) 決定的な影響を与えたのはRobbins 1932とHicks and Allen 1934である．

ことはできない．社会的選択において，例えば洗練された好みをもち，質の違いがよくわかる人により多くのウェイトをかけるべきだろうか[5]．興味深いことに，心理学者は一般的に，「測定」に対する要求が非常に厳しいのだが，個人間の感情や効用を比較する指標には不満はないようだ（Kahneman et al.2004a, p. 432）．実務的なレベルでは，理論的なレベルとは違い，基数性も個人間の比較可能性もさほど問題がないことを示す証拠が次々に挙げられている（Ng 1996; Kahneman 1999）．第2章で議論したように，満足度を序数・基数のどちらで取り扱っても，ミクロ計量経済学による幸福関数の定量的結果は酷似していた．これは，言葉で表現された評価を，文脈なしの設定で数値に置き換えることに着目する所得評価アプローチの結果と整合的である（van Praag 1991）．言葉による順序が示す意味は，サンプルの対象とされたすべての人にとってほぼ同じであり，用いられている間隔もほぼ同じ長さであることから，言葉を利用した段階評価は効率的である．

国民幸福度指標（NHI）の最大化に対する幸福度研究からの異論

幸福度研究では，国民幸福度指標（NHI）を公共政策の目標として利用することに対し，2つの課題が挙げられている．

幸福は究極の目標なのだろうか

第1章で議論したように，幸福は，多くの局面で人々の究極の目標ではない可能性がある．幸福以外の目標としては，例えば忠誠，責任，自尊心，自由，自己啓発が挙げられる．第10章での議論の通り，プロセスの側面も重要である．社会厚生の指標では，このような側面は，除外されたり，十分な把握がなされていない（Lane 2000; Kimball and Willis 2006）．幸福は個人にとっての究極の目標なのか，あるいは複数ある目標の1つに過ぎないのかは，哲学の分野で，深遠かつ数多くの議論がなされてきた問いである．いずれにせよ，国民幸福度指標（NHI）の最大化は，公共政策の明確で究極の目

---

[5] Stigler 1950を参照．最近の議論については，Kimball and Willis 2006を参照．

標とはいえない.

短期的な効果と持続可能な幸福

幸福度研究の主要な知見のひとつに，生活環境の大半は，自己申告による生活満足度に短期間の影響しか与えないということがある (Kahneman and Krueger 2006, pp.14-15)．極端ではあるがよく知られた例示として下半身不随者のケースがある．彼らの主観的幸福度は事故後に非常に低下するが，長い時間がたつと事故前より若干低い水準まで戻る．一方宝くじに当たった人は，少しの間は有頂天になるが，その後の幸福度は当選前と比べあまり変わらない (Brickman, Coates, and Janoff-Bulman 1978)．長期の時系列データを用いた最近の研究によると，中程度の障害を負った場合，平均的な生活満足度は低下するが，その2年後には障害を受ける前の水準まで回復した．幸福度が完全には回復しないのは重度の障害を受けたケースに限られている (Oswald and Powdthavee 2006)．第8章で示したように，平均的な幸福度は結婚前にはかなりの程度上昇するものの，結婚の継続に伴い幸福度の水準は低下していき，結婚前の水準より少し高い程度に落ち着く．経済学にとって最も重要なのは，第3章で強調した快楽面，あるいは「野心のトレッドミル」効果である．この効果はイースタリン・パラドックスを説明するために用いられているもので (Easterlin 1974, 1995, 2001)，人間は所得の増加には素早く適応し，所得増加のメリットの3分の2，あるいはその大半が，約1年後には消えてしまう．

野心のトレッドミルの取り扱いをどうするかは，社会厚生の最大化に大きな影響を与えうる．例えば所得の上昇に短時間で順応する個人に対しては，課税を重くすべきとの議論があろう．そういう人の効用は短い期間に少しだけ高まるのに対して，所得の増加後も効用が高いままの個人への課税は軽くしてもよいと考えられるからである．しかし，所得増加による効用の上昇分が小さく短期間である人に対してこのような対応をとることは，果たして正当化されるだろうか．そして納税者は，課税体系でこのような取り扱いがなされることを踏まえ，わざと高い幸福度の水準を報告し続けるという対応を

とるのではないだろうか．むしろ所得増加への適応はないものと想定し，適応の問題はすべて無視するという方法もあろう．所得増加の効果が消えた直後に，記憶効用を利用するというやり方も考えられる．しかし個人の過去の記憶は「持続期間の無視（duration neglect）」のため，バイアスが大きいことが明らかになっている[6]．

以上より，国民幸福度指標（NHI）に基づいて社会厚生を最大化しようというアプローチは，先に述べた「持続可能な幸福」という側面には対応していないとの結論を出さざるを得ない．社会厚生の要素として適応と野心が果たす役割については，もっと根本的なレベルで議論した上で，判断されるべきである．そこで適応効果とその類似の効果をどのように考慮すべきかを示す社会的意志決定メカニズムが必要であろう．

社会的厚生関数の最大化に対する政治経済学からの異論

社会厚生の最大化アプローチは，既存の政治制度とプロセスの存在を無視し，それらに取って代わろうとしている．これは「慈悲深い独裁者（benevolent dictator）」という考え方であり，立憲的政治経済学（Constitutional Political Economy）では厳しく非難をされている（Buchanan and Tullock 1962; Frey 1983; Brennan and Buchanan 1985; Mueller 1996, 1997; Vanberg 2005）．民主主義では，憲法の定めるルールと制度によって，住民の選好が明らかになりその実現を促すインセンティブが政治家（政府）に与えられるようになる，というのがその本質的なメッセージなのだが，社会的厚生関数の最大化はこのプロセスに役立たない．たとえその必要性が政府内で認識されている場合でも，実行するインセンティブがないのだ．実証的に推定した幸福関数に基づいて行われる社会厚生最大化アプローチでは，民主主義が根拠としている制度が無視されることから，国民の不利益となる．国民と政治

---

[6]「持続期間の無視」という概念によると，エピソードにさかのぼって行う評価では，持続期間の違いが根本的に無視されており，最も極端な瞬間とその終わりによって形が決まる．これは「ピーク・エンドの法則」である（Kahneman et al.1993; Schreiber and Kahneman 2000）．

家との対話，組織されたグループの利益代表者，それらに付随する情報と学習プロセス（Bohnet and Frey 1994）もすべて無視されてしまうこととなる．

インセンティブの歪曲の誘発

これまでのところ，実証的な幸福関数の推定によって社会厚生の総計をとらえてこれを利用しても，幸福度の測定には影響は与えないとの仮定がおかれているが，この仮定には疑わしい点がある．幸福関数を政治的に利用すれば，政府と個人の間に戦略的な相互作用が必ずや発生することと思われる．そこで以下に挙げる2種類の歪みは，考慮すべき点であろう．

操作の問題

幸福関数が政治的に重要だとなると，政府や官僚，利益集団は，幸福関数を操作しようというインセンティブを持つようになる．この点は，政府の政策目標として公表されているGNPや他の経済指標についても現実にあったことがわかっている．失業率は政治的に重要な指標となったことから，政府は，労働市場の状態が現実の姿よりも良くみえるようにするために影響を及ぼすようになった．例えば，失業率の定義では，長期間失業している人は労働力人口には含まれないとか公式の失業率の上昇には関係ないとされている．欧州経済通貨同盟（European Monetary Union: EMU）のルールで，財政赤字はGDPの3%を超えないこと，また，公共部門の負債はGDPの60%を超えないこととされた際に，財政赤字の指標がヨーロッパの数カ国で大々的に操作されたことは事実としてよく知られている．EU加盟国の多くは（特にギリシャとイタリア），実際は，明らかにこの2つのルールに違反していたが，必要条件を満たすため「創造的会計（creative accounting）」（Jameson 1988）という手段に打って出た（Brück and Stephan 2006; von Hagen and Wolff 2006; Forte 2001）．このように指標の歪曲という状況が非常に広範囲でみられたので，「欧州経済通貨同盟（EMU）に加入しようとした国が加盟権を得られたのは公共部門で創造的会計指標を大規模に利用したからだ」と指摘がなされたほどである（Dafflon and Rossi 1999, pp.59-60）．政府にメ

リットのある特定の指標を操作することが不可能である（まれな）ケースについては，今度は政府が新しい指標を創出するというインセンティブが生まれる．幸福度のケースでも，このような事態が起こり得る．第2章で指摘したように，個人の幸福度は，様々な指標によってとらえることができる．政府や圧力団体が自分たちの利害に最も有利な指標を選んだり，自分たちに都合のよい指標を作り出したりすることすら考えられよう．

不正確な申告の問題

体系的な歪曲の2番目は，幸福度調査に対して回答者が示す反応から発生する．個人は，自分たちが申告する幸福度の水準が政治にかかわる人たちの行動に影響を与えると気づけば，幸福度を不正確に述べようと思うかもしれない．制度が利用されてしまう可能性があるのである．

以上で議論した2つの体系的な歪曲は，自然科学にも当てはまる基本的現象である．ハイゼンベルグの不確定性原理（Heisenberg Uncertainty Principle）によると，それは根本的に，制度の観察によって妨げられる．社会科学では，観察結果と公式の報告の双方によって，関係者の観察された行動が変わる可能性がある．こうした現象は，マクロ経済学でグッドハートの法則（Goodhart's Law）やルーカスの批判（Lucas Critique）として知られているものと同じである[7]．グッドハートの法則（Goodhart 1975）は，幸福関数のような観察された統計的関係は，コントロールを目的とした圧力がかけられた途端になくなってしまうというものである．ルーカスの批判（Lucas 1976）は計量経済学のモデルについてより具体的に言及しており，さまざまな政策決定の行動は，個人の期待に影響を与えるため，合理的期待のモデルで考えている行動も変化するとしている．

---

7) Chrystal and Mizen 2003 参照．

幸福度研究を政策に利用する方法

　先の議論は，幸福度で計測された社会的厚生関数の最大化アプローチは，以下に示す理由から疑わしい点があることを示そうとしたものである．

・基数性と個人間の比較可能性の問題は完全には克服されていない．
・政府は，国民をできる限り幸福にしたいと思う純粋に「慈悲深い」政治家だけで成り立っているわけではない．政治家個人の利害関係も重要とされている．
・民主的な統治に必須の要素が無視されている．統治とは単に国民の幸福度を記録することにあるのではない．
・政府には，幸福度指標を操作し政策目標に適した指標を作成するというインセンティブがある．一方の個人には，自分たちの幸福度の水準を戦略的に不正確に述べることで政策に影響を与えようというインセンティブがある．

　もちろん，以上の議論は，社会厚生よりもGNPを最大化した方が望ましいという意味ではなく，むしろ，幸福度研究から得られる洞察を，様々な方法で利用すべきことを示している．

　基本的な社会制度は政策立案者のインセンティブに影響を与える．基本的な制度が整備されインセンティブが付与されると，現行の政治経済プロセスに影響を及ぼすためにできることはほとんどない．これは立憲的経済学（Constitutional Economics）の基本的なメッセージである．したがって経済政策は，個人の選好を可能な限り最適に満たす基本的制度の確立に資するべきだ．立憲的経済学で行われている研究は，この目標に沿った制度を見分ける際に役立つ．幸福度研究は，制度が個人の幸福度に体系的に影響を与える方法と範囲を，われわれに教えてくれる．幸福度研究から得られた成果は，「情報」として政治プロセスに活用すべきである．これらの情報は，政治的競争や住民同士の議論，そして住民と政治家の討論で使われるべきだ．このようなアプローチは，社会的厚生関数の最大化を目指すアプローチとは根本的に異なるものである．

　幸福度研究ではすでに，政治討論のプロセスに持ち込める洞察が数多く見

出されている．次章では，スイスについて行ったミクロ計量経済学による幸福関数の推定結果を議論する．この結果では，住民発議と住民投票，連邦制などの直接民主制により，住民の生活満足度が高まることが示されている．直接民主制と連邦制の国では，幸福度の重要な要因とされる個人の自立の水準が高いからである（Ryan and Deci 2001）．

結論

本節の目的は，幸福度研究が公共政策にとって非常に有益なものになりつつあり，社会厚生を高める手段となりうることを明らかにすることである．しかし，集計された社会厚生を直接に最大化することは，適切なアプローチとはいえない．政治プロセスにおいては，多方面の見解と結果の検討が重要な役割を果たすことから，幸福度研究が示す洞察は，情報として，政治プロセスにもっと役立てるべきである．住民は，自分の生活にとってどの洞察を検討したいかを自分たちで選択することが可能である．そうすることで政府が家父長主義的な態度をとってしまう危険性が避けられ，個人は，自分たちの幸福度の上昇のために取るべき方法を自分たちで決定するチャンスが生まれる．

13.5 地位の外部性を生じさせないための増税は有効か

本節は，経済学による幸福度研究が直接的に示す主要な結果を用いた実用的な提案を論じる．すなわち，人々は自分の所得について，絶対水準で評価するのではなく，いつも他人と比較している点である．他人との比較が行われるがために，人々は常により高い所得と消費を求め，しかも結果として前より良い状態にある人は誰もいないことになり，社会的にも不経済な競争が続けられることになる．

課税に関する提案

地位の外部性（positional externality）は，ある人の地位（rank）が上昇す

ることで他の人の効用が低下する場合に発生する．経済学者の中でも特にレイヤード（Layard 2005, 2006）とロバート・フランク（Frank 1999）は，社会的地位が持つゼロ・サムの性質に強い興味をもった．すなわち，ある人の序列（position）が上がると，他の人の相対的な地位（status）はそれに応じて低下するが，グループ全体，社会全体にはまったく変化はない．昇給により所得を通じた地位が獲得され，ある人の幸福度が高まった場合には，他の人の相対所得は自動的に減少することになる．人々が所得の絶対額ではなく相対的な地位を評価しているのであれば，所得が高まっても全体的な幸福度は上がらないことになる．同じことが，社会での地位（position）が重要な意味を持つ特定の財やサービスで起きる．このような財（例えばおしゃれなスポーツカー）を持つ人は，持っていない人全員に大きなマイナスの外部効果を与えてしまうことから，全体としての幸福度に変化はない（Frank 2003）．その結果，このような財を生産し販売するために資源が使われるが，社会全体として幸福度の上昇は起きないため，社会的な不経済を発生させてしまう．そこで高所得者と地位財の消費に高い税金を課すことで，人々がゼロ・サムの性格を持つ地位をめぐる競争への参加をやめさせることができれば有益であろう．

　外部性は，消費や所得の差から発生する．地位が上がることで獲得される効用は，極端にいえば，他の人の効用の低下と完全に相殺される．このようなケースでは，ある人が努力すると地位が相対的に上昇することになり，社会全体で見るとなんのメリットも生まれないという「地位のトレッドミル」が存在する．つまり，このような努力がなされることで，かえって，社会全体でみた個人の幸福が低下してしまうこともあり得る．第3章で議論された幸福度研究では，ある人の幸福度の水準は，他人の所得が平均的に増加すると，低下してしまうという実証的な証拠が示されている．特にぜいたく品の消費については，同様の外部性を示す状況証拠があり，それらは説得力を持っている（Frank 1985a, 1997, 1999）．

　標準的な厚生経済学では，ある活動（ここでは所得あるいは消費の上昇）が他の人々に負の外部効果をもたらす場合には，増税は正当化されるとする．

所得や消費の格差を解消し厚生を回復するには政府の介入が望ましい．そこでフランクやレイヤード（Frank 1999; Layard 2006）は，地位の外部性に（高い）税金をかけることを提案している．レイヤードは，自分の提案を，計量経済学的に推定した幸福関数の結果と直接結び付けている．最も単純な定式化では，ある個人の幸福 $H(i)$ は，その人の所得 $Y(i)$，周りの人の平均的な所得 Y^*，他の要因の変数 X（社会・人口統計面，経済面，文化面，制度面）に依存していると考えられている．

$$H(i) = H(Y(i) - \alpha Y^*, X)$$

地位の外部性に対して課せられるべき最適な税金の大きさは α で得られる．α の大きさは計量経済学による推定によっておおよその値が計算でき，さまざまな国と期間で推定が行われている．アメリカについてみてみると，約33,000人の個人を対象に1972–1998年の総合的社会調査（GSS）を利用した研究では α は約0.3であった（Blanchflower and Oswald 2004b）．10,000人の成人を対象とした1987–88年と1992–1994年の全国家族調査（National Survey of Families and Households）を用いた研究では，推定値は0.23から0.28の間であった（Luttmer 2005）．スイスの6,000人の個人を対象とした1992–1994年のスイス貧困調査（Swiss Poverty Study）を用いて，誘発された野心が上昇することによる間接効果を考慮した研究では，推定値は約0.33であった（Stutzer 2004）．既存の税金の一部がすでに同じ目的で使われている点は考慮する必要はあるが，ここで提案されている税金はかなりのものである．この証拠から，特定の人の地位の上昇が他の人に与えるマイナスの効果は真剣に受け止めるべきことがわかる．

だが，地位の外部性に課税するアイディアには，次のような限界がある．

課税は効果的ではない
政府には，所得の高い人やたくさん消費する人に対して，地位の外部性に応じた課税を行うという能力もなければその意欲もない．むしろ，分配の悪化ということが起きることすら考えられる．裕福な人が自分の課税を中流や

下層の人と比べることで，税金から逃れるチャンスを利用しようする可能性が高まれば，不平等がさらに悪化するからだ．さらに税収が増加すると，かえって，官僚の無駄遣いが増えたり，政治家が厚生を低下させる項目への支出を増やすという事態が誘発されることもあるだろう[8]．

課税による厚生の低下

増税は経済に歪んだ影響を与える．先の提案は，地位の外部性が内面化されることから，所得や消費に対する高い課税が労働に負のインセンティブを与える点が好ましいということだった．しかし増税が行われると，公式な経済で個人の労働供給が減少するばかりか，個人が「影の経済」に乗り換えることで税金逃れをしようという行動が引き起こされる可能性が高い (Schneider and Enste 2000, 2002)．さらに税金に対する不正行為が増加することも考えられる．資源配分における歪みが発生することで「地位の外部性」の内面化が損なわれ，結果として全体的な厚生は低下してしまう．

以上の2つの側面については，経済学の先行研究で幅広く扱われていることから，本節ではこれ以上の議論はしない．以下では全く異なった問題である3番目の側面に注目したい．

地位を追い求めるタイプの人々

進化の結果，人間は遺伝的に地位の違いを追い求める傾向がある．地位を得ようとする努力は原始人から継承されたものであることは (Henrich and Gil-White 2001)，進化人類学 (Chapais 1991; de Waal 1989) と社会学の理論の多くで (Bales 1953; Blau 1964; Stryker and Statham 1985; Ridgeway and Walker 1995; de Botton 2004)，強く支持されている．経済学ではフランクとレイヤードらが，地位の効果は重要であると述べている (Frank 1985a, 1997; Layard 2005, 2006)[9]．

地位の外部性に対する課税を提唱する学者たちは，地位の違いを求めたい

---

[8] 公共の選択に関する先行研究の要約は Mueller 1997, 2003 を参照．

という一般的な願望の重要な帰結を無視している．1つの地位が封印されると，個人は，自分を他人と差別化できる別の方法を積極的に探し始めるのである．たとえ所得と消費への課税によって負の地位の外部性を無くすことに成功したとしても，個人は他の方法で自分を他人から際立たせようとするであろう．課税以外の次元でも，地位の外部性が弱いのか強いのかは重要な問題である．外部性が弱い場合には，所得と消費の差に対する課税は正当化されるかもしれない．一方，別の次元では，所得と消費の差から生じた負の外部効果が強いのならば，所得と消費の差に対する課税は効果的でなく，むしろ逆効果の可能性もある．もしある人の地位が上昇することでもっと下の地位の人の効用が相当程度減少することを人々が認識すると，先の課税の提案は厚生を低下させることになるのである．

地位を得るための行動

人々は，自分を他人から差別化するための新しい次元を，ユニークで想像力に富んだやり方で，積極的に探している．先に議論したように，所得と消費の次元が増税によって妨げられた場合には，人々は別の次元で自分を際立たせようとする．以下ではその「次元」のうち，特に重要なものをいくつか挙げておこう．

政治権力　政治的立場に関連する地位の差は，おそらく人類の歴史と同じぐらい古くから存在する．いつの時代にも「与党」と「野党」，「権力側の人」と「無力な人」がいるのだ．

受賞　勲章，肩書き，メダル，その他栄誉を表すものの授与（Frey 2005, 2006）の有無による区別である．

---

9) Hirsch 1976; Sen 1983; Bolton and Ockenfels 2000; Fehr and Schmidt 1999を参照．就業上の地位に関連した特定の分析については，Nicholson 1998; Loch, Huberman, and Stout 2000; Huberman, Loch, and Önçüler 2004を参照．

教育 教育の程度が高い人は明らかに地位が高い．

他の活動 経済や政治以外の活動に参加することでも，栄誉を獲得することができる．区別を得る主な方法はスポーツ，芸術，学問，社会的活動やボランティア活動，また，「セレブでいること」である．

余暇 フランクとレイヤードは，所得や消費への課税によって余暇時間が増えると考えている．労働時間と余暇時間に対する評価がこの数世紀の間に大きく変わった点は興味深い．18世紀，そして19世紀の大半において，下層階級の人々は非常に長い時間働かなければならなかったのに対し，上流階級の人々は極めて余暇時間が多いという点で大きな違いがあった．ヴェブレン (Veblen 1899) は「有閑階級 (leisure class)」に関する分析を行っている．現在では逆のことが当てはまる．つまり働きすぎは「重要な人間である」とか，「求められている」ことを示すサインであり，逆に自由な時間があることは「ほとんど失業状態」と受け止められている．

幸福 個人は「善き生活」を送ることで，自分を差別化しようとすることがある．瞑想以外には，哲学的，宗教的，秘儀的なことが挙げられる．仏教や他の東洋哲学は最近人気がある．そしてもちろん修道会（シトー修道会，トラピスト修道会，カルトジオ修道会など）など，長きにわたるキリスト教の伝統もある．先に言及した他の次元とは違い，こうした哲学や宗教を実践する人は，自分が「上の地位にいる」とはさほど考えてはいないが，それでも自分を他人と差別化していることは意識しており，実際，「善き生活」を送っている人の方が優れていると考えることにあまり疑問を持っていない．もっとも「善き生活」によって地位の外部性が発生することはあまりないようだ．

地位の外部性の決定要因

課税によって所得と消費による地位の外部性がうまく阻止された場合に別

の次元の厚生の帰結を評価する際には，多様な地位の次元によって発生する外部効果の決定要因が何かを知る必要がある．決定要因は多数存在するが，われわれの問題意識に照らし合わせれば，次の2点に注目すれば十分である．すなわち，「容認」と「可視性」である．

地位の差の容認

伝統的社会の人々は，経済・政治・社会などでの様々な地位の差を受け入れることを教えられ，学んできた．宗教も，人間が生まれながらの地位に留まるのは神の意志であると教えることで，このような考え方の後ろ楯となってきた．地位の割り当てを変える方法がないと判明した場合，人々は差を受け入れた方がよいと気が付くのだ．

近代的な市場社会を信頼する人[10]は，能力と重労働の差の結果である限りにおいては，経済的不平等を容認する．そのような状況では所得や消費に差があっても，他人に対する負の外部作用はない．この市場のイデオロギーは，他の分野における成功にも当てはまるところがある．例えば成功した運動選手の地位は自身の努力の賜物とみなされるため，他人に地位の外部性を与えない．もっとも，政治姿勢と受賞（勲章やメダルなど）については，同じことは当てはまらない．これらは能力や努力によるのではなく，正統的ではない手段で得られたものだと考える人が多いからである．啓蒙運動やフランス革命（「自由・平等・博愛」），アメリカ革命，多様な形態の社会主義の普及等によって平等がきちんと確立された社会においては，地位の差は忌避される．地位の外部性は，階級の差すべてで発生するのだが，これが最もよく当てはまるのは，所得，消費と政治権力である．

可視性

地位の差が明らかに存在する場合に，人々がそうした地位の差を嫌うことから，地位の外部性は発生することになる．ヴェブレン（Veblen 1899）の

[10) 詳しいサーベイはLane 1991を参照．

「顕示的消費」がそれにあたる．現代のマスコミのうち，例えばタブロイド紙や通俗的なテレビ番組などは同じ方向性を持っている．地位の外部性は，所得や消費ばかりでなく，政治権力でも観察され，また程度こそ低いものの，学問，スポーツ，芸術，社会活動などの地位の差でも観察される．

伝統的・独裁的な社会では，指導者の消費水準が非常に高いという事実を隠蔽しようとし，それが可能な場合もある．だが共産主義国のノーメンクラトゥーラ体制（Nomenklatura）ではあまりうまくいかなかった．指導者の消費水準は現実よりも高いと信じていた国民もいたくらいである．だが，地位の外部性は，地位の差は存在するものの隠蔽されている限りにおいては発生しない．

地位の差の容認と可視性の結合

地位の差に対する容認と可視性には相互作用があることから，両者を同時に考察する必要がある．最も強い地位の外部性が生じるのは，地位の差があまり容認されておらず，しかも可視性が高い場合である．例としては，平等を約束されている現代のオープンな社会が挙げられる．逆に最も弱い地位の外部性が生じる社会は，地位の差が容認され，しかも隠ぺいされている場合である．例えば，伝統的な社会における独裁制である．高い容認と高い可視性，あるいは低い容認と低い可視性の場合は，打ち消し合う力が働くことから，地位の外部性の大きさは不明である．

結論

それでは最初の問いに戻ろう．所得と消費の差から生まれる地位の外部性には（高い）税金を課すべきだろうか．

その答えは，課税ではよく知られている2つの効果に依存する．ひとつは労働に対するインセンティブの効果である．もうひとつは増税によって生じる所得の不平等を望ましい水準に縮小させようとする場合の政府の能力と意欲である．課税が誘発する歪みの効果が大きければ大きいほど，そして政府の能力と意欲が低ければ低いほど，課税を経由して経済に与えられるダメー

ジは大きくなる．

　たとえこれら2つの条件が満たされたとしても，地位の外部性に課税することに対する規範的なケースは，人々が，高い地位の外部性を持つ別の次元に乗り換え，地位の違いを得たいという根強い願望を実現させようとするかどうかに依存する．その場合の外部性は，所得と消費の外部性よりも大きいこともありえる．政治的立場，受賞，教育，スポーツ・芸術，学問分野での業績，余暇，幸福そのものと関係した地位の外部性も重要である．所得と消費を通じて地位の外部性に課税する規範的なケースでは，人々が別の次元を持つ地位の方にエネルギーを向けた場合には，外部性は弱まる．一方で，もし追加的な所得税が労働のインセンティブにあまり大きな影響を与えない場合，そして人々が地位の外部性の低い次元を用いるという形の反応をみせた場合には，地位の外部性への課税は適切であろう．

　現時点では，幸福度研究が示す実証結果から，所得に関する地位の外部性に課税すべきかどうかを決めることはできない．更にすべての国とすべての期間に適用できるような一般的な答えは導き出せない．

　以上の通り，議論してきた政策アプローチには共通のテーマがある．すなわちこれらのアプローチでは，政府はあたかも慈悲深い独裁者であるかのように行動すると考えられているのである．次章では，このアプローチは政治経済上のプロセスに対して間違った見方をしているかを議論する．人々が自分たちのやり方で幸福を追求できるような制度を構築することについては，立憲的なアプローチに従うべきである．もしこれらの制度が十分に整備されていれば，消費者，住民，利益団体，組織，政府の間で進められるプロセスによって，人々が高いレベルの幸福を獲得できるような結果が期待できよう．

第14章
政治体制で幸福度は高まるのか

　基本的な社会制度は政策立案者のインセンティブに影響を与えている．基本的な制度が整備されインセンティブが付与されると，現行の政治経済プロセスに影響を及ぼすためにできることはほとんどないというのが，立憲的経済学が示す基本的なメッセージである．したがって経済政策は，人々の望む幸福度の水準に到達することができるように，基本的制度の確立に資するべきであろう．「ポジティブな」立憲的経済学で行われている研究は，どの制度がこの目標に役立つか，そしてどの制度が幸福度に本当に体系的な影響を与えるかを見分けるのに役立つ．

　幸福度に大きな影響を与える基本的な制度は，直接民主制（direct democracy）と連邦制（federalism）の2つである．14.1節では，住民発議（initiatives）と住民投票（referendum）など住民が直接的に政治参加する権利が，幸福度にどのような影響を与えるかを分析する．これらの権利は，議会での代表者選出に限定された国民の投票権よりも，重要な一歩となる．14.2節では，分権的でそれゆえしばしば規模の小さな政治単位が，住民の幸福度に与える効果をみる．省（province）や州（state），政治共同体（political commune）など分権的な単位自体に相当程度の決定権がある場合のみ，結果に影響がある．そのため，連邦制による分権化を実行する際には，

下位組織（sub-unit）が課税力を持つ必要がある．

14.1　直接参政権と幸福度

　民主主義という形態の制度条件は，人口統計的・経済的要因とともに，個人の幸福度に体系的でかなり大きな影響を与えている．スイスの大規模データを用いた第6章の分析では，個人の生活満足度は，居住地域の直接民主制がどの程度発達しているかによって異なることが示されている（より詳細には Frey and Stutzer 2000 を参照）．したがって，直接民主制の要素は導入されるべきであるというのが，重要な政策上の帰結である．

直接民主制の意思決定とその伝播
　「直接民主制」については，様々な意味，概念，誤解が存在する．ここで取り上げる「直接民主制」（例えば Butler and Ranney 1994; Kriesi 2005 参照）という用語には，次の重要な側面がある．
　直接民主制（より正確には準直接民主制［semi-direct democracy］）では，住民は問題の決定について最終的な権利を持っている．立法府，政府，裁判所，あるいは代議制民主主義として知られている他の機能が，直接民主制の代わりとなることはない．直接参加権の程度は様々なものがありうるが，義務で行なわれる国民投票では，通常，憲法の改正が可能とされる．任意で行われる住民投票と住民発議（国民に政治課題を問うことが認められている場合）では，所定の数の住民の署名が事前に必要とされている．歴史的な観点からみると，民主主義の主要な発展段階は以下の3つに区分できる．

- アテネなどギリシャの都市国家で最初に発展した古典的な民主主義：政治参加権は男性の住民のみが持ち対象となる地域も限られていたが，今日にいたるまで畏敬され用いられている民主主義の原則は，この地で発達していった．
- 民主主義を広い範囲に拡張したフランス革命：代表の原則により，国民国家において，間接的な政治参加の導入が可能となった．

・全国民に特定の問題の決定権を与えることで先の2つのタイプの民主主義を結合した直接民主制：国民が個々の問題すべてを決定する極端な（古典的）形態は，現在では全く行われていないが，住民の投票対象となる問題の範囲は国により大きく異なる．

住民投票は憲法によって住民に与えられた権利である．政府と議会はこの権利からの拘束を受けており，自分たちに都合のよい場合にのみ住民の意見を聞くというわけにはいかない．この点は，既に政府が行った決定に対して事後的な承認を得る国民投票（plebiscite）が，住民投票と異なっている点である．国民投票では，住民は問題に対する判断を下すのではなく，政府に対する支持を表明することのみが求められている．住民投票は，政府に影響力を持たない世論調査とも根本的な違いがある．すなわち，政府は，世論調査の結果に対して，これを踏まえて行動するか，あるいは，無視するかを選ぶことができるからだ．一方住民が住民投票で決定を行った場合には，憲法は，政府に政策の実行を義務づけている．

国家レベルでは1990-2000年に405もの住民投票が行われた（Gross and Kaufmann 2002）．このうち，248がヨーロッパ（その半分はスイス），78がアメリカ，37がアフリカ，26がアジア，16がオセアニアで行われた．1980-1990年に行われた国民投票は129にすぎないが，2002年8月以前の時点では，欧州統合の問題に関する国民投票が30以上行われた．政府の下位のレベルでは多数の住民投票が行われている．特にスイスでは地区，州，連邦のそれぞれで住民投票が実施され，数千という規模になっている．

大半の民主主義国家では，一般の選挙民が重要な意思決定に参加することは認められていない．住民投票は，国家のレベルでは，スイスとリヒテンシュタインを除き，正式で体系的な方法として用いられていない．アメリカでは，地方では住民による決定が数多く行われ，カリフォルニア州とオレゴン州などでは頻繁に住民投票が行われているものの，国レベルの国民投票は存在しない．長期間にわたって国の運命に影響を与えるような重要な決定の多くは，住民投票の対象とはなっていないのだ．ドイツがその明らかな例である．旧東ドイツ（GDR）との統合の時期や条件について，また，ユーロに

賛成しドイツマルクを廃止するのか，さらには欧州憲法を採択するかなどの問題に対して，ドイツ国民は発言権をまったく持っていなかった．政権の座にある政治家が直接民主主義的な決定を真剣に受け止めることはほとんどない．自分たちの権力が制限されてしまうからである．

直接民主制による政治家間のカルテル防止
政治家対有権者

　政治制度の制約を受けながら行動する人には，自分たちに有利となるように制度を利用したいというインセンティブが働く．政治家が政治家以外の人よりも特に悪質というわけではないが，政治家も他の人々と同じくらいには自分たちの利益を追求しているものと思われる．政治家が追い求める利益としては，物質的な富，称賛と威信などがある．

　民主主義国家において，政治家が一般国民から搾取し住民のお金でレント（超過利潤）を得る方法は，主に３つある．
・政治家は有権者の選好から外れていると承知の上で行動することがある．そうした行動の背景には，政治家自身の信条として物質的・物質以外の利益を得たいと思っていたり，不十分な情報しか持っていないことがある．例えば政治家は，価格システムよりも経済への直接介入の方を選ぶ．一般的に，規制の方が，政治家の得るレントが大きいからである．
・政治家は，直接受け取る所得や年金に加え，自動車，住居，潤沢な必要経費のような付加給付の形で，自分や自分の政党のために過大な特権を確保する．
・住民を搾取する方法は汚職の形をとることがある．すなわち，支払者だけに特別なサービスを提供することで，直接的な支払いを受けるのである．

　政治家は通常，できるだけこれらのレントを守り拡大していくことに関心がある．そのため，政治家にはカルテルを結ぶインセンティブがあるのだ．政治家が一般の国民とはかなり異なる人々と結束力の強いグループを作っている国は多い．彼らは主としてグループ内のみで交流し，そのカルテルからあえて抜け出したいと思う少数派は社会的に非難され，高いコストを支払う

ことになる．さらに，党幹部がカルテルを管理している場合，大半の国と期間では，関与するメンバーが限定されている．したがってカルテルの他のメンバーは，カルテルを離脱した政治家に対し，直ちに効力のある形で「制裁」を行う．制裁は，立法府の役職（特に有力な委員会の委員）への就任阻止や政府からの金銭的支援の減額などの形態がとられる．

憲法の規定

　政治家によるカルテルの形成と有権者に対する搾取というインセンティブが大きいものであり，しかも至るところに存在することは，すべての関係者，特に有権者は十分に認識している．そこで民主主義的な憲法では，搾取防止のため，非常に異なった形態の制度が3つ制定されている．

・政治家が過度にレントを専有することを禁止するルールを制定する．最も厳しいルールは汚職を防ぐためのものである．このルールが有効となるのは，簡単には回避できず効力がある場合のみである．このような対策は先に挙げた搾取の1番目のタイプ，すなわち国民の選好から外れてしまう状況を回避するには全く役に立たない．政治家が自分たちに付与する特権は多種多様であってこれらを見つけ出すのは難しいため（特に年金），政治家がレントを追い求める行動を阻止することはほぼ不可能だ．汚職の最も露骨なケースのみが発覚するに過ぎない．つまりレント禁止というルールは，なにかしらの役には立っているのかもしれないが，住民に対する搾取をあまり阻止していないとの結論を出さざるを得ない．

・住民に対する搾取を防ぐことを目的とした特別裁判所を設置する．すべての民主主義国家には裁判所が設置されているが，その役割は限定的でる．裁判所が政治家によってコントロールされ，裁判所が政治家に依存している度合いが直接的であればあるほど（Feld and Voigt 2005; Voigt 2005），裁判所は効力をほとんど発揮できない．この点に関して，もし裁判所の構成員の行う報告義務の対象が政府ではなく議会の場合には，政治家はカルテル内に入っているのに対し，政府はカルテル外におかれるため，特別裁判所もあまり有用ではない．政府と議会から公式に独立しているタイプの裁判所も，政治

家が国民を搾取しているかをチェックするインセンティブは小さく能力的にも限界がある．この点は，国民の選好から外れている場合に特に当てはまる．裁判所は，国民から直接選出されているわけではなく，政治家と統治者の行動に関する公式的な正当性を重視する必要があることから，政治家の行動と人々が望むこととのギャップが広がってしまうことも考えられ，この点に関してはきちんとした議論が必要だ（Frey 1994b）．

・代議制民主主義国家で政治家が税金で自分の目標を追い求めてしまうといった行動を阻止できる古典的な制度として，政党間の競争がある．憲法には，競争を促進し，政治家同士の連携をしにくくさせることを目的とした様々な工夫が施されている．その1つは，権力が行政・立法・司法の各部門に分散されていることである．もう1つは2つの議院の存在である．現時点では相互作用には様々なタイプがあり期待される利益も明白であるため，政権寄り勢力（political class）の利害関係をチェックする点で，上下両院という仕掛けはあまり効果がない．政党間の競争を促すのに役立つ憲法上の規定としては，政治システムに政治家や政党が新規参入することを保証し，促進することが考えられる．そうすれば，民主主義国家の既成政党は，人々の願望にもっと注意を払い，特権と汚職にも注意するようになるだろうが，その効果はあまり続かない．既存政党以外の関係者も，政治家のカルテルを大目にみたり，場合によっては自らも参加することで多くのメリットが得られることに早々に気がついてしまう．この点はなにも理論上のことだけではなく，多くの国で実際に経験されている．その一例がドイツの緑の党であり，最初のうちは既存の政治体制と対立する姿勢をみせていたものの，自分たちのために税金を利用できることを，驚くほど短い時間で学んでしまった．

　以上の議論から，憲法上の規定，裁判所，政党間の競争といった手段は，政治家による一般の国民に対する搾取を減らす点ではあまり有効ではないことがわかる．憲法は全く無力というわけではないが，政治家がレントを追い求めることに対し，十分な予防措置を提供できない．よって，政治家のカルテルと「戦う」ためには，他の憲法上の手段を模索し真剣に検討していくことが必要である．

政治家のカルテル外にいる人々は，住民全員が参加する権利を持つ国民投票を通じて意思決定力を持つことになる．決定にあたる一般住民は政権寄り勢力に組み込まれていないため，政治家によるカルテルには反対する．住民発議では，議会と政府内に確立された既存の政治体制に対して，明確な要求がつきつけられる．「任意」や「義務」で行われる住民投票には，政治をコントロールする機能がある．もし可決されれば，住民が，行政と立法府の下した決定を覆すことができるからである．

　国民投票は，政権寄り勢力が阻止できない場合に限り，最も広い意味での目的を達成できる．多くの国では，最高裁判所ばかりでなく議会でさえも，国民投票を認めるか否かの決定権を持っている．国民投票の基準は純粋に公式なもののようにみえるが，実際には，住民投票は政治家によるカルテルの体制を脅かすものであることから，政権寄り勢力のメンバーがこれを阻止しようとする機会とインセンティブは多い．「国家的理由（raison d'etat）」を根拠とするあいまいな概念がしばしば用いられる．スイスではこうした可能性は全くなく，政治家が望まない問題や，ひどく嫌うような問題でも国民投票の対象となっている．

歴史上の証拠

　住民投票には，政権寄り勢力の利害関係と真っ向から対立する憲法上の規定や法律を強制的に通過させることで，政治家のカルテルを打破するという威力がある．次に挙げる例は，非常に優れた住民投票制度を持つスイスの歴史上の出来事である（Blankart 1992）．

・19世紀では，下院（Nationalrat）の代表者は過半数の原則にしたがって選出された．この制度は最大政党にとって大きなメリットがあり，70年もの間，革新民主党（Radical - Democratic Party）は議席の過半数を占めていた．小政党が下院に議席を持てるよう比例代表制選挙を行うべきとの考えが提出された際，政権寄り勢力は，明らかに自分たちの利益という理由で，この提案に対し強い拒絶反応をみせた．しかし1918年に住民の過半数と州の過半数が比例代表制に関する国民投票を認めた．その後の選挙で，革新民主

党は議席の少なくとも40%を失った．

・第二次世界大戦まで，緊急連邦法（Urgent Federal Laws）は，任意の住民投票の対象ではなかった．国民の承認を避け，自分たちの利益に基づいた政治を行っていくために，政府と下院の政権寄り勢力は，実際には該当しないケースについても，連邦法を「緊急」であると宣言した．1946年に，住民の利益が無視されている点をやめさせようという目的で住民発議が開始された．このときも行政・司法府は，明らかに政治家の私利の1つであるにもかかわらず，住民発議に反対するよう呼びかけた．しかし有権者は住民発議を受け入れた．現在では，政治家は連邦法で決定する際には，国民の利害を考慮せざるを得なくなっている．

投票にまつわるスイスの歴史をみると，指導者層と国民の間には多くの意見の衝突があったことがわかる．政治家は，カルテル外からの動きをすばやく是認する努力も必要であろう．カルテル外に政党が設立され（ただし通常はカルテルの周辺で），関連の利益団体によって住民投票が開始されることがあるからだ．この戦略が成功する場合には，政治家は，少なくとも部分的にでも住民の選好を考慮し，自分たちのレント・シーキングの大きさを減らさなければならない．このようなケースでは，国民投票の制度によって，間接的に政治家のカルテルの裁量が小さくなるという望ましい結果が生まれる．代議制民主主義では問題を「とりまとめる」のに対し，住民による住民発議では問題を「分離する」ことも可能であり，住民の選好に沿った形の政策という結果につながることがある（Besley and Coate 2000; Besley 2006）．

政治家は，国民投票制度によって国民と納税者から搾取する機会が厳しく制限されることに十分気づいており，直接民主制的な要素の導入に反対する．ひとたび政権からはずれた政治家は直接民主制を望ましいとするものの，政権に戻れば直ちに反対に回るのだ．

国民投票のプロセス

国民投票は，投票そのものだけではなく，投票の前後という2つのプロセスが重要である．

国民投票前のプロセス

　ある問題が政治議題とされるか否かについては，憲法上の設定によってかなりの程度が決まる．代議制民主主義国家の政治家の多くは，自分たちが嫌うような問題や不利益を被るような問題を議会で議論させないスキルに長けている．理論でも実証でも，議題の設定能力は投票結果に有意な影響を与えることが示されている（Romer and Rosenthal 1978, 1982; Weingast and Moran 1983）．

　住民投票は，国民の間で，また，政治家と国民の間で，議論するプロセスを促進するという重要な機能を持っている（Frey and Kirchgässner 1993, Bohnet and Frey 1994）[1]．国民投票前の討論は，対等な立場に立つ人々がかわす意見交換の場だとの解釈ができる．制度が誘発する議論は，ハーバーマス（Habermas 1983）のいう「理想的な論議の過程」に必要な様々な条件を満たしている．国民は，問題の重要性に応じた政治参加が奨励される．例えばスイスでは，欧州経済領域（European Economic Space）に加入すべきかどうかに関する住民投票では，通常の参加率の平均が40％であるのに対し，この住民投票の参加率は80％近くに及んでいた．このように，住民投票によって広範囲にわたる討論が呼び起こされることがあるようだ．有権者があまり重要と考えず，したがってあまり議論もなされず，参加率も低い住民投票（最低は25％）もある．議論と投票参加の程度に差がある点については，多数の研究が示してきた「投票の逆説」（Tullock 1967; Riker and Ordeshook 1973）を覆すものである．

　国民投票前のプロセスが果たす機能は主に，参加者の持つ情報の水準を引き上げることにある（実証的な証拠については次節参照）．議論をすることで参加者の選好も形成されるとの仮定ができよう．最も重要な点は，この選好の形成が，政権寄り勢力からの影響は受けるもののコントロールされることはないことである．

　住民投票の過程でさらに重要な側面は，結果に関する考察をはるかに上回

---

[1] 民主主義における議論の一般的な役割については，Dryzek 1990参照．

る．国民はプロセス自体からメリットを得られるのである．個人は自己決定の認識を高めるような意思決定に参加したいと思っている点については(Pateman 1970)，明確な確証があるからだ[2]．直接民主制についてクローニン（Cronin 1989, p. 11）は，「国民が政治のプロセスで多くの役割を果たすことを通じて，疎外感や無関心が減少する可能性がある」ことを指摘している．さらに，住民発議や住民投票によって刺激された政治に関する議論は，国民がさまざまな政治的意見や立場を理解するのに資する．コンセンサスに基づいた社会契約が強化され，人々が狭量な私利を求めることを超えた行動をとるような動機付けがなされる．したがって，直接的な政治参加の可能性は，個人の行動に影響を与えるという点で，人々がプロセスの公平さを認知する際の重要な源泉となりうる．

住民投票後の調整

住民投票によって政治的決定が公式に行われても，その実行段階で，政府や公的部門が必ずしも適切に行動するとは限らない．決定が実行される程度は，結局，政権担当者が憲法上のルールに従うかどうかによる．政治システムで憲法に付与された正当性が高いほど，ルールに従わない場合のコストは高くなる．政治家は再選されないかもしれないという恐れから，きちんとした行動をとらざるをえないだろう．

住民投票で重要なのは，どちらが過半数をとるかではない．住民投票では，住民がその問題についてどのように感じているか，また少数派がどこにいてどのくらいの規模かが明らかになるのである．多数派とは意見を異にするグループの存在が確認され，そのグループの人々の選好は，眼に見える形になって政治的議題に統合されることになる（Gerber 1997）．

直接民主制の帰結に関する実証研究

直接民主主義の権利があることの結果や帰結を実証的に測定することは難

---

2) 大規模な調査については，Lane 2000 の第 13 章を参照．

しい．測定には，基準とする枠組みが必要である．国同士を包括的に比較することはできない．有権者が住民発議，義務・任意の住民投票を通じて主要な決定のすべてを行っている国は，本質的にはスイスのみだからである．そこでこの種の研究では，アメリカやスイスで直接民主主義の権利の程度が州の間で，時には地方自治体や生活共同体の間で，異なっていることを利用し，国内の状況を比較するという分析が行われてきた[3]．本節では最も重要な研究結果をいくつか示すことで，この研究の特徴をわかりやすい形で紹介することとする．すなわちアメリカについては，直接民主主義の度合いが高い州ほど，他の条件が一定ならば，公共支出の合計額はその他の州よりも少なく，郡のレベルでは，教育に対する支出は多いという傾向が，計量経済学的な研究によって明らかにされている[4]．

スイスについては，計量経済学的分析から，州での直接民主主義の権利が拡大されればされるほど，他の条件が一定ならば，納税意欲は高まり，税負担と公的赤字は縮小し，税金逃れをする住民は減り，1人当たり所得が高まることが示唆されている．これらすべての研究では，共通の制度的枠組を持つ行政単位（jurisdiction）間で比較がなされ，直接的な民主主義制度とは関係のない影響は慎重にコントロールされている[5]．自己申告による生活満足度の証拠を考察した計量経済学的手法による研究からは，全般的に，直接的な参政権のある行政単位の方が，住民の選好がうまく観察されているとの結論が導かれている．

---

3) 本書では，この方面の研究の必要性について体系的な説明を行っていない．詳しくは Kirchgässner, Feld, and Savioz 1999; Matsusaka 2004; Kriesi 2005; Frey and Stutzer 2006a を参照．
4) 一般歳出については Matsusaka 2004，公立学校への支出については Santerre 1989, 1993 を参照．
5) 一般政府支出，自主財源比率，税金と負債に対する直接民主制の効果については，Schneider and Pommerehne 1983; Feld and Kirchgässner 1999, 2000 を参照．納税意欲と脱税については Pommerehne and Weck-Hannemann 1996; Frey 1997a; Feld and Frey 2002, 2007a,b; Torgler 2004, 2005, 2007; Torgler et al.2003; Torgler and Frey 2007 を参照．1人当たりの国内総生産については Feld and Savioz 1997 を参照．

直接的政治参政権の導入

前提条件

　直接民主制の制度は，ある特定の条件が社会で満たされていない場合には，うまく機能しない．直接民主制は，同一グループに属する人が，自分は少数派であるために搾取されているとは感じていない場合にうまく機能する．住民側には，政治家は住民投票で決定されたことを実現してくれるだろうとの信頼が必要とされる．政治家の方には，国民は投票する際に合理的な決定をしてくれるだろうとの確信が必要だ．住民・政治家間の相互の信頼関係は長い時間をかけて育成される必要があり，外部から教え込むというわけにはいかない．代議制による民主主義から，完成された直接民主制に移行するという，一見「素晴らしい」解決策は，非現実的であり望ましいものでもない．代わりに，国民，議会，政府による学習プロセスが可能となるように，国民が政治に直接参加する権利は，徐々に導入されるべきである．

　国民が住民発議や住民投票を行使できることは，特に国民の政府に対する信頼という形で，社会資本を増大させる主要な要因となる．こうして，直接的な民主主義は，学習がきちんと行われる場合には，それ自体が機能するのに必要な状況を作り出すという効果がある．

段階的なプロセス

　以下の5点は，直接民主主義の権利を段階的に導入する方法論である．

決定のレベル　直接民主主義の権利は，最初は州の特定のレベルにのみ与えることで，限定することができる．国民に，行政区での住民発議・住民投票の権利を与えることで，まずは地方のレベルで始めるというやり方である．そうすれば，国民は，日々の情報を用いて，きちんとした意見を形成することができる．さらに問題の大半が住民にとってごく身近なものとなるという利点もある．だがこのプロセスが意味を持つのは，行政区が十分に自立性をもつ場合に限られる．したがって行政区が税金と公共支出を決定できる方が望ましい．重要な問題が危機的状況にある場合には，国のレベルから始める

という方法もある．欧州連合（EU）に加入すべきか，あるいは欧州憲法の提案を受け入れるか否かの決定を，国民全員に付託した国もあった．このような決定は非常に重要なことから，国民は十分にその点を認識した上で，投票に参加しようとするだろう．

問題領域　「無責任な」とか，「制御できない」結果となる危険性がある問題については，直接的な投票から除外することが可能である．人権，政治的権利，住民の権利と関係がある憲法の基本的条項を除外するのである．デリケートな問題についても，住民投票から外した方がよい．特定の少数派，民族，宗教的なグループにとって重要な問題，あるいは，例えば死刑などについても同様である．

国民の能力　国民の能力を超えてしまう問題もあるものと思われる．例えば課税の問題であるが，本当に該当するかは別問題である（スイスの住民投票の例からは違うことが示唆されている）．

時間　住民発議・住民投票のプロセスの開始と投票，そして決定を実行することの間には，十分な時間を置くことが必要である．その場合，不確実性のベールの後ろに人々を置くことで人々が「客観的な」立場を取ることができるという立憲的なアイディア（Brennan and Buchanan 1985; Mueller 1996）に近いものとなる．より革新的な考え方としては，最初に「教育的な」投票を行い，その結果を十分に議論した後に，決定力のある投票を行うという方法がある．

多数派の規模　ある提案を住民の投票によって通過させる際には，圧倒的多数，例えば投票参加者の3分の2の支持は必要だろう．あるいは，棄権者を含め有権者全体の単純多数は必要とされよう．国民による住民発議と任意の住民投票を大きく規制する方法としては，投票に必要な署名の数がある．少ない必要数（住民投票の数が多くなる）と多い必要数（住民投票の数が少

なくなる）の間のバランスをとる必要がある．

共同決定　国民の決定は，議会（おそらくは両院）で，それと対応する投票によって支持された場合に限り効力を持つ．国民，あるいは議会に拒否権を与えるという方法もある．国民全員による投票と地域（州あるいは国家）の投票という「二重の多数決（double majority）」という形式も考えられよう．スイスでは後者の必要条件が用いられており，憲法に関する国民投票については，全有権者・州の双方の過半数の承認が必要である．

段階的な導入の管理

以上で議論した規制の中には，直接民主制に対してかなりの脅威となりうるものがある．一番重要な点は，導入された規制がずっと存在しつづける可能性である．政治的な意思決定に国民が参加するというアイディア全体を壊してしまう規制もあるだろう．その場合には，直接民主制の良い点を十分に進展させることはできない．さらに国民は，直接民主制の特性を実質的に生かすことができない．例えば，重要でない問題に限って投票にかけられる場合，あるいは住民発議や任意の住民投票に必要な署名の数があまりにも多い場合には，国民は直接民主制の利点を享受できない．一方で政治家は，自分たちは直接民主制のチャンスを与えたが機能しなかったと主張することが可能となってしまう．規制が厳しいと，そのような悪循環が起きることがありうる．直接民主制に対する反対勢力（特に政権にいる政治家）が更に厳しい規制をかける理由がある場合は，住民参加が導入されても不満足な結果に終わってしまう．もちろん，こうした状況では，直接民主制はうまくいかない．

結論

以上の証拠から，次のような結論が得られる．
- 直接民主制は主観的な幸福度（国民の幸福）を体系的に増大させる．
- 直接参加の可能性は，有権者のプロセスの効用を増加させる．これは個人の幸福度を追加的に増大させる源泉となる．

- 直接民主制についてありがちな議論，すなわち，国民の能力のなさや関心の低さ，操作されたり感情的になりすぎる危険，プロセスの不透明さ，住民権の侵害，費用の高さなどは，実は説得力がない．
- 直接民主主義の決定には，集中的な議論のための時間と機会が必要である．
- 直接民主制は，国と地方のレベルで導入でき，その後更に進展させていくことが可能である．
- そのようなケースでは，学習に必要なプロセスが確保されるため，直接民主制の機能を徐々に導入できる点で賢明な方法である．国民は，住民発議と住民投票のプロセスを決定する権利を持つべきである．

　直接民主制の制度は，プロセスの効用を引き上げるとともに政治上の結果を改善するため，幸福度に有益な効果を与える．もちろん，直接民主制だけが，政治を通じて人々の生活満足度を引き上げることのできる制度ではない．この目的を達成する効果的な方法は他にもあろうが，直接民主制は，民主主義の進展にとって，確かに意味のある方向性である．

14.2　政治の意思決定の分権化と幸福度

　連邦制による分権化，特に地方自治は，第6章で示したように，国民の幸福度を増大させる憲法上の機能の1つである．共同体での政治的な意思決定は，住民の選好に関する適切な情報と近く，また，住民による直接的なコントロールとも近い．

　「連邦制」という用語は，一般的には，国の領域をより小さな単位に分割することと理解されている．県や州と呼ばれる中間の単位は国レベルで集計され，行政区は個人レベルの中間の単位として集計される．ここで，この原則を劇的に変えてしまうような提案がある．すなわち政治的な行政単位との重複を可能とする新たな分権化の形態の設計である．この提案は，幸福度政策において行政単位をどのように考えるべきかという重要な問題の解決に役立つ．この提案では，行政単位は国ではなく特定の機能上の単位であるべきと考えられている．

連邦制に関する新しい提案

　ここでは，今後の民主的な国家統治が国民の幸福度に貢献する際に満たすべき4つの基本的な条件に関する私見を展開していく．その条件とは，平和的であること，民主的であること，多様性を認めること，そして生産的であることである．この提案は政治プロセスにおける国民の役割を重視し，政府の機能を，最も適切な大きさの行政単位に分権化していこうというものである．この提案，すなわち新しい連邦制の概念とは，「機能的に重複し競合する行政単位（Functional, Overlapping Competing Jurisdictions）」である[6]．頭字語はFOCJであり，各々の行政単位はFOCUSと呼ばれる．FOCJは，「上」から命令されて，というよりはむしろ，国民の選好に対する反応として「下」から発生し，政府の分権的なシステムを形成するものである．FOCJの出現が，直接の競争相手，あるいはより高いレベルの政府のような既存の行政単位から妨害されないことを保証するためには，憲法上の決定が必要となる．最も下のレベルの政治単位（共同体）がFOCJの形成に関与できるよう，こうした政治単位にはある程度の独立性が与えられるべきである．このように行政単位が地方財政上の責任を持っていれば，国民は公共支出の費用と便益を均衡させようという動機付けがなされるし，下のレベルの政治単位の政治家たちには，住民の利益のためになるように希少な資源を使っていこうというインセンティブが与えられる．

　この提案によるビジョンは急進的な部分もあるが，決して突飛なものではない．

・民主的に分権化された行政単位という提案は，経済学，特に連邦制に関する経済理論が示す重要な概念（Breton 1996; Oates 1999），例えば「財政等価（fiscal equivalence）」「足による投票」「クラブ」に基づいている．しかしこの提案は，連邦制の異なったタイプを実現する新しい方法と関係がある．

---

[6] FOCJの詳細についてはFrey and Eichenberger 1999; Eichenberger and Frey 2002 参照．

- この提案によると国全体を解体する必要はない．国は，管轄を超えて住民の要求に十分にこたえられると明示できる場合に限り，存続することができる．様々なサービスのうち，国のレベルで最も良いサービスが提供されるものもあるが，それらは少数であろう．公共サービスの多くは，国と県との既存の領域の境界をまたぐ場合に，現状よりも良いサービスが提供されるだろう．
- この提案は現実的なものであって，既存の例をこれまでの歴史にみることができる．しかもこの提案は，限界的なステップを踏んで導入することが可能である．

FOCJ の構成要素

ここで提案した連邦の単位には基本的な特徴が4つある．
- 機能的である（functional: F）：この新しい政治単位は，果たすべき業務によって定義された地域に存在する．
- 重複する（overlapping: O）：政府の単位は多数の異なる業務（機能）に対応しており，地理上の区域をまたがって存在する．
- 競合する（competing: C）：個人および（または）共同体は，どの行政単位に属したいかを選択する．そして住民発議と住民投票を通じて自分たちの選好を直接表明する政治的権利を持っている．
- 行政単位（jurisdictions: J）：設定された単位は行政上のものである．この単位は強制力を持ち，とりわけ，税金の徴収が可能となっている．

FOCJ は，連邦制に関してこれまで標準的な文献で提案されてきた制度とは異なり，政府の新しい制度を創設するものである．連邦制の経済理論が政府の様々なレベルで現行の政治単位の行動を分析するのに対して，FOCJ は「諸問題の地理学（geography of problems）」への回答として生まれたものである．

FOCJ の4つの要素は，既存の連邦制度と同様に経済理論と関連があり，既存の概念とは類似した部分もあれば異なった部分もある．

機能（F）

ある地域に住み特定の公共サービスを受けている人は，財政的な負担もすべきである（スピルオーバーの発生を阻止）．異なった機能を持つさまざまな行政単位は，住民の選好に従って，地域毎に異なるサービスを提供することになる．費用を最小化するために，これらの行政単位は，生産するサービスについて規模の経済を見つける必要がある．なぜならばその機能（例えば，学校，警察，病院，発電所と防衛）が大きく異なるため，大きさの異なる単一機能（あるいは少数の機能）を持つ行政単位には別の根拠が存在する．これが「財政等価（fiscal equivalence）」の中心的なアイディアである（Olson 1969; Oates 1972）．行政単位の大きさが内生的である点はFOCJにとり不可欠な部分である．しかし，財政等価の理論は機能単位内の意志決定とはほとんど関係がない．供給のプロセスを特定化しないままにしておくか，あるいは個人の「流動性」（企業の流動性についてはめったに言及されることはない）によって，これらの単位が個人の選好を考慮することが自動的に行われると仮定するかのどちらかである．

重複（O）

FOCJは2つの点で重複する面を持つ．すなわち，(a) 様々な機能を提供するFOCJは重複する場合がある，(b) 同じ機能を提供する2つ以上のFOCJは地理的に重複する場合がある，の2点である．例えば，学校のFOCJの多くは同じ地理上の領域に存在することが考えられる．個人，あるいは政治共同体は，通常は同時に様々なFOCJに所属することになる．FOCJは物理的に連続している必要はなく，ある地域での独占権を持つ必要もない．FOCJは「クラブ」（Buchanan 1965）に類似した側面を持つ．この概念は，わずかな土地にも固執するような旧来の愛国心とはまったく異なるものである．

競争（C）

FOCJの長は，メンバーの選好にぴったり一致するよう，2つのメカニズ

ムによって動機付けが与えられている．すなわち，疑似市場競争（mimics market competition, Hirschman 1970）によって個人や共同体が退出してしまう可能性と，メンバーによる投票権が引き起こす政治的競争（Mueller 2003）の2つである．転居は退出の手段のひとつにすぎない点は注意が必要である．ある特定のFOCUSのメンバーシップは，自分の住所を変えることなく停止することができるからだ．退出は個人や企業に限定されるものではなく，先に指摘したように，政治共同体，またはその一部もこの権利を行使することができる．さらに，退出は全体である場合もあるし，部分的な場合も考えられる．退出が部分的な場合には，個人あるいは共同体はFOCUSの活動のうち限定された部分にのみ参加することになる．

「脱退」は，将来のヨーロッパの憲法にとって重要な要素として提案されている（Buchanan 1991; European Constitutional Group 1993）．脱退する権利は，これが厳密に禁止され権力によって阻止されることがあるかによって，国民国家や連邦の一般的な概念と非常に対照的なものとなっている．現在のヨーロッパの条約では，国が欧州連合から脱退することが認められていない．国の一部の脱退はなおさら認められていない．FOCJによって政府間の競争が確立されるためには，退出はできるだけ制限されるべきではない．一方，参入の方は必ずしも自由である必要はない．特定のFOCUSに加入し，公共財からの便益を受けたい行政単位と個人は，対価を支払うよう求められることがあるだろう．その場合，そのFOCUSの現行のメンバーは，新しいメンバーの参入を認めるかどうか，そして加入する際の適切な価格はいくらかを民主的に決める必要がある．

さらに，競争は政治制度によって促進されるべきである．退出という選択肢だけでは政府が効率的に運営されるのに十分ではないからである．住民には，FOCJの管理者を直接選出し，特定の問題に対して住民投票を開始する権利が与えられるべきである．こうした民主的な制度は，個人の選好にうまく適合するという点から効率性が高まることが知られている[7]．

行政単位（J）

　FOCUSは，課税力など，住民に対する権限を持つ民主的な行政単位である．重複の2つのタイプによって，2つの形態のメンバーシップがある．
・最も下の政治単位（通常は政治共同体）とそこに住む住民は全員，自動的に，自分の共同体が属するFOCJの住民となる．その場合，個人が退出できるのは，移住の場合だけである．
・個人は，どのFOCUSに属したいかを自由に決めることができるが，そこの住民である限りは，当局に従うものとされる．このタイプのFOCJは，特定の機能を提供するFOCUS（例えば学校FOCUS）に住民が帰属し相応の税金を支払わなくてはならないという意味では，自発的なものとはいえないだろう（この点は，多くの国で，義務ではあるが保険会社の選択は個人の自由である健康保険制度と似ている）．子供がいるかどうかにかかわらず，このような学校FOCUSに属する住民は，全員が学校を財政上運営していくための税金を支払うこととされる．重要な再分配効果の機能を持つFOJCについては，中央政府から最小限の規制を受けるケースも考えられる．例えば，子どものいない住民は事実上教育が提供されないことから，学校FOCUSには属さず，その分は低い（あるいはゼロの）税金が課されることになる．

FOCJのメリットとデメリット

FOCJのメリット

　FOCJは連邦制の伝統的な形態と比べて有利な点がある．その1つとして，政府がインセンティブを持ち個人の多様な選好を満足させようとする可能性が挙げられる．機能的な区域がひとつの区域に集中していることから，あるFOCUSの住民は自分のFOCUSの活動に関する情報を十分に持ち，その業務を他と比較できる立場にいる．便益と費用の多くは，かなり限定された地理上の区域で発生しているため，FOCJの規模は小さいことが多い．重複す

7）選挙については，Downs 1957; Mueller 2003を参照．住民投票についてはKirchgässner, Feld, and Savioz 1999を参照．

る行政単位が存在することによって可能となる「退出」という選択肢も，住民の選好を政府という供給側に伝える重要な手段である．

一方，FOCJ は行政単位内のスピルオーバーを最小化し規模の経済を活用するために作られていることから，FOCJ では公共サービスをより少ない費用で提供することが可能となる．特定の活動の便益が大きな区域に分割されない形で存在し費用が低減している場合には，多くの共同体や国のいくつか，あるいはより大きな地域をカバーする形の FOCUS が最適であるものと考えられる．その例としては外部からの攻撃に対する防衛が考えられ，その場合の FOCUS には目的に適した大きさが必要とされよう．

不満を持つ住民や共同体が FOCUS を辞めてしまうという脅威と，新たな住民や共同体が参入するというメリットによって，個人の選好がきちんと考慮され，公共サービスが効率的に供給されるというインセンティブが生まれる．FOCJ の持つ別の利点として，機能面で有能な部外者に対して，政治家のカルテルを開放することがある．多目的の行政単位には，政治家になりたいと思い幅広く一般的な知識を持つ人々がひきつけられるのに対し，特定の機能的領域（例えば教育やごみ収集）に関する知識を十分に持つ人々は FOCJ で成功を収めることになろう．

FOCJ のデメリット

ここまでは FOCJ の利点を強調してきた．しかし，以下で議論するような不利益も起こりうる（Vanberg 2000 も参照）．

・住民は投票という負担を負うことになる．FOCJ の連邦制では，各個人は，様々な行政単位に属することになる．したがって，個人は，選挙での投票や，各 FOCUS で行われる住民投票などの負担が加わる．しかし，一度に評価すべき具体的な問題は1つか2つに過ぎないため，直接民主主義的な FOCUS に属している住民は，政治参加は容易であることに気づく．

・住民に認知面で大きな負担をかけることになる．個人は公共サービスの供給者の多さに直面することから，個人の生活は複雑となるだろう．しかし，FOCJ は政治の次元の増加は引き起こさず，むしろ明確にする．民間の消費

市場の状況をみれば，住民は，適切な情報を持っている場合には，多種類の供給を認知し使いこなせることは明らかである．住民は，伝統的な政府の形態の場合よりも，FOCJ の方が，政治面の情報を得ようというインセンティブが強くなりその機会も増える．FOCJ のメンバーシップは地元や個人のレベルでも決定される．そして，機能的単位の業績は比較と基準によって容易に監視できる．住民を手助けするための情報を提供する独立した助言サービス業が設立される可能性もあるだろう．

・調整が必要である．調整の必要が多いのは明らかではあるが，政府の間の調整は必ずしも有益ではない．調整によって政権寄り勢力のメンバーの間でカルテルが結ばれ，住民の願望を退けたり利用する可能性があるからである (CEPR 1993; Vaubel 1994; Frey 1994a)．厚生を高めるような調整がなされる場合には，FOCJ が外部性を最小にするためにつくられることから，そのような必要性は低くなる．大きなスピルオーバーが FOCJ 間に存在する場合には，新たな FOCJ が設立され，その外部性への対応がなされるだろう．

・所得は再分配される必要がある．FOCJ を含む連邦制のすべての形態で，再分配が損なわれているとの主張がなされることがある．FOCJ は所得を基に発生するとも言われている．再分配が住民の連帯や保険の原則に基づく範囲では，この懸念は正当ではない．再分配が純粋な公共財である場合にのみ問題が発生し，その場合はフリーライダーの防止が強制的になされなければならない．そうした場合でも，FOCJ は連邦制の伝統的な形態と比べて優れた点がある．住民が転居することなく供給者を選択することができるため，地理的な分離の必要性が低いからである．とはいうものの，最近の実証的な研究（Gold 1991; Kirchgässner and Pommerehne 1996; Ashworth, Heyndels, and Smolders 2002）によると，連邦制のシステムでは，相当な規模の再分配が実行可能であることが示唆されている．再分配が純粋な公共財である限りは，より高いレベルの政府，あるいは国家や国際的なレベルで，再分配に特化した FOCJ に任されるだろう．

既存の機能的単位の例

過去の例

　分権的で重複する政治的な構成単位は，ヨーロッパの歴史では，重要な特徴となっている．今日のイタリアとドイツにあたる，ドイツ国民の神聖ローマ帝国内では政府間の競争が活発であり，これらの政府の多くが小規模であった．行政単位の多様性と競争により，技術面，経済面，芸術面のイノベーションが促進され，ヨーロッパの台頭につながったとする研究は多い[8]．19世紀のイタリアとドイツの統一は重要な偉業としてしばしば称賛されるが，政府間の競争促進は弱まり，民族国家の間に致命的な争いが引き起こされた．小さな州のいくつか，リヒテンシュタイン，ルクセンブルグ，モナコ，サンマリノ，スイスは国家統一を回避し，政治的独立を保つと同時に豊かな国を形成した．

　これらの行政単位は，先に説明した意味のFOCJではないが，労働と資本をめぐって競争する点では共通の特徴がある．歴史をみると，FOCJより近い形の行政単位の例もある．12世紀から16世紀まで繁栄したハンザ同盟には，リューベック・ブレーメン・ケルン（現在のドイツ），シュチェチン・グダニスク（現在のポーランド），カリニングラート（現在のロシア），リガ・タリン・タルトゥ（現在のバルト三国の一部），フローニンゲン・デーベンター（現在のオランダ）が含まれている．さらにロンドン（イギリス），ブリュージュ・アントワープ（今日のベルギー）とノブゴロド（今日のロシア）は「提携メンバー」であった．ハンザ同盟は貿易のルールと設備を備え，地理的には連続していなかったことから，明らかに機能的な行政単位であったと考えることができる．

現在の例

　アメリカとスイスには，機能的で重複し競合する行政単位がすでに存在し

---

[8] ヨーロッパでの政府間競争の歴史については，Hayek 1960; Jones 1981; Rosenberg and Birdzell 1986; Weede 1993 参照．

ている．これらの行政単位では以上で示したFOCJの必要条件がすべて満たされているわけではないが，民主的で機能的な行政単位というものが実行可能であることがわかる．単一の目的を持つ政府は特別区と呼ばれ，アメリカの連邦制度で重要な役割を果たしている．このような地域の数は他の行政単位のタイプよりも急速に増加した（Zax 1988）．非独立型の特別区と同様に，独立し民主的に組織された地区（例えば，火災予防，娯楽と公園など）がある．実証研究によると前者のタイプは非常に効率的である（Mehay 1984）．既存の行政単位は特別地区の形成には反対する傾向がある．既存の地方自治体が持つ独占的な力が脅かされないために，18の州では既存の地方自治体が指定する距離内に新たな自治体をつくることを禁止する法律が制定されており，必要最低限の住民数や他の管理上の制限が導入されている州も多い（Nelson 1990）．これらの障壁により地方行政の相対的な効率性は低下し（DiLorenzo 1981; Deno and Mehay 1985），地方政府の歳出は増加する傾向があることを示す実証研究もある．

　スイスの多くの州には，重複し競争する機能を持つ行政単位があり，FOCJの特徴と似た面を数多く持っている．例えば，チューリッヒ州（住民は1200万人，面積は1,700平方キロメートル）には171の自治体があり，そのうち3から6については独立管理されており，民主的な組織を持つ特別共同体は特定の機能に特化し，徴税も可能となっている．このような機能を持つ共同体のタイプは，チューリッヒ州だけでなく，他の州にもある（Casella and Frey 1992）．スイスは一般的に，うまく組織化され運営されている国であると考えられており，このスイスでの実例から，民主的なコントロールがなされていれば，多様な形態の機能的行政単位が，理論家の夢想ではなく，現実に実体としてうまく機能するということがわかる．

　FOCJはキプロス，コソボなどの民族紛争の管理にも有用だとする研究もある（Kyriacou 2006）．

FOCJの可能性

　FOCJには大きな利点があることをみた経済学者は通常，次のような疑問

を持つ．もしこのタイプの連邦制がそれほど良いのなら，なぜあまり成功していないのだろうか．

　現在の国家組織は，主に2つの理由からFOCJのモデルにそぐわない．
・特に重要な理由としては，個人と共同体が行政単位を設立することは禁じられていること，また多くの国で，共同体は，中央政府の同意がなければ，公式な協力関係を持てないことが挙げられる（Sharpe 1993）．
・そもそもFOCJというシステムの普及は困難である．それはFOCJによって政府の高いレベルの政治家や官僚たちの利権が侵害され，FOCJが出現することによって公的サービスの供給側の力が縮小され，住民の影響力が大きくなるからである．

　FOCJはヨーロッパ統合にも有用だろう．欧州連合では新規加入国の経済面・制度面での発展度合いは既存の加盟国に比べて大きな差があるが，そうした国々も「EC法の総体系（acquis communautaire）」を完全に受け入れるべきとの主張がなされている．ヨーロッパ統合を強く支持する人たちでさえ，経済面や社会面で大きな問題を起こさずにこれらの国々をEUに統合することはできないことを理解している．FOCJはいわゆる「民主主義の負債（democracy deficit）」や「分権化の負債（decentralization deficit）」を克服しEU憲法を拡大していく上で素晴らしいチャンスとなるだろう．

　「機能面で重複し競合する行政単位」は政治を分権化していく際の進歩的な形態である．幸福度研究では，連邦制は個人の幸福度を高めることが明らかになっており，FOCJはその連邦制の特性を強化するものと期待される．

第15章
経済学の革命

　読者の中には，幸福度研究は，標準的な経済学と比較すると，革命的と呼べるような新しい洞察をもたらしているという意見に賛成する人はいることと思う．一方で，幸福度研究が従来の知識を本当の意味では広げたとは思わない，あるいはこの経済学の新しい分野を革命的なものだとはしない読者がいるかもしれない．

　「革命的」という用語には様々な意味や含意が含まれており，その使い方は個人の好みによって決まる．けれども学者なら，幸福度研究には根本的で新しい洞察が含まれていることに賛成するはずだ．ではその場合の疑問は，「幸福度研究で「根本的」で「新しい」とはなにを意味するのだろうか」ということである．幸福度研究が経済学にもたらした変化が果たして本当に根本的で新しいものなのかと疑問に思う人はいるだろう．そうした意見は，「太陽のもとに新しいものなどない」という意味で，また，ほとんどすべてのことがすでに考察され議論されてきたという意味では正しい．

　しかし私は，幸福度研究は，教科書で標準的とされる経済学と比べて，革命的な性質があると主張したい．そこで次節以降では，この主張を，方法（15.1節），理論（15.2節），政策（15.3節）の3点から考察することで説明していきたい．

15.1　効用の測定

　経済理論は，1930年代の「序数主義革命」で広く普及した2つのアイディアによって，根本的な変化がもたらされた．すなわち，効用は計測できないこと，また，ミクロ経済学の主要命題を得る際に効用を計測する必要はないこと，の2点である．当時，このアイディアはまさに（成功した）「革命」であると考えられていた．その後，このアイディアは現在のミクロ経済理論の教科書をみれば明らかなように，ミクロ経済学では重要な要素でありほぼ不可欠な要素として採用された．

　幸福度研究の理論はこの2つの主張を覆す．

・主観的幸福度の指標は，選好の充足（preference satisfaction）としての効用の理論的な概念を（適度に）うまく代理するものとして利用することが可能である．

　第3章で示した通り，主観的幸福度を測るには5つのアプローチがある．これらのアプローチすべてが批判の対象となりうるが，一方でこうした方法論は着実に進歩しており，結果として得られる幸福度の指標は，経済理論と政策にとって，ますます有用となるだろう．

・効用の測定は，経済学が直面する重要な問題を扱う際に必要となる場合がある．

　顕示された選好が個人の効用を正確には反映していないことがわかっている場合や疑いのある場合には，効用を計測する必要がある．この点は，9章と第11章で議論したように，個人が消費財から得られる将来の効用の予測を間違える場合や，自制心の問題があるために意思決定の際に体系的な誤りをおかす場合に，特にあてはまる．効用の計測は，これまでにも公共財を評価する際に行われてきた．しかしこの目的のために使用されている支払意志額法やヘドニック市場法には重大な限界がある．第12章でテロがもたらした厚生の損失のケースについて示したように，幸福度研究に基づいたアプローチは，少なくとも部分的ではあるがこれらの欠点を克服することができる．

もし効用は計測できず，また計測する必要もないという主張が1930年代の経済学では革命的であると考えられていたのならば，この主張を逆転することもまた革命的であると言えよう．幸福度研究は，この点で，標準的なミクロ経済学に対する「反革命」なのだ．

15.2　経済理論

幸福度研究は経済学にとって革命的なものと考えられる．新たな道を開き，これまでは無視されたり非生産的だとされてきたことに関する新しい側面を示してくれるからである．この主張の裏付けを，ミクロ経済学とマクロ経済学の2つの例からみてみよう．

公共経済学

財政学では長い間，最適課税理論（Bradford and Rosen 1976）が，新古典派経済学の応用分野で最も重要な理論のひとつであった．同様のアプローチは，公的企業が供給する財の最適な価格を計算し（Bös 1981），脱税に対する最適な政策を導き出す際にも使われた（Allingham and Sandmo 1972; Sandmo 2005）．このアプローチは個人の効用関数に対して特定の性質を仮定し，個人の効用最大化により最適な政策手段を得るとしている．幸福度研究はこのアプローチに重要な情報を提供できる可能性がある．個人の効用関数の性質に関する仮定を，実証的に支持したり棄却したりすることが可能となるからである．例えば，所得の限界効用が所得の増加とともに低下する場合の大きさが判明するかもしれない．その大きさは，最適な課税理論で所得分配の側面を特に考慮する場合に，非常に重要である．最適課税問題でしばしば欠けている実用的な基準の導入につながることもあるだろう．

経済成長

最適成長理論は経済学の重要な分野である．この分野では，個人の効用が長期的にみて最も高くなるように，所得のうちどれだけの割合を投資に振り

向けるべきかが研究されてきた．投資比率が低い場合には，経済成長が阻害され個人の将来的な消費水準は低下してしまう．一方投資比率が高い場合には，個人の現在の消費水準は低くなるが，将来的な消費水準は高まることになる．この最適化問題を取り扱う際には，厚生関数の性質についてさまざまな仮定をおく必要がある．特に，将来の消費の割引率をどうおくかが問題となる．

　幸福度研究はこの最適化問題に対して適切な洞察を示す形の貢献が可能だ．特に，所得の増加に伴って限界効用がどの程度減少するかについて，実証的な証拠を提示することができる．だがより重要なのは，幸福度研究によって，個人は所得水準の上昇に適応すること，また対等とみなすグループとの比較（第3章）を示すことができる点だ．この持続可能な幸福という側面は成長理論ではほとんど無視されてきたが，幸福度研究によって実証的にみた重要性が高いことが示された．このようなことがわかれば，経済成長が個人の幸福度を増大させる程度とその方法に関して，根本的に新しい考察が行われることになる．すなわち，素早い適応と強い地位の効果から，1人当たり所得水準の増大は主要な目標としての意味を失う．

　この場合も，経済理論に対するこれらの情報が「革命的」と評するに値するかどうかはまだわからない．しかし，最適化問題を考える際には，幸福度研究が示す新しい洞察がかなりの影響を持つことは間違いない．

15.3　政策

　本書では，幸福度研究が経済政策に与える重要な帰結に注目してきた．その3つの側面について，ここで振り返ってみたい．

因果関係を確定する
　経済政策全般について重要な必要条件は，結果に対する政策の効果がきちんと確立されていることである．相関関係は第三の変数，あるいは，いわゆる選抜効果（selection effect）によって引き起こされることがあるため，相

関関係をみるだけでは十分ではない．例えば本書では，既婚者は未婚者より幸せであるとか，自営業者は雇用者よりも仕事満足度が高いとか，ボランティアをする人はしない人よりも幸せであることが示されている．しかし，結婚したり，自営業になったり，ボランティアをすれば，個人の幸福度が高まるだろうとの結論に飛びつくことは間違っている．幸福度が高い人は，結婚したり，自営業を選んだり，ボランティアをする可能性が高いかもしれないからである．7章と8章の議論から，因果関係の方向性が重要であることが示されている．このことは政策の帰結に重要な洞察を与える．直接的あるいは間接的に結婚，自営業，ボランティアを支援するような政策が，人々の幸福度を潜在的に高めることは明らかだ．

トレードオフの評価

幸福度研究は，互いに対立するマクロ経済変数を選択しなければならない場合，政策当局に実証面で重要な情報を与える．なかでも最も重要なものは，失業とインフレの間にある古典的なトレードオフの問題である．多くの国では，経済成長と平等，あるいは経済成長と失業との間にも重要なトレードオフが存在する．第13章では，幸福度の理論を，集計された社会厚生を最大化するために使用すべきではないことが示された．その代わりに，幸福度研究がもたらす洞察は，マクロ経済変数間のトレードオフをどのように評価するかに関する政治プロセスにおいて，重要な情報の1つとして使用すべきである．特に，幸福度研究から，失業が個人に高いコストを課すことが強く示唆されている．失業者の所得保証によって補償するのでは十分でないことも示されている．加えて，心理的なストレスに関連した多額のコストも考慮すべき点は言うまでもない．

制度上のデザイン

幸福度研究から，ある特定の体制を選択することが個人の幸福度に与える結果を，より鮮明に理解できるようになる．第14章で引用した実証的な証拠によれば，政治参政権と連邦制の程度が進んでいる場合には個人の生活満

足度が増大する．他の制度についても，個人の効用に与える影響の研究が可能であり，また，その必要もあるだろう．中央銀行の独立と司法組織の独立が個人の幸福度にどの程度貢献するかはその一例である．

　幸福度研究が，経済政策に対して新しく非常に有用な貢献ができることに関しては，異論はほとんどないだろう．したがって，幸福度研究が，政策に対して革命的な衝撃を与える可能性があると述べても，決して不自然ではない．

15.4　幸福度研究の今後

　幸福度研究が経済学や他の社会科学にとって革命的な意味を持つとしても，この学問は現時点ではごく初期の段階にある．われわれの知識は，本書で繰り返して指摘したように，あまりにも不完全である．依然として未知のこと，不確かなことが多数あり，興味深い問題の多くがまだ手つかずの状態である．特に，どの結果がどの設定に対応するかについてわかっていることはほとんどない．例えば，スイスで観察された参政権の持つプラスの効果は，他の期間，民主主義のタイプ，伝統，文化でもみられるのだろうか．この問題に関する研究は，幸福度研究の文脈ではまだなされていないが，今後研究されることが期待される．他の課題としては，幸福はどのくらい長く続くのかが挙げられる．既存の研究では，幸福度は変化に比べて水準にはあまり依存しないことが強く示唆されている．所得や離婚など幸福度の様々な要因からプラス（マイナス）のショックの影響を受けた人の幸福度は，ある程度の時間が経つと，ベースラインの水準に戻る．ショックに徐々に順応し対応がなされているのだ．この調整過程の特徴についてもっと多くのことがわかれば，持続可能な幸福を理解するのに役立つであろう．

　幸福度研究では，非常に多くのことが未解決である．この革命は始まったばかりであり，チャレンジングな研究分野である．特に若い経済学の研究者たちは，この分野は有用性が高く，興味深い研究をする余地が残されている点に魅力を感じることだろう．

参考文献

Akerlof, George, and Rachel Kranton. 2005. Identity and the Economics of Organizations. *Journal of Economic Perspectives* 19, no. 1: 9-32.

Alesina, Alberto, Rafael Di Tella, and Robert MacCulloch. 2004. Inequality and Happiness: Are Europeans and Americans Different? *Journal of Public Economics* 88: 2009-2042.

Alesina, Alberto, and Edward Glaeser. 2004. *Fighting Poverty in the US and Europe: A World of Difference.* Oxford University Press.

Alesina, Alberto, Edward Glaeser, and Bruce Sacerdote. 2001. Why Doesn't the US Have a European-Style Welfare State? *Brookings Papers on Economic Activity* 2: 187-277.

Alesina, Alberto, and Eliana La Ferrara. 2005. Preferences for Redistribution in the Land of Opportunities. *Journal of Public Economics* 89, no. 5-6: 897-931.

Allais, Maurice. 1953. Le comportement de l'homme rationnel devant le risqué, critique des postulats et axioms de l'école Americaine. *Econometrica* 21: 503-546.

Allingham, Michael, and Agnar Sandmo. 1972. Income Tax Evasion: A Theoretical Analysis. *Journal of Public Economics* 1, no. 3-4: 323-338.

Alm, James, Gary McClelland, and William Schulze. 1992. Why Do People Pay Taxes? *Journal of Public Economics* 48, no. 1: 21-38.

Anand, Paul. 2001. Procedural Fairness in Economic and Social Choice: Evidence from a Survey of Voters. *Journal of Economic Psychology* 22, no. 2: 247-270.

Anand, Paul, Graham Hunter, and Ron Smith. 2005. Capabilities and Well-Being; Evidence Based on the Sen-Nussbaum Approach to Welfare. *Social*

Indicators Research 74, no. 1: 9-55.

Andreoni, James, Brian Erard, and Jonathan Feinstein. 1998. Tax Compliance. *Journal of Economic Literature* 36, no. 2: 818-860.

Andrews, Frank, and John Robinson. 1991. Measures of Subjective Well-Being. In *Measures of Personality and Social Psychological Attitudes*, ed. J. Robinson, P. Shaver, and L. Wrightsman. Academic Press.

Andrews, Frank, and Stephen Withey. 1976. *Social Indicators of Well-Being: Americans' Perceptions of Life Quality*. Plenum.

Angeletos, George-Marios. 2001. The Hyperbolic Consumption Model: Calibration, Simulation, and Empirical Evaluation. *Journal of Economic Perspectives* 15, no. 3: 47-68.

Anheier, Helmut, and Lester Salamon. 1999. Volunteering in Cross-National Perspective: Initial Comparisons. *Law and Contemporary Problems* 62, no. 4: 43-65.

Argyle, Michael. 1987. *The Psychology of Happiness*. Methuen.（『幸福の心理学』石田梅男訳，1994年，誠信書房）

Argyle, Michael. 1999. Causes and Correlates of Happiness. In *Well-Being: The Foundations of Hedonic Psychology*, ed. D. Kahneman, E. Diener, and N. Schwarz. Russell Sage Foundation.

Argyris, Chris, and Donald Schön. 1978. *Organizational Learning: A Theory of Action Perspective*. Addison-Wesley.

Arrow, Kenneth. 1951. *Social Choice and Individual Values*. Wiley.（『社会的選択と個人的評価』長名寛明訳，1977年，日本経済新聞社）

Arrow, Kenneth, Robert Solow, Edward Leamer, Paul Portney, Ray Radner, and Howard Schuman. 1993. Report of the NOAA-Panel on Contingent Valuation. *Federal Register* 58, no. 10: 4601-4614.

Ashworth, John, Bruno Heyndels, and Carine Smolders. 2002. Redistribution as a Local Public Good: An Empirical Test for Flemish Municipalities. *Kyklos* 55: 27-56.

Atkinson, Anthony, François Bourguignon, and Christian Morrison. 1992. *Empirical Studies of Income Mobility*. Harwood.

Bakshi, Rajni. 2004. Gross National Happiness. *Post-Autistic Economics Review* 26, August, article 6.

Bales, Robert. 1953. The Equilibrium Problem in Small Groups. In *Working Papers in the Theory of Action*, ed. T. Parsons, R. Bales, and E. Shils.

Free Press.

Barkow, Jerome. 1975. Strategies for Self Esteem and Prestige in Maradi, Niger Republic. In *Psychological Anthropology*, ed. T. Williams. Mouton.

Baumeister, Roy. 1998. The Self. In *The Handbook of Social Psychology*, volume 1, ed. D. Gilbert, S. Fiske, and G. Lindzey. Oxford University Press.

Becker, Gary. 1965. A Theory of the Allocation of Time. *Economic Journal* 75: 493-517.

Becker, Gary. 1973. A Theory of Marriage: Part I. *Journal of Political Economy* 81, no. 4: 813-846.

Becker, Gary. 1974a. A Theory of Marriage: Part II. *Journal of Political Economy* 82, no. 2: S11-S26.

Becker, Gary. 1974b. A Theory of Social Interactions. *Journal of Political Economy* 82, no. 6: 1063-1093.

Becker, Gary. 1981. *A Treatise on the Family*. Harvard University Press.

Benesch, Christine, Bruno Frey, and Alois Stutzer. 2006. TV Channels, Self-Control and Happiness. Working Paper 301, IEW (Institute for Empirical Research in Economics), University of Zurich.

Bentham, Jeremy. 1789 [1996]. *An Introduction to the Principles of Morals and Legislation*. Clarendon.

Benz, Matthias. 2005. The Relevance of Procedural Utility for Economics. Working Paper 256, IEW (Institute for Empirical Research in Economics), University of Zurich.

Benz, Matthias. 2005. Not for the Profit, but for the Satisfaction? — Evidence on Worker Well-Being in Non-Profit Firms. *Kyklos* 58, no. 2: 155-176.

Benz, Matthias. 2007. The Relevance of Procedural Utility for Economics. In *Economics and Psychology: A Promising New Cross-Disciplinary Field*, ed. B. Frey and A. Stutzer. MIT Press.

Benz, Matthias, and Bruno Frey. 2008a. Being Independent Is a Great Thing: Subjective Evaluations of Self-Employment and Hierarchy. *Economica*. (75, No. 298: 362-383)

Benz, Matthias, and Bruno Frey. 2008b. The Value of Doing What You Like: Evidence from the Self-Employed in 23 Countries. *Journal of Economic Behavior and Organization*. (68, No. 3-4: 445-455)

Benz, Matthias, and Alois Stutzer. 2003. Do Workers Enjoy Procedural

Utility? *Applied Economics Quarterly* 49, no. 2: 149-172.
Bertrand, Marianne, and Sendhil Mullainathan. 2001. Do People Mean What They Say? Implications for Subjective Survey Data. *American Economic Review* 91, no. 2: 67-72.
Besley, Timothy. 2006. *Principled Agents? The Political Economy of Good Government.* Oxford University Press.
Besley, Timothy, and Anne Case. 2000. Unnatural Experiments? Estimating the Incidence of Endogenous Policies. *Economic Journal* 110, no. 467: 672-694.
Besley, Timothy, and Stephen Coate. 2000. Issue Unbundling via Citizens' Initiatives. Working Paper 8036, National Bureau of Economic Research.
Bewley, Truman. 1999. *Why Wages Don't Fall during a Recession.* Harvard University Press.
Bies, Robert, and Joseph Moag. 1986. Interactional Justice: Communication Criteria of Fairness. In *Research on Negotiation in Organizations*, volume 1, ed. R. Lewicki, B. Sheppard, and M. Bazerman. JAI.
Björklund, Anders, and Tor Eriksson. 1998. Unemployment and Mental Health: A Survey of Nordic Research. *Scandinavian Journal of Social Welfare* 7: 219-235.
Björnskov, Christian. 2003. The Happy Few: Cross-Country Evidence on Social Capital and Life Satisfaction. *Kyklos* 56: 3-16.
Blanchflower, David. 2000. Self-Employment in OECD Countries. *Labour Economics* 7: 471-505.
Blanchflower, David, and Andrew Oswald. 1998. What Makes an Entrepreneur? *Journal of Labor Economics* 16, no. 1: 26-60.
Blanchflower, David, and Andrew Oswald. 1999. Well-Being, Insecurity and the Decline of American Job Satisfaction. Working paper, University of Warwick.
Blanchflower, David, and Andrew Oswald. 2004a. Money, Sex and Happiness: An Empirical Study. *Scandinavian Journal of Economics* 106: 393-415.
Blanchflower, David, and Andrew Oswald. 2004b. Well-Being over Time in Britain and the USA. *Journal of Public Economics* 88: 1359-1386.
Blanchflower, David, Andrew Oswald. and Alois Stutzer. 2001. Latent Entrepreneurship across Nations. *European Economic Review* 45, no. 4-6: 680-691.

Blankart, Charles. 1992. Bewirken Referendum und Volksinitiative einen Unterschied in der Politik? *Staatswissenschaft und Staatspraxis* 3: 509-523.

Blankart, Charles. 1998. Politische Ökonomie der Zentralisierung der Staatstätigkeit. Discussion Paper 108, Humboldt-Universität, Berlin.

Blau, Peter. 1964. *Exchange and Power in Social Life.* Wiley.

Blomquist, Glenn, Mark Berger, and John Hoehn. 1988. New Estimates of Quality of Life in Urban Areas. *American Economic Review* 78, no. 1: 89-107.

Bohnet, Iris. 2007. Why Women and Men Trust Others. In *Economics and Psychology: A Promising New Cross-Disciplinary Field*, ed. B. Frey and A. Stutzer. MIT Press.

Bohnet, Iris, and Bruno Frey. 1994. Direct Democratic Rules: The Role of Discussion. *Kyklos* 47, no. 3: 341-354.

Bolton, Gary, and Axel Ockenfels, 2000. ERC: A Theory of Equity, Reciprocity, and Competition. *American Economic Review* 90, no. 1: 166-193.

Bös, Dieter, 1981. *Economic Theory of Public Enterprise*. Springer.

Boskin, Michael, and Eytan Sheshinski. 1978. Optimal Redistributive Taxation When Individual Welfare Depends on Relative Income. *Quarterly Journal of Economics* 92, no. 4: 589-601.

Bosman, Ronald, and Frans van Winden. 2006. Global Risk, Investment and Emotions. Discussion Paper 5451, Center for Economic Policy Research.

Bowles, Samuel. 1998. Endogenous Preferences: The Cultural Consequences of Markets and Other Economic Institutions. *Journal of Economic Literature* 36: 75-111.

Bradford, David, and Harvey Rosen. 1976. The Optimal Taxation of Commodities and Income. *American Economic Review, Papers and Proceedings* 66: 94-101.

Brennan, Geoffrey, and James Buchanan. 1985. *The Reason of Rules: Constitutional Political Economy.* Cambridge University Press.

Brennan, Geoffrey, and Loren Lomasky. 1993. *Democracy and Decision.* Cambridge University Press.

Brennan, Geoffrey, and Philip Pettit. 2004. *The Economy of Esteem: An Essay on Civil and Political Science.* Oxford University Press.

Breton, Albert. 1996. *Competitive Governments: An Economic Theory of*

Politics and Public Choice Finance. Cambridge University Press.
Brickman, Philip, and Donald Campbell. 1971. Hedonic Relativism and Planning the Good Society. In *Adaptation-Level Theory: A Symposium*, ed. M. Apley. Academic Press.
Brickman, Philip, Dan Coates, and Ronnie Janoff-Bulman. 1978. Lottery Winners and Accident Victims: Is Happiness Relative? *Journal of Personality and Social Psychology* 36, no. 8: 917-927.
Brockner, Joel, and Batia Wiesenfeld. 1996. An Integrative Framework for Explaining Reactions to Decisions: Interactive Effects of Outcomes and Procedures. *Phychological Bulletin* 120, no. 2: 189-208.
Brück, Tilman, and Andreas Stephan. 2006. Do Eurozone Countries Cheat with Their Budget Deficit Forecasts? *Kyklos* 59: 3-16.
Bruni, Luigino. 2006. *Civil Happiness: Economics and Human Flourishing in Historical Perspective*. Routledge.
Bruni, Luigino, and Pier Luigi Porta, eds. 2005. *Economics and Happiness: Framing the Analysis*. Oxford University Press.
Bruni, Luigino, and Pier Luigi Porta, eds. 2007. *Handbook on the Economics of Happiness*. Elgar.
Bruni, Luigino, and Luca Stanca. 2006. Income Aspirations, Television and Happiness: Evidence from the World Values Surveys. *Kyklos* 59, no. 2: 209-226.
Bruni, Luigino, and Luca Stanca. 2008. Watching Alone: Relational Goods, Television and Happiness. *Journal of Economic Behavior and Organization*. (65, No. 3-4: 506-528)
Buchanan, James. 1965. An Economic Theory of Clubs. *Economica* 32, no. 1: 1-14.
Buchanan, James.1991. An American Perspective on Europe's Constitutional Opportunity. *Cato Journal* 10, no. 3: 619-629.
Buchanan, James, and Gordon Tullock. 1962. *The Calculus of Consent: Logical Foundations of Constitutional Democracy*. University of Michigan Press.(『公共選択の理論――合意の経済論理』宇田川璋仁監訳，1979年，東洋経済新報社)
Burman, Bonnie, and Gayla Margolin. 1992. Analysis of the Association Between Marital Relationships and Health Problems: An Interactional Perspective. *Psychological Bulletin* 112, no. 1: 39-63.

Butler, David, and Austin Ranney, eds. 1994. *Referendums around the World: The Growing Use of Direct Democracy*. AEI Press.

Camerer, Colin. 2007. Neuroeconomics: Using Neuroscience to Make Economic Predictions. *Economic Journal* 117: C26-C42.

Camerer, Colin, Meghana Bhatt, and Ming Hsu. 2007. Neuroeconomics: Illustrated by the Study of Ambiguity Aversion. In *Economics and Psychology: A Promising New Cross-Disciplinary Field*, ed. B. Frey and A. Stutzer. MIT Press.

Camerer, Colin, George Loewenstein, and Drazen Prelec. 2005. Neuroeconomics: How Neuroscience Can Inform Economics. *Journal of Economic Literature* 43: 9-64.

Camerer, Colin, George Loewenstein, and Matthew Rabin, eds. 2003. Advances in Behavioral Economics. Russell Sage Foundation Press and Princeton University Press.

Campbell, Angus, Philip Converse, and Willard Rodgers. 1976. *The Quality of American Life: Perceptions, Evaluations, and Satisfactions*. Russell Sage Foundation.

Cantril, Hadley. 1965. *The Pattern of Human Concerns*. Rutgers University Press.

Carr, Alan. 2003. *Positive Psychology: The Science of Happiness and Human Strength*. Routledge.

Carroll, Christopher, Jody Overland, and David Weil. 2000. Saving and Growth with Habit Formation. *American Economic Review* 90, no. 3: 341-355.

Carson, Richard, Robert Mitchell, W. Michael Hanemann, Raymond Kopp, Stanley Pressers, and Paul Ruud. 2003. Contingent Valuation and Lost Passive Use: Damages from the *Exxon Valdez* Oil Spill. *Environmental and Resource Economics* 25, no. 3: 257-286.

Casella, Alessandra, and Bruno Frey. 1992. Federalism and Clubs: Towards an Economic Theory of Overlapping Political Jurisdictions. *European Economic Review* 36: 639-646.

Center for Economic Policy Research (CEPR). 1993. *Making Sense of Subsidiarity: How Much Centralization for Europe?*

Chapais, Bernard. 1991. Primates and the Origins of Aggression, Power and Politics among Humans. In *Understanding Behavior*, ed. J. Loy and C.

Peters. Oxford University Press.

Chay, Kenneth, and Michael Greenstone. 2005. Does Air Quality Matter? Evidence from the Housing Market. *Journal of Political Economy* 113, no. 2: 376-424.

Chrystal Alec, and Paul Mizen. 2003. Goodhart's Law: Its Origins, Meaning and Implications for Monetary Policy. In *Central Banks, Monetary Theory and Policy: Essays in Honour of Charles Goodhart*, volume 1, ed. P. Mizen. Elgar.

Chun, Hyunbae, and Injae Lee. 2001. Why Do Married Men Earn More: Productivity or Marriage Selection? *Economic Inquiry* 39, no. 2: 307-319.

Clark, Andrew. 2001. What Really Matters in a Job? Hedonic Measurement of Quit Data. *Labour Economics* 8: 223-242.

Clark, Andrew. 2003. Unemployment as a Social Norm: Psychological Evidence from Panel Data. *Journal of Labor Economics* 21, no. 2: 323-351.

Clark, Andrew, and Andrew Oswald. 1994. Unhappiness and Unemployment. *Economic Journal* 104, no. 424: 648-659.

Clark, Andrew, and Andrew Oswald. 1996. Satisfaction and Comparison Income. *Journal of Public Economics* 61, no. 3: 359-381.

Clark, Andrew, and Andrew Oswald. 1998. Comparison-Concave Utility and Following Behaviour in Social and Economic Settings. *Journal of Public Economics* 70, no. 1: 133-155.

Clark, Andrew, Ed Diener, Yannis Georgellis, and Richard Lucas. 2006. Lags and Leads in Life Satisfaction: A Test of the Baseline Hypothesis. Working paper, CNRS and DELTA-Fédération Jourdan.

Clark, Andrew, Yannis Georgellis, and Peter Sanfey. 2001. Scarring: The Psychological Impact of Past Unemployment. *Economica* 68, no. 270: 221-241.

Cohen-Charash, Yochi, and Paul Spector. 2001. The Role of Justice in Organizations: A Meta-Analysis. *Organizational Behavior and Human Decision Processes* 86, no. 2: 278-321.

Comim, Flavio. 2005. Capabilities and Happiness: Potential Synergies. *Review of Social Economy* 63, no. 2: 161-171.

Coombs, Robert. 1991. Marital Status and Personal Well-Being: A Literature Review. *Family Relations* 40, no. 1: 97-102.

Costa, Paul, and Robert McCrae. 1988. Personality in Adulthood: A Six-Year Longitudinal Study of Self-Reports and Spouse Ratings on the NEO Personality Inventory. *Journal of Personality and Social Psychology* 54, no. 5: 853-863.

Cotter, Stéphanie, Marco Buscher, Doris Baumgartner, Beat Fux, Claudine Sauvain-Dugerdil, and Alex Gabadinho. 1995. Familie, Lebensverlauf und Geburtshäufigkeit — 1995 [maschinenlesbarer Datensatz]. Bundesamt für Statistik-BfS, Abteilung Bevölkerung und Beschäftigung, Neuchâtel; Soziologisches Institut, Universität Zürich; Laboratoire de démographie économique et sociale, Université de Genève.

Cronin, Thomas. 1989. *Direct Democracy: The Politics of Initiative, Referendum and Recall.* Harvard University Press.

Csikszentmihalyi, Mihaly. 1990. *Flow: The Psychology of Optimal Experience.* Harper and Row.

Csikszentmihalyi, Mihaly, and Jeremy Hunter. 2003. Happiness in Everyday Life: The Uses of Experience Sampling. *Journal of Happiness Studies* 4: 185-199.

Cutler, David, Edward Glaeser, and Jesse Shapiro. 2003. Why Have Americans Become More Obese? *Journal of Economic Perspectives* 17, no. 3: 93-118.

Dafflon, Bernard, and Sergio Rossi. 1999. Public Accounting Fudges towards EMU: A First Empirical Survey and Some Public Choice Considerations. *Public Choice* 101: 59-84.

Dahl, Robert, and Charles Lindblom. 1953. *Politics, Economics and Welfare: Planning and Politico-Economic Systems Resolved into Basic Social Processes.* Harper.

Daly Herman, and John Cobb. 1989. *For the Common Good: Redirecting the Economy toward Community, the Environment, and a Sustainable Future.* Green Print.

Darity, William, and Arthur Goldsmith. 1996. Social Psychology, Unemployment and Macroeconomics. *Journal of Economic Perspectives* 10, no. 1: 121-140.

Davidson, Richard. 2003. Affective Neuroscience and Psychophysiology: Towards a Synthesis. *Psychophysiology* 40: 655-665.

Davidson, Richard, John Marshall, Andrew Tomarken, and Jeffrey Henriques.

2000. While a Phobic Waits: Regional Brain Electrical and Autonomic Activity in Social Phobics during Anticipation of Public Speaking. *Biological Psychiatry* 47, no. 2: 85-95.

Davis, James, Tom Smith, and Peter Marsden. 2001. *General Social Survey, 1972-2000: Cumulative Codebook*. Roper Center for Public Opinion Research.

De Botton, Alain. 2004. *Status Anxiety*. Hamish Hamilton.

De Waal, Frans. 1989. *Chimpanzee Politics*. Johns Hopkins University Press.

Deaton, Angus. 2005. Measuring Poverty in a Growing World. *Review of Economics and Statistics* 87: 1-19.

Deci, Edward. 1971. Effects of Externally Mediated Rewards on Intrinsic Motivation. *Journal of Personality and Social Psychology* 18: 105-115.

Deci, Edward. 1975. *Intrinsic Motivation*. Plenum.

Deci, Edward, and Richard Ryan. 2000. The "What" and "Why" of Goal Pursuits: Human Needs and the Self-Determination of Behavior. *Psychological Inquiry* 11, no. 4: 227-268.

Della Vigna, Stefano, and M. Daniele Paserman. 2005. Job Search and Impatience. *Journal of Labor Economics* 23, no. 3: 527-588.

Della Vigna, Stefano, and Ulrike Malmendier. 2006. Paying Not to Go to the Gym. *American Economic Review* 96, no. 33: 694-719.

DeNeve, Kristina, and Harris Cooper. 1998. The Happy Personality: A Meta-Analysis of 137 Personality Traits and Subjective Well-Being. *Psychological Bulletin* 124, no. 2: 197-229.

Deno, Kevin, and Stephen Mehay. 1985. Institutional Constraints on Local Jurisdiction. *Public Finance Quarterly* 13: 450-463.

Di Tella, Rafael, and Robert MacCulloch. 1996. An Empirical Study of Unemployment Benefit Preferences. Economic Series Working Paper 99179, Department of Economics, Oxford University.

Di Tella, Rafael, and Robert MacCulloch. 2005. Gross National Happiness as an Answer to the Easterlin Paradox? Working Paper, Harvard Business School.

Di Tella, Rafael, and Robert MacCulloch. 2006. Some Uses of Happiness Data in Economics. *Journal of Economic Perspectives* 20: 25-46.

Di Tella, Rafael, Robert MacCulloch, and Andrew Oswald. 2001. Preferences over Inflation and Unemployment: Evidence from Surveys of Happiness.

American Economic Review 91, no. 1: 335-341.

Di Tella, Rafael, Robert MacCulloch, and Andrew Oswald. 2003. The Macroeconomics of Happiness. *Review of Economics and Statistics* 85, no. 4: 809-827.

Diener, Ed. 1984. Subjective Well-Being. *Psychological Bulletin* 95, no. 3: 542-575.

Diener, Ed. 2000. Subjective Well-Being—the Science of Happiness and a Proposal for a National Index. *American Psychologist* 55, no. 1: 34-43.

Diener, Ed, and Robert Biswas-Diener. 2002. Will Money Increase Subjective Well-Being? *Social Indicators Research* 57: 119-169.

Diener, Ed, Marissa Diener, and Carol Diener. 1995. Factors Predicting the Subjective Well-Being of Nations. *Journal of Personality and Social Psychology* 69, no. 5: 851-864.

Diener, Ed, Carol Gohm, Eunkook Suh, and Shigehiro Oishi. 2000. Similarity of the Relations Between Marital Status and Subjective Well-Being across Cultures. *Journal of Cross Cultural Psychology* 31, no. 4: 419-436.

Diener, Ed, and Shigehiro Oishi. 2000. Money and Happiness: Income and Subjective Well-Being across Nations. In *Culture and Subjective Well-Being*, ed. E. Diener and E. Suh. MIT Press.

Diener, Ed, and Martin Seligman. 2002. Very Happy People. *Psychological Science* 13: 81-84.

Diener, Ed, and Martin Seligman. 2004. Beyond Money: Toward an Economy of Well-Being. *Psychological Science in the Public Interest* 5: 1-31.

Diener, Ed, Eunkook Suh, Richard Lucas, and Heidi Smith. 1999. Subjective Well-Being: Three Decades of Progress. *Psychological Bulletin* 125, no. 2: 276-303.

DiLorenzo, Thomas. 1981. Special Districts and Local Public Services. *Public Finance Quarterly* 9: 353-367.

Dorn, David, Justina Fischer, Gebhard Kirchgässner, and Alfonso Sousa-Poza. 2007. Is It Culture or Democracy? The Impact of Democracy, Income and Culture on Happiness. *Social Indicators Research* 82, no. 3: 505-526.

Downs, Anthony. 1957. *An Economic Theory of Democracy*. Harper and Row.

Driffill, John, Grayham Mizon, and Alistair Ulph. 1990. Costs of Inflation. In *Handbook of Monetary Economics*, volume II, ed. B. Friedman and F. Hahn. North-Holland.

Dryzek, John. 1990. *Discursive Democracy: Politic, Policy and Political Science*. Cambridge University Press.

Duesenberry, James. 1949. *Income, Savings and the Theory of Consumer Behavior*. Harvard University Press.

Easterlin, Richard. 1974. Does Economic Growth Improve the Human Lot? Some Empirical Evidence. In *Nations and Households in Economic Growth: Essays in Honour of Moses Abramowitz*, ed. P. David and M. Reder. Academic Press.

Easterlin, Richard. 1995. Will Raising the Incomes of All Increase the Happiness of All? *Journal of Economic Behaviour and Organization* 27, no. 1: 35-48.

Easterlin, Richard. 2000. The Worldwide Standard of Living since 1800. *Journal of Economic Perspectives* 14, no. 1: 7-26.

Easterlin, Richard. 2001. Income and Happiness: Towards a Unified Theory. *Economic Journal* 111: 465-484.

Easterlin, Richard., ed. 2002. *Happiness in Economics*. Elgar.

Easterlin, Richard. 2003. Building a Better Theory of Well-Being. Presented at conference on Paradoxes of Happiness in Economics, University of Milano-Bicocca.

Easterlin, Richard. 2004. Explaining Happiness. *Proceedings of the National Academy of Sciences* 100: 1176-1183.

Easterlin, Richard. 2005. Building a Better Theory of Well-Being. In *Economics and Happiness: Framing the Analysis*, ed. L. Bruni and P. Porta. Oxford University Press.

Edgeworth, Francis. 1881. *Mathematical Psychics: An Essay on the Application of Mathematics to the Moral Sciences*. Kegan Paul.

Ehrhardt, Joop, Willem Saris, and Ruut Veenhoven. 2000. Stability of Life-Satisfaction over Time. *Journal of Happiness Studies* 1, no. 2: 177-205.

Eichenberger, Reiner. 2003a. Economic Innovations Depend on Political Innovations: On Deregulating the Political Process. In *Innovation Clusters and Interregional Competition*, ed. J. Bröcker, D. Dohse, and R. Soltwedel. Springer.

Eichenberger, Reiner. 2003b. Towards a European Market for Good Politics: A Politico-Economic Reform Proposal. *Jahrbuch für Neue Politische Oekonomie*. 22: 221-237.

Eichenberger, Reiner, and Bruno Frey. 2002. Democratic Governance for a Globalized World. *Kyklos* 55: 265-287.

Eichenberger, Reiner, and Mark Schelker. 2005. Controlling Government by Democratically-Elected, Competing Political Bodies. Working paper, University of Fribourg.

Eichenberger, Reiner, and Mark Schelker. 2007. Independent and Competing Agencies: An Effective Way to Control Government. *Public Choice* 130: 79-98.

Ellsberg, Daniel. 1961. Risk, Ambiguity and the Savage Axiom. *Quarterly Journal of Economics* 75: 643-669.

Elster, Jon. 1998. Emotions and Economic Theory. *Journal of Economic Literature* 36, no. 1: 47-74.

Espe, Hartmut, and Margarete Seiwert. 1987. Television Viewing Types, General Life Satisfaction, and Viewing Amount: An Empirical Study in West-Germany. *European Journal of Communication* 13: 95-110.

Estes, Richard. 1988. *Trends in World Social Development: The Social Progress of Nations, 1970-1987*. Praeger.

European Constitutional Group. 1993. A European Constitutional Settlement (draft). London.

Falk, Armin, and Markus Knell. 2004. Choosing the Joneses: Endogenous Goals and Reference Standards. *Scandinavian Journal of Economics* 106, no. 3: 417-435.

Fang, Hanming, and Dan Silverman. 2007. Time-Inconsistency and Welfare Program Participation: Evidence from the NLSY. Discussion Paper 1465, Cowles Foundation for Research in Economics, Yale University.

Feather, Norman. 1990. *The Psychological Impact of Unemployment*. Springer.

Fehr, Ernst, and Simon Gächter. 1998. Reciprocity and Economics. The Economic Implications of "Homo Reciprocans." *European Economic Review* 42: 845-859.

Fehr, Ernst, and Simon Gächter. 2000. Fairness and Retaliation: The Economics of Reciprocity. *Journal of Economic Perspectives* 14: 159-181.

Fehr, Ernst, and Lorenz Götte. 2005. Robustness and Real Consequences of Nominal Wage Rigidity. *Journal of Monetary Economics* 52, no. 4: 779-804.

Fehr, Ernst, Urs Fischbacher, and Michael Kosfeld. 2005. Neuroeconomic

Foundations of Trust and Social Preferences. *American Economic Review* 95, no. 2: 346-351.

Fehr, Ernst, and Klaus Schmidt. 1999. A Theory of Fairness, Competition, and Cooperation. *Quarterly Journal of Economics* 114, no. 3: 817-868.

Fehr, Ernst, and Klaus Schmidt. 2003. Theories of Fairness and Reciprocity—Evidence and Economic Applications. In *Advances in Economics and Econometrics—8th World Congress*, ed. M. Dewatripont, L. Hansen, and S. Turnovsky. Cambridge University Press.

Fehr, Ernst, and Tania Singer. 2005. The Neuroeconomics of Mind Reading and Empathy. *American Economic Review. Papers & Proceedings* 95: 340-345.

Feld, Lars, and Bruno Frey. 2002. Trust Breeds Trust: How Taxpayers Are Treated. *Economics of Governance* 3: 87-99.

Feld, Lars, and Bruno Frey. 2007a. Tax Compliance as the Result of a Psychological Tax Contract: The Roles of Incentives and Responsive Regulation. *Law & Policy* 29, no. 1: 102-120.

Feld, Lars, and Bruno Frey. 2007b. Tax Evasion in Switzerland: The Role of Deterrence and Tax Morale. In *Tax Evasion, Trust and State Capacity*, ed. N. Hayoz and S. Hug. Peter Lang.

Feld, Lars, and Gebhard Kirchgässner. 1999. Public Debt and Budgetary Procedures: Top Down or Bottom Up. Some Evidence from Swiss Municipalities. In *Fiscal Institutions and Fiscal Performance*, ed. J. Poterba and J. von Hagen. University of Chicago Press.

Feld, Lars, and Gebhard Kirchgässner. 2000. Direct Democracy, Political Culture and the Outcome of Economic Policy: A Report on the Swiss Experience. *European Journal of Political Economy* 16, no. 2: 287-306.

Feld, Lars, and Marcel Savioz. 1997. Direct Democracy Matters for Economic Performance: An Empirical Investigation. *Kyklos* 50, no. 4: 507-538.

Feld, Lars, and Stefan Voigt. 2006. Judicial Independence and Economic Growth: Some Proposals Regarding the Judiciary. In *Democratic Constitutional Design and Public Policy: Analysis and Evidence*, ed. R. Congleton and B. Swedenborg. MIT Press.

Fernández-Dols, José-Miguel, and Maria-Angeles Ruiz-Belda. 1995. Are Smiles a Sign of Happiness? Gold Medal Winners at the Olympic Games. *Journal of Personality and Social Psychology* 69, no. 6: 1113-1119.

Ferrer-i-Carbonell, Ada. 2005. Income and Well-Being: An Empirical Analysis of the Comparison Income Effect. *Journal of Public Economics* 89, no. 5-6: 997-1019.

Ferrer-i-Carbonell, Ada, and Paul Frijters. 2004. How Important Is Methodology for the Estimates of the Determinants of Happiness? *Economic Journal* 114, no. 497: 641-659.

Fischer, Stanley. 1981. Towards an Understanding of the Costs of Inflation: II. *Carnegie-Rochester Conference Series on Public Policy* 15: 5-41.

Fong, Christina. 2001. Social Preferences, Self-Interest, and the Demand for Redistribution. *Journal of Public Economics* 82: 225-246.

Fong, Christina. 2006. Prospective Mobility, Fairness, and the Demand for Redistribution. Working paper, Carnegie Mellon University.

Fordyce, Meredith. 1988. A Review of Research on Happiness Measures: A Sixty Second Index of Happiness and Mental Health. *Social Indicators Research* 20: 355-381.

Forte, Francesco. 2001. The Maastricht "Excessive Deficit" Rules and Creative Accounting. In *Rules and Reason*, ed. R Mudambi, P. Navarra, and G. Sobbrio. Cambridge University Press.

Frank, Robert. 1985a. *Choosing the Right Pond*. Oxford University Press.

Frank, Robert. 1985b. The Demand for Unobservable and Other Nonpositional Goods. *American Economic Review* 75, no. 1: 101-116.

Frank, Robert. 1988. *Passions within Reason: The Strategic Role of the Emotions*. Norton. (『オデッセウスの鎖——適応プログラムとしての感情』大坪康介訳, 1995年, サイエンス社)

Frank, Robert. 1997. The Frame of Reference as a Public Good. *Economic Journal* 107, no. 445: 1832-1847.

Frank, Robert. 1999. *Luxury Fever: Why Money Fails to Satisfy in an Era of Excess*. Free Press.

Frank, Robert. 2003. Are Positional Externalities Different from Other Externalities? Presented at conference on "Why Inequality Matters: Lessons for Policy from the Economics of Happiness," Brookings Institution, Washington.

Frederick, Shane, and George Loewenstein. 1999. Hedonic Adaptation. In *Well-Being: The Foundations of Hedonic Psychology*, ed. D. Kahneman, E. Diener, and N. Schwarz. Russell Sage Foundation.

Frederick, Shane, George Loewenstein, and Ted O'Donoghue. 2002. Time Discounting and Time Preference: A Critical Review. *Journal of Economic Literature* 40, no. 2: 351-401.

Fredrickson, Barbara. 2001. The Role of Emotions in Positive Psychology. *American Psychologist* 56: 218-226.

Fredrickson, Barbara. 2003. The Value of Positive Emotions. *American Scientist* 91: 330-335.

Freeman, A. Myrick, III. 2003. *The Measurement of Environmental and Resource Values: Theory and Methods*. Resources for the Future.

Frey, Bruno. 1983. *Democratic Economic Policy*. Blackwell.(『新しい経済政策——「公共選択」と政策決定関谷登他訳，1985年，ダイヤモンド社）

Frey, Bruno. 1994a. Direct Democracy: Politico-Economic Lessons from Swiss Experience. *American Economic Review* 84, no. 2: 338-348.

Frey, Bruno. 1994b. Supreme Auditing Institutions: A Politico-Economic Analysis. *European Journal of Law and Economics* 1: 169-176.

Frey, Bruno. 1997a. A Constitution for Knaves Crowds Out Civic Virtues. *Economic Journal* 107, no. 443: 1043-1053.

Frey, Bruno. 1997b. *Not Just for the Money: An Economic Theory of Personal Motivation*. Elgar.

Frey, Bruno. 2004. *Dealing with Terrorism — Stick or Carrot?* Elgar.

Frey, Bruno. 2005. Knight Fever: Towards an Economics of Awards. Working Paper 239, IEW (Institute for Empirical Research in Economics), University of Zurich.

Frey, Bruno. 2006. Giving and Receiving Awards. *Perspectives on Psychological Science* 1: 377-388.

Frey, Bruno, Christine Benesch, and Alois Stutzer. 2007. Does Watching TV Make Us Happy? *Journal of Economic Psychology* 28, no. 3: 283-313.

Frey, Bruno, and Matthias Benz. 2004. From Imperialism to Inspiration: A Survey of Economics and Psychology. In *The Elgar Companion to Economics and Philosophy*, ed. J. Davis, A. Marciano, and J. Runde. Elgar.

Frey, Bruno, Matthias Benz, and Alois Stutzer. 2004. Introducing Procedural Utility: Not Only What, but Also How Matters. *Journal of Institutional and Theoretical Economics* 160, no. 3: 377-401.

Frey, Bruno, and Reiner Eichenberger. 1994. Economic Incentives Transform Psychological Anomalies. *Journal of Economic Behavior and Organization*

23: 215-234.

Frey, Bruno, and Reiner Eichenberger. 1999. *The New Democratic Federalism for Europe: Functional Overlapping and Competing Jurisdictions*. Elgar.

Frey, Bruno, and Lars Feld. 2002. Deterrence and Morale in Taxation: An Empirical Analysis. CESifo Working Paper Series no. 760, Center for Economic Studies, University of Munich.

Frey, Bruno, and Reto Jegen. 2001. Motivation Crowding Theory: A Survey of Empirical Evidence. *Journal of Economic Surveys* 15, no. 5: 589-611.

Frey, Bruno, and Gebhard Kirchgässner. 1993. Diskursethik, Politische Ökonomie und Volksabstimmungen. *Analyse und Kritik* 15, no. 2: 129-149.

Frey, Bruno, and Simon Luechinger. 2003. How to Fight Terrorism: Alternatives to Deterrence. *Defence and Peace Economics* 14, no. 4: 237-249.

Frey, Bruno, Simon Luechinger, and Alois Stutzer. 2007. Calculating Tragedy: Assessing the Costs of Terrorism. *Journal of Economic Surveys* 21, no. 1: 1-24.

Frey, Bruno, Simon Luechinger, and Alois Stutzer. 2010. The Life Satisfaction Approach to Valuing Public Goods: The Case of Terrorism. Annual Review of Resouce Economics, Annual Review 2, No. 1: 139-160.

Frey, Bruno, and Felix Oberholzer-Gee. 1997. The Cost of Price Incentives: An Empirical Analysis of Motivation Crowding-Out. *American Economic Review* 87, no. 4: 746-755.

Frey, Bruno, and Margit Osterloh, eds. 2002. *Successful Management by Motivation: Balancing Intrinsic and Extrinsic Incentives*. Springer.

Frey, Bruno, and Margit Osterloh. 2005. Yes, Managers Should Be Paid Like Bureaucrats. *Journal of Management Inquiry* 14, no. 1: 96-111.

Frey, Bruno, and Werner Pommerehne. 1993. On the Fairness of Pricing — An Empirical Survey among the General Population. *Journal of Economic Behavior and Organization* 20: 295-307.

Frey, Bruno, and Alois Stutzer. 1999. Measuring Preferences by Subjective Well-Being. *Journal of Institutional and Theoretical Economics* 155, no. 4: 755-788.

Frey, Bruno, and Alois Stutzer. 2000. Happiness, Economy and Institutions. *Economic Journal* 110, no. 446: 918-938.

Frey, Bruno, and Alois Stutzer. 2001. Economics and Psychology: From

Imperialistic to Inspired Economics. *Revue de philosophie économique* 4: 5-22.

Frey, Bruno, and Alois Stutzer. 2002a. *Happiness and Economics: How the Economy and Institutions Affect Well-Being*. Princeton University Press. (『幸福の政治経済学——人々の幸せを促進するものは何か』,佐和隆光監訳,沢崎冬日訳,2005年,ダイヤモンド社)

Frey, Bruno, and Alois Stutzer. 2002b. What Can Economists Learn from Happiness Research? *Journal of Economic Literature* 40, no. 2: 402-435.

Frey, Bruno, and Alois Stutzer. 2004a. Economic Consequences of Mispredicting Utility. Working Paper 218, IEW (Institute for Empirical Research in Economics), University of Zurich.

Frey, Bruno, and Alois Stutzer. 2004b. Reported Subjective Well-Being: A Challenge for Economic Theory and Economic Policy. *Schmollers Jahrbuch* 124: 191-231.

Frey, Bruno, and Alois Stutzer. 2005a. Testing Theories of Happiness. In *Economics and Happiness: Framing the Analysis*, ed. L. Bruni and P. Porta. Oxford University Press.

Frey, Bruno, and Alois Stutzer. 2005b. Happiness Research: State and Prospects. *Review of Social Economy* 62: 207-228.

Frey, Bruno, and Alois Stutzer. 2005c. Beyond Outcomes: Measuring Procedural Utility. *Oxford Economic Papers* 57: 90: 111.

Frey, Bruno, and Alois Stutzer. 2006a. Direct Democracy: Designing a Living Constitution. In *Democratic Constitutional Design and Public Policy: Analysis and Evidence*, ed. R. Congleton and B. Swedenborg. MIT Press.

Frey, Bruno, and Alois Stutzer. 2006b. Mispredicting Utility and the Political Process. In *Behavioral Public Finance*, ed. E. McCaffery and J. Slemrod. Russell Sage Foundation.

Frey, Bruno, and Alois Stutzer. 2007. *Economics and Psychology: A Promising New Cross-Disciplinary Field*. MIT Press.

Frijters, Paul, John Haisken-DeNew, and Michael Shields. 2003. Investigating the Patterns and Determinants of Life Satisfaction in Germany Following Reunification. *Journal of Human Resources* 39, no. 3: 649-674.

Frijters, Paul, John Haisken-DeNew, and Michael Shields. 2004. Money Does Matter! Evidence from Increasing Real Income and Life Satisfaction in East Germany Following Reunification. *American Economic Review* 94:

730-740.

Gächter, Simon. 2007. Conditional Cooperation: Behavioral Regularities from the Lab and the Field and Their Policy Implications. In *Economics and Psychology: A Promising New Cross-Disciplinary Field*, ed. B. Frey and A. Stutzer. MIT Press.

Gardner, Jonathan, and Andrew Oswald. 2001. Does Money Buy Happines? A Longitudinal Study Using Data on Windfalls. Mimeo, Warwick University.

Gardner, Jonathan, and Andrew Oswald. 2004. How Is Mortality Affected by Money, Marriage, and Stress? *Journal of Health Economics* 23: 1181-1207.

Gardner, Jonathan, and Andrew Oswald. 2006. Do Divorcing Couples Become Happier by Breaking Up? *Journal of the Royal Statistical Society, Series A* 169, no. 2: 319-336.

Gerber, Elisabeth. 1997. *The Populist Paradox: Interest Group Influence and the Promise of Direct Legislation*. Princeton University Press.

Gerlach, Knut, and Gesine Stephan. 1996. A Paper on Unhappiness and Unemployment in Germany. *Economics Letters* 52, no. 3: 325-330.

Gold, Steven. 1991. Interstate Competition and State Personal Income-Tax Policy in the 1980s. In *Competition among States and Local Governments*, ed. D. Kenyon and J. Kincaid. Urban Institute Press.

Goldsmith, Arthur, Jonathan Veum, and William Darity Jr. 1996. The Inpact of Labor Force History on Self-Esteem and Its Component Parts, Anxiety, Alienation and Depression. *Journal of Economic Psychology* 17, no. 2: 183-220.

Goodhart, Charles. 1975. Problems of Monetary Management: The UK Experience. In *Inflation, Depression and Economic Policy in the West*, ed. A. Courakis. Marshall.

Graham, Carol. 2005. Insights on Development from the Economics of Happiness. *World Bank Research Observer*, August 11: 1-31.

Graham, Carol, and Stefano Pettinato. 2002a. *Happiness and Hardship: Opportunity and Insecurity in New Market Economies*. Bookings Institution Press.

Graham, Carol, and Stefano Pettinato. 2002b. Frustrated Achievers: Winners, Losers, and Subjective Well-Being in Emerging Market Economies.

Journal of Development Studies 38: 100-140.

Greenberg, Jerald. 1990a. Employee Theft as a Reaction to Underpayment Inequity: The Hidden Cost of Pay Cuts. *Journal of Applied Psychology* 75, no. 5: 561-570.

Greenberg, Jerald. 1990b. Organizational Justice: Yesterday, Today, and Tomorrow. *Journal of Management* 16, no. 2: 399-432.

Grob, Alexander. 2000. Perceived Control and Subjective Well-Being across Nations and across the Life Span. In *Culture and Subjective Well-Being*, ed. E. Diener and E. Suh. MIT Press.

Gross, Andreas, and Bruno Kaufmann. 2002. *IRI Europe Country Index on Citizen Lawmaking 2002*. IRI (Initiative and Referendum Institute Europe).

Gruber, Jonathan, and Sendhil Mullainathan. 2005. Do Cigarette Taxes Make Smokers Happier? *Advances in Economic Analysis and Policy* 5, no. 1: 1-43.

Gui, Benedetto, and Robert Sugden. 2005. *Economics and Social Interaction*. Cambridge University Press.

Güth, Werner und Hannelore Weck-Hannemann. 1997. Do People Care about Democracy? An Experiment Exploring the Value of Voting Rights. *Public Choice* 91, no. 1: 27-47.

Habermas, Jürgen. 1983. Diskursethik—Notizen zu einem Begründungsprozess. In *Moralbewusstsein und kommunikatives Handeln*, ed. J. Habermas. Suhrkamp.

Hamermesh, Daniel. 1977. Economic Aspects of Job Satisfaction. In *Essays in Labor Market Analysis*, ed. O. Ashenfelter and W. Oates. Wiley.

Hamilton, Barton. 2000. Does Entrepreneurship Pay? An Empirical Analysis of Returns to Self-Employment. *Journal of Political Economy* 108, no. 3: 604-632.

hammond, Peter. 1991. Interpersonal Comparisons of Utility: Why and How They Are and Should Be Made. In *Interpersonal Comparisons of Well-Being*, ed. J. Elster and J. Roemer. Cambridge University Press.

Hayek, Friedrich A. von. 1960. *The Constitution of Liberty*. Routledge. (『自由の条件　ハイエク全集Ⅰ期』全三巻，気賀健三，古賀勝次郎訳，2007年，春秋社)

Hayo, Bernd, and Wolfgang Seifert. 2003. Subjective Well-Being in Eastern

Europe. *Journal of Economic Psychology* 24: 329-348.

Headey, Bruce, and Alexander Wearing. 1991. Subjective Well-Being: A Stocks and Flows Framework. In *Subjective Well-Being: An Interdisciplinary Perspective*, ed. F. Strack, M. Argyle, and N. Schwarz. Pergamon.

Heinrich, Jürgen. 1994. *Medienökonomie*. Westdeutscher Verlag.

Helliwell, John. 2003. How's Life? Combining Individual and National Variables to Explain Subjective Well-Being. *Economic Modelling* 20, no. 2: 331-360.

Helliwell, John. 2006a. Well-Being and Social Capital: Does Suicide Pose a Puzzle? *Social Indicators Research* 81: 455-496.

Helliwell, John. 2006b. Well-Being, Social Capital and Public Policy: What's New? *Economic Journal* 116, no. 510: C34-C45.

Helliwell, John, and Haifang Huang. 2008. How's Your Government? International Evidence Linking Good Government and Well-Being. *British Journal of Political Science* 38, No. 4: 595-619.

Helliwell, John, and Robert Putnam. 2005. The Social Context of Well-Being. In *The Science of Well-Being*, ed. F. Huppert, N. Baylis, and B. Keverne. Oxford University Press.

Henrich, Joseph, and Francisco Gil-White. 2001. The Evolution of Prestige: Freely Conferred Deference as a Mechanism for Enhancing the Benefits of Cultural Transmission. *Evolution of Human Behavior* 22: 165-196.

Hermalin, Benjamin, and Alice Isen. 1999. The Effect of Affect on Economic and Strategic Decision-Making. CLEO Research Paper No. C01-5, University of California, Berkeley.

Hicks, John, and Roy Allen. 1934. A Reconsideration of the Theory of Value. *Economica* 1: 52-75.

Hirsch, Fred. 1976. *The Social Limits to Growth*. Harvard University Press.

Hirschman, Albert. 1970. *Exit, Voice and Loyalty*. Harvard University Press.

Holländer, Heinz. 2001. On the Validity of Utility Statements: Standard Theory versus Duesenberry's. *Journal of Economic Behavior and Organization* 45, no. 3: 227-249.

Hsee, Christopher, Jiao Zhang, Fang Yu, and Yiheng Xi. 2003. Lay Rationalism in Decision Making. *Journal of Behavioral Decision Making* 16: 257-272.

Huberman, Bernarda, Christoph Loch, and Ayse Önçüler. 2004. Status as a

Valued Resource. *Social Psychology Quarterly* 67, no. 1: 103-114.

Hudson, John. 2006. Institutional Trust and Subjective Well-Being across the EU. *Kyklos* 59: 43-62.

Hughes, Michael, Carolyn Kroehler, and James Vander Zanden. 1999. *Sociology: The Core*. McGraw-Hill.

Hundley, Greg. 2001. Why and When Are the Self-Employed More Satisfied with Their Work? *Industrial Relations* 40, no. 2: 293-317.

Huppert, Felicia, Nick Baylis, and Barry Keverne, eds. 2004. The Science of Well-Being—Integrating Neurobiology, Psychology and Social Science. *Philosophical Transactions of the Royal Society B: Biological Sciences* 359, no. 1449: 1331-1332.

Inglehart, Ronald. 1990. *Culture Shift in Advanced Industrial Society*. Princeton University Press.

Inglehart, Ronald, Miguel Basanez, Jaime Diez-Medrano, Loek Halman, and Ruud Luijks. 2000. World Values Surveys and European Values Surveys, 1981-1984, 1990-1993, and 1995-1997. Computer file, ICPSR study no. 2790. Distributed by Inter-university Consortium for Political and Social Research.

Intriligator, Michael. 1973. A Probabilistic Model of Social Choice. *Review of Economic Studies* 40, no. 4: 553-560.

IP International Marketing Committee. 2004. *International Key Facts: Television 2004*.

Irwin, Francis. 1944. The Realism of Expectations. *Psychological Review* 51: 120-126.

Isen, Alice. 2000. Positive Affect and Decision Making. In *Handbook of Emotions*, ed. M. Lewis and J. Haviland-Jones. Guilford.

Isen, Alice, Kimberley Daubman, and Gary Nowicki. 1987. Positive Affect Facilitates Creative Problem Solving. *Journal of Personality and Social Psychology* 52: 1122-1131.

Isen, Alice, and Paula Levin. 1972. Effect of Feeling Good on Helping: Cookies and Kindness. *Journal of Personality and Social Psychology* 21, no. 3: 384-388.

James, William. 1890. *Principles of Psychology*, volume II. Henry Holt.

Jameson, Michael. 1988. *Practical Guide to Creative Accounting*. Kogan Page.

Jegen, Reto, and Bruno Frey. 2004. TV-Konsum und Rationalität. In *Zwischen*

Marktversagen und Medienvielfalt. Medienmärkte im Fokus neuer medienökonomischer Anwendungen, ed. G. Siegert and F. Losig. Nomos.

Johnson, David, and Jian Wu. 2002. An Empirical Test of Crisis, Social Selection, and Role Explanations of the Relationship between Marital Disruption and Psychological Distress: A Pooled Time-Series Analysis of Four-Wave Panel Data. *Journal of Marriage and the Family* 64, no. 1: 211-224.

Jones, Eric. 1981. *The European Miracle*. Cambridge University Press.

Kahneman, Daniel. 1994. New Challenges to the Rationality Assumption. *Journal of Institutional and Theoretical Economics* 150, no. 1: 18-36.

Kahneman, Daniel. 1999. Objective Happiness. In *Well-Being: The Foundations of Hedonic Psychology*, ed. D. Kahneman, E. Diener, and N. Schwarz. Russell Sage Foundation.

Kahneman, Daniel. 2003. Experienced Utility and Objective Happiness: A Moment-Based Approach. In *The Psychology of Economic Decisions*, volume 1: *Rationality and Well-Being*, ed. I. Brocas and J. Carrillo. Oxford University Press.

Kahneman, Daniel. 2004. Towards a Science of Well-Being. Talk given at Würzburg University.

Kahneman, Daniel, Ed Diener, and Norbert Schwarz, eds. 1999. *Well-Being: The Foundations of Hedonic Psychology*. Russell Sage Foundation.

Kahneman, Daniel, Barbara Fredrickson, Charles Schreiber, and Donald Redelmeier. 1993. When More Pain Is Preferred to Less: Adding a Better End. *Psychological Science* 4: 401-405.

Kahneman, Daniel, and Jack Knetsch. 1992. Valuing Public Goods: The Purchase of Moral Satisfaction. *Journal of Economics and Management* 22, no. 1: 57-70.

Kahneman, Daniel, Jack Knetsch, and Richard Thaler. 1986. Fairness as a Constraint on Profit Seeking: Entitlements in the Market. *American Economic Review* 76, no. 4: 728-741.

Kahneman, Daniel, and Alan B. Krueger. 2006. Developments in the Measurement of Subjective Well-Being. *Journal of Economic Perspectives*, 20, no.1: 3-24.

Kahneman, Daniel, Alan Krueger, David Schkade, Norbert Schwarz, and Arthur Stone. 2004a. Toward National Well-Being Accounts. *American

Economic Review 94, no. 2: 429-434.
Kahneman, Daniel, Alan Krueger, David Schkade, Norbert Schwarz, and Arthur Stone. 2004b. A Survey Method for Characterizing Daily Life Experience: The Day Reconstruction Method. *Science* 306, no. 5702: 1776-1780.
Kahneman, Daniel, and Jason Riis. 2005. Living and Thinking about It: Two Perspectives on Life. In *The Science of Well-Being*, ed. F. Huppert, N. Baylis, and B. Keverne. Oxford University Press.
Kahneman, Daniel, and Richard Thaler. 2006. Anomalies: Utility Maximization and Experienced Utility. *Journal of Economic Perspectives* 20, no. 1: 221-234.（「効用最大化と経験効用」山内あゆ子訳, 友野典男監訳『ダニエル・カーネマン心理と経済を語る』新収, 2011年, 楽工社）
Kahneman, Daniel, and Carol Varey. 1991. Notes on the Psychology of Utility. In *Interpersonal Comparisons of Well-Being: Studies in Rationality and Social Change*, ed. J. Elster and J. Roemer. Cambridge University Press.
Kahneman, Daniel, Peter Wakker, and Rakesh Sarin. 1997. Back to Bentham? Explorations of Experienced Utility. *Quarterly Journal of Economics* 112, no. 2: 375-405.
Karatnycky, Adrian, ed. 2000. *Freedom in the World: The Annual Survey of Political Rights and Civil Liberties 1999-2000*. Freedom House.
Kasser, Tim. 2002. *The High Price of Materialism*. MIT Press.
Kasser, Tim, and Richard Ryan. 1993. A Dark Side of the American Dream: Correlates of Financial Success as a Central Life Aspiration. *Journal of Personality and Social Psychology* 65, no. 2: 410-422.
Kasser, Tim, and Richard Ryan. 1996. Further Examining the American Dream: Differential Correlates of Intrinsic and Extrinsic Goals. *Personality and Social Psychology Bulletin* 22, no. 3: 280-287.
Kasser, Tim, and Richard Ryan. 2001. Be Careful What You Wish For: Optimal Functioning and the Relative Attainment of Intrinsic and Extrinsic Goals. In *Life Goals and Well-Being: Towards a Positive Psychology of Human Striving*, ed. P. Schmuck and K. Sheldon. Hogrefe and Huber.
Kaufman, Bruce. 1999. Emotional Arousal as a Source of Bounded Rationality. *Journal of Economic Behavior and Organization* 38: 135-144.
Keeney, John, and Ralph Raiffa. 1976. *Decisions with Multiple Objectives*. Wiley.

Kenny, Charles. 1999. Does Growth Cause Happiness, or Does Happiness Cause Growth? *Kyklos* 52, no. 1: 3-26.
Kiefer, Marie Luise. 2001. *Medienökonomik. Einführung in eine ökonomische Theorie der Medien*. R. Oldenbourg.
Kiefer, Marie Luise. 2003. Medienfunktionen als meritorische Güter. *Medien Journal. Zeitschrift für Kommunikationskultur* 27, no. 3: 31-46.
Kimball, Miles, and Robert Willis. 2006. Utility and Happiness. Working paper, University of Michigan.
Kirchgässner, Gebhard, Lars Feld, and Marcel Savioz. 1999. *Die direkte Demokratie: Modern, erfolgreich, entwicklungs-und exportfähig*. Helbing & Lichtenhahn and Vahlen.
Kirchgässner, Gebhard, and Werner Pommerehne. 1996. Tax Harmonization and Tax Competition in the European Community: Lessons from Switzerland. *Journal of Public Economics* 60: 351-371.
Kitayama, Shinobu, and Hazel Markus. 2000. The Pursuit of Happiness and the Realization of Sympathy: Cultural Patterns of Self, Social Relations, and Well-Being. In *Culture and Subjective Well-Being*, ed. E. Diener and E. Suh. MIT Press.
Koivumaa-Honkanen, Heli-Tuuli, Risto Honkanen, Heimo Viinamaeki, Kauko Heikkilae, Jaakko Kaprio, and Markku Koskenvuo. 2001. Life Satisfaction and Suicide: A 20-Year Follow-up Study. *American Journal of Psychiatry* 158, no. 3: 433-439.
Konovsky Mary. 2000. Understanding Procedural Justice and Its Impact on Business Organizations. *Journal of Management* 26, no. 3: 489-511.
Konow, James. 2001. Fair and Square: The Four Sides of Distributive Justice. *Journal of Economic Behavior and Organization* 46, no. 2: 137-164.
Konow, James. 2003. Which Is the Fairest One of All? A Positive Analysis of Justice Theories. *Journal of Economic Literature* 41, no. 4: 1188-1239.
Korpi, Tomas. 1997. Is Well-Being Related to Employment Status? Unemployment, Labor Market Policies and Subjective Well-Being among Swedish Youth. *Labour Economics* 4, no. 2: 125-147.
Kraft, Kornelius. 2001. Unemployment and the Separation of Married Couples. *Kyklos* 54, no. 1: 67-88.
Kriesi, Hanspeter. 2005. *Direct Democratic Choice: The Swiss Experience*. Lexington.

Kubey, Robert, and Mihaly Csikszentmihalyi. 1990. *Television and the Quality of Life: How Viewing Shapes Everyday Experience*. Erlbaum.

Kubey, Robert, and Mihaly Csikszentmihalyi. 2002. Television Addiction Is No Mere Metaphor. *Scientific American* 286, no. 2: 74-80.

Kunreuther, Howard, and Paul Kleindorfer. 1986. A Sealed-Bid Auction Mechanism for Siting Noxious Facilities. *American Economic Review* 76, no. 2: 295-299.

Kuttner, Robert. 1997. *Everything for Sale: The Virtues and Limits of Markets*. Knopf.

Kyriacou, Andreas. 2006. Functional, Overlapping, Competing Jurisdictions and Ethnic Conflict Management. *Kyklos* 59, no. 1: 63-83.

Ladner, Andreas. 1994. Finanzkompetenzen der Gemeinden — Ein Überblick über die Praxis. In *Finanzföderalismus*, ed. F. Eng, A. Glatthard, and B. Koenig. ESG (Emissionszentrale der Schweizer Gemeinden).

Laibson, David. 1997. Golden Eggs and Hyperbolic Discounting. *Quarterly Journal of Economics* 112, no. 2: 443-477.

Lalive, Rafael. 2005. Social Interactions in Unemployment. Mimeo, University of Zurich.

Lancaster, Kevin. 1966. A New Approach to Consumer Theory. *Journal of Political Economy* 74, no. 2: 132-157.

Lane, Robert. 1991. *The Market Experience*. Cambridge University Press.

Lane, Robert. 1998. The Joyless Market Economy. In *Economics, Values, and Organization*, ed. A. Ben-Ner and L. Putterman. Cambridge University Press.

Lane, Robert. 2000. *The Loss of Happiness in Market Economies*. Yale University Press.

Larsen, Randy, and Barbara Fredrickson. 1999. Measurement Issues in Emotion Research. In *Well-Being: The Foundations of Hedonic Psychology*, ed. D. Kahneman, E. Diener, and N. Schwarz. Russell Sage Foundation.

Layard, Richard. 1980. Human Satisfaction and Public Policy. *Economic Journal* 90: 737-750.

Layard, Richard. 2005. *Happiness: Lessons from a New Science*. Penguin.

Layard, Richard. 2006. Happiness and Public Policy: A Challenge to the Profession. *Economic Journal* 116: C24-C33.

Layard, Richard. 2007. Happiness and Public Policy: A Challenge to the

Profession. In *Economics and Psychology: A Promising New Cross-Disciplinary Field*, ed. B. Frey and A. Stutzer. MIT Press.

Lebergott, Stanley. 1993. *Pursuing Happiness: American Consumers in the Twentieth Century*. Princeton University Press.

Lechner, Michael, and Friedhelm Pfeiffer. 1993. Der Weg in die Selbständigkeit am Beginn der Marktwirtschaft. *ZEW Wirtschaftsanalysen* 1: 45-65.

Lepper, Heidi 1998. Use of Other-Reports to Validate Subjective Well-Being Measures. *Social Indicators Research* 44, no. 3: 367-379.

Leu, Robert, Stefan Burri, and Tom Priester. 1997. *Lebensqualität und Armut in der Schweiz*. Haupt.

Lewin, Kurt, Tamara Dembo, Leon Festinger, and Pauline Sears. 1944. Level of Aspiration. In *Personality and the Behavior Disorders*, volume I, ed. J. McVicker Hunt. Ronald.

Lewin, Shira. 1996. Economics and Psychology: Lessons for Our Own Day from the Early Twentieth Century. *Journal of Economic Literature* 34, no. 3: 1293-1323.

Lind, E. Allan, and Tom Tyler. 1988. *The Social Psychology of Procedural Justice*. Plenum.

Lind, E. Allan, Carol Kulik, Maureen Ambrose, and Maria de Vera Park. 1993. Individual and Corporate Dispute Resolution: Using Procedural Fairness as a Decision Heuristic. *Administrative Science Quarterly* 38, no. 2: 224-251.

Lindenberg, Siegwart. 1986. The Paradox of Privatization in Consumption. In *Paradoxical Effects of Social Behavior*, ed. A. Diekmann and P. Mitter. Physica.

Lindenberg, Siegwart. 1990. Home Socio-oeconomicus: The Emergence of a General Model of Man in the Social Sciences. *Journal of Institutional and Theoretical Economics* 146: 727-748.

Lindenberg, Siegwart. 2001. Intrinsic Motivation in a New Light. *Kyklos* 54: 317-342.

Lindenberg, Siegwart, and Bruno Frey. 1993. Alternatives, Frames and Relative Prices: A Broader View of Rational Choice Theory. *Acta Sociologica* 36: 191-205.

Loch, Christoph, Bernardo Huberman, and Suzanne Stout. 2000. Status Competition and Performance in Work Groups. *Journal of Economic*

Behavior and Organization 43, no. 1: 35-55.

Loewenstein, George. 1996. Out of Control: Visceral Influences on Behavior. *Organization Behavior and Human Decision Processes* 65: 272-292.

Loewenstein, George. 1999. Because It Is There: The Challenge of Mountaineering...for Utility Theory. *Kyklos* 52, no. 3: 315-343.

Loewenstein, George. 2000. Emotions in Economic Theory and Economic Behavior. *American Economic Review, Papers and Proceedings* 90: 426-432.

Loewenstein, George, and Daniel Adler. 1995. A Bias in the Prediction of Tastes. *Economic Journal* 105: 929-937.

Loewenstein, George, Ted O'Donoghue, and Matthew Rabin. 2003. Projection Bias in Predicting Future Utility. *Quarterly Journal of Economics* 118: 1209-1248.

Loewenstein, George, and David Schkade. 1999. Wouldn't It Be Nice? Predicting Future Feelings. In *Well-Being: The Foundation of Hedonic Psychology*, ed. D. Kahneman, E. Diener, and N. Schwarz. Russell Sage Foundation.

Lucas, Richard, Andrew Clark, Yannis Georgellis, and Ed Diener. 2003. Reexamining Adaptation and the Set Point Model of Happiness: Reactions to Changes in Marital Status. *Journal of Personality and Social Psychology* 84, no. 3: 527-539.

Lucas, Richard, Andrew Clark, Yannis Georgellis, and Ed Diener. 2004. Unemployment Alters the Set-Point for Life Satisfaction. *Psychological Science* 15: 8-13.

Lucas, Richard, Ed Diener, and Eunkook Suh. 1996. Discriminant Validity of Well-Being Measures. *Journal of Personality and Social Psychology* 71, no. 3: 616-628.

Lucas, Robert, Jr. 1976. Econometric Policy Evaluation: A Critique. *Carnegie-Rochester Conference Series on Public Policy* 1: 19-46.

Lucas, Robert, Jr. 1981. Discussion of Stanley Fischer, "Towards an Understanding of the Costs of Inflation: II." *Carnegie-Rochester Conference Series on Public Choice* 15: 43-52.

Luttmer, Erzo. 2005. Neighbors as Negatives: Relative Earnings and Well-Being. *Quarterly Journal of Economics* 120, no. 3: 923-1002.

Lyubomirsky, Sonja, Laura King, and Ed Diener. 2005. The Benefits of

Frequent Positive Affect: Does Happiness Lead to Success? *Psychological Bulletin* 131, no. 6: 803-855.

Lyubomirsky, Sonja, and Heidi Lepper. 1999. A Measure of Subjective Happiness: Preliminary Reliability and Construct Validation. *Social Indicators Research* 46, no. 2: 137-155.

Lyubomirsky, Sonja, Kennon Sheldon, and David Schkade. 2005. Pursuing Happiness: The Architecture of Sustainable Change. *Review of General Psychology* 9, no. 2: 111-131.

MacLeod, W. Bentley. 1996. Decision, Contract, and Emotion: Some Economics for a Complex and Confusing World. *Canadian Journal of Economics* 29, no. 4: 788-810.

Marks, Gary, and Nicole Fleming. 1999. Influences and Consequences of Well-Being Among Australian Young People: 1980-1995. *Social indicators Research* 46, no. 3: 301-323.

Marshall, Alfred. 1890 [1920]. *The Principles of Economics*, eighth edition. Macmillan.

Marshall, Monty, and Keith Jaggers. 2004. Polity IV Project: Political Regime Characteristics and Transitions, 1800-2004. The Polity IV Dataset. http://www.cidcm.umd.edu.

Martin, Dolores, and Richard Wagner. 1978. The Institutional Framework for Municipal Incorporation. *Journal of Law and Economics* 21: 409-425.

Mastekaasa, Arne. 1992. Marriage and Psychological Well-Being: Some Evidence on Selection into Marriage. *Journal of Marriage and the Family* 54, no. 4: 901-911.

Matsusaka, John. 2004. *For the Many or the Few: How the Initiative Process Changes American Government*. University of Chicago Press.

McIlwraith, Robert. 1998. "I, Addicted to Television" : The Personality, Imagination, and TV Watching Patterns of Self-Identified TV Addicts. *Journal of Broadcasting & Electronic Media* 42, no.3: 371-386.

McMahon, Darrin. 2006. *The Pursuit of Happiness: A History from the Greeks to the Present*. Allen Lane.

Mehay, Stephen. 1984. The Effect of Governmental Structure on Special District Expenditures. *Public Choice* 44: 339-348.

Meier, Stephan. 2006. *The Economics of Non-selfish Behaviour: Decisions to Contribute Money to Public Goods*. Elgar.

Meier, Stephan. 2007. A Survey of Economic Theories and Field Evidence on Pro-Social Behavior. In *Economics and Psychology: A Promising New Cross-Disciplinary Field*, ed. B. Frey and A. Stutzer. MIT Press.

Meier, Stephan, and Alois Stutzer. 2008. Is Volunteering Rewarding in Itself? Evidence from a Natural Experiment. *Economica* 75, No. 297: 39-59.

Mellers, Barbara. 2000. Choice and the Relative Pleasure of Consequences. *Psychological Bulletin* 126, no. 6: 910-924.

Meyer, Bruce. 1995. Natural and Quasi-Experiments in Economics. *Journal of Business and Economic Statistics* 13, no. 2: 151-162.

Michalos, Alex. 1985. Multiple Discrepancies Theory (MDT). *Social Indicators Research* 16: 347-413.

Michalos, Alex. 1991. *Global Report on Student Well-Being*, volume 1: *Life Satisfaction and Happiness*. Springer.

Michalos, Alex, ed. 2005. *Citation Classics from Social Indicators Research: The Most Cited Articles*. Springer.

Mill, John Stuart. 1909. *Autobiography*. Collier.

Mitchell, Terence, Leigh Thompson, Erika Peterson, and Randy Cronk. 1997. Temporal Adjustments in the Evaluation of Events: The "Rosy View." *Journal of Experimental Social Psychology* 33, no. 4: 421-448.

Modigliani, Franco. 1949. Fluctuations in the Saving-Income Ratio: A Problem in Economic Forecasting. *Studies in Income and Wealth* 11: 371-443.

Morgan, Michael. 1984. Heavy Television Viewing and Perceived Quality of Life. *Journalism Quarterly* 61, no. 3: 499-504.

Mueller, Dennis. 1978. Voting by Veto. *Journal of Public Economics* 10, no. 1: 57-76.

Mueller, Dennis. 1996. *Constitutional Democracy*. Oxford University Press.

Mueller, Dennis, ed. 1997. *Perspectives on Public Choice: A Handbook*. Cambridge University Press.

Mueller, Dennis. 2003. *Public Choice III*. Cambridge University Press.

Murphy, Gregory, and James Athanasou. 1999. The Effect of Unemployment on Mental Health. *Journal of Occupational and Organizational Psychology* 72, no. 1: 83-99.

Myers, David. 1993. *The Pursuit of Happiness: Who Is Happy and Why?* Avon.

Myers, David. 1999. Close Relationship and Quality of Life. In *Well-Being:*

The Foundations of Hedonic Psychology, ed. D. Kahneman, E. Diener, and N. Schwarz. Russell Sage Foundation.

Myers, David. 2000. The Funds, Friends, and Faith of Happy People. *American Psychologist* 55, no. 1: 56-67.

Nelson, Michael. 1990. Decentralization of the Subnational Public Sector: An Empirical Analysis of the Determinants of Local Government Structure in Metropolitan Areas in the U. S. *Southern Economic Journal* 57, no. 2: 443-457.

Nettle, Daniel. 2005. *Happiness: The Science Behind Your Smile*. Oxford University Press.

Neumark, David, and Andrew Postlewaite. 1998. Relative Income Concerns and the Rise in Married Women's Employment. *Journal of Public Economics* 70, no. 1: 157-183.

New Scientist. 2003. Reasons to Be Cheerful. October 4-10: 44-47.

Ng, Yew-Kwang. 1978. Economic Growth and Welfare: The Need for a Complete Study of Happiness. *Kyklos* 31: 575-587.

Ng, Yew-Kwang. 1996. Happiness Surveys: Some Comparability Issues and an Exploratory Survey Based on Just Perceivable Increments. *Social Indicators Research* 38, no. 1: 1-27.

Ng, Yew-Kwang. 1997. A Case for Happiness, Cardinalism, and Interpersonal Comparability. *Economic Journal* 107, no. 445: 1848-1858.

Ng, Yew-Kwang. 2001. From Preference to Happiness: Towards a More Complete Welfare Economics. *Social Choice and Welfare* 20, no. 2: 307-350.

Nicholson, Nigel. 1998. How Hardwired Is Human Behavior? *Harvard Business Review* 76, no. 4: 135-147.

Nieboer, Anna, Siegwart Lindenberg, Anne Boomsma, and Alinda Van Bruggen. 2005. Dimensions of Well-Being and Their Measurement: The SPF-IL Scale. *Social Indicators Research* 73, no. 3: 313-353.

Nordhaus, William, and James Tobin. 1972. *Is Growth Obsolete?* Columbia University Press.

Nozick, Robert. 1974. *Anarchy, State, and Utopia*. Basic Books. (『アナーキー・国家・ユートピア——国家の正当性とその限界』嶋津格訳, 1995年, 木鐸社)

Nussbaum, Martha. 1999. *Sex and Social Justice*. Oxford University Press.

Nussbaum, Martha. 2000. *Women and Human Development: The Capabilities Approach*. Cambridge University Press.

Nussbaum, Martha. 2007. Mill between Aristotle and Bentham. In *Economics and Happiness*, ed. L. Bruni and P. Porta. Oxford University Press.

Nussbaum, Martha, a and Amartya Sen. 1993. *The Quality of Life*. Oxford University Press. (『クオリティー・オブ・ライフ——豊かさの本質とは』竹友安彦監修, 水谷めぐみ訳, 2006年, 里文出版)

O'Donoghue, Ted, and Matthew Rabin. 1999. Doing It Now or Later. *American Economic Review* 89, no. 1: 103-124.

Oates, Wallace. 1972. *Fiscal Federalism*. Harcourt Brace Jovanovich.

Oates, Wallace. 1999. An Essay on Fiscal Federalism. *Journal of Economic Literature* 37: 1120-1149.

Oberholzer-Gee, Felix. 2007. The Helping Hand—A Brief Anatomy. In *Economics and Psychology: A Promising New Cross-Disciplinary Field*, ed. B. Frey and A. Stutzer. MIT Press.

Oberholzer-Gee, Felix, Bruno Frey, Albert Hart, and Werner Pommerehne. 1995. Panik, Protest und Paralyse. Eine empirische Untersuchung über nukleare Endlager in der Schweiz. *Schweizerische Zeitschrift für Volkswirtschaft und Statistik* 13, no. 2: 147-177.

OECD (Organization for Economic Cooperation and Development). 2001. *The Well-Being of Nations: The Role of Human and Social Capital*.

Okun, Arthur. 1970. *The Political Economy of Prosperity*. Brookings Institution.

Olson, Mancur. 1969. The Principle of "Fiscal Equivalence": The Division of Responsibilities among Different Levels of Government. *American Economic Review* 59, no. 2: 479-487.

Osterloh, Margit, and Bruno Frey. 2000. Motivation, Knowledge Transfer, and Organizational Forms. *Organization Science* 11, no. 5: 538-550.

Osterloh, Margit, and Bruno Frey. 2004. Corporate Governance for Crooks? The Case for Corporate Virtue. In *Corporate Governance and Firm Organization*, ed. A. Grandori. Oxford University Press.

Osterloh, Margit, and Bruno Frey. 2006. Shareholders Should Welcome Knowledge Workers as Directors. *Journal of Management and Governance* 10, no. 3: 325-345.

Osterloh, Margit, Bruno Frey, and Jetta Frost. 2001. Managing Motivation,

Organization and Governance. *Journal of Management and Governance* 5, no. 3-4: 231-239.

Osterloh, Margit, and Bruno Frey, and Jetta Frost. 2002. The Dynamics of Motivation in New Organizational Forms. *International Journal of the Economics of Business* 9: 61-77.

O'Sullivan, Arthur. 1993. Voluntary Auctions for Noxious Facilities: Incentives to Participate and the Efficiency of Siting Decisions. *Journal of Environmental Economics and Management* 25, no. 1: 12-26.

Oswald, Andrew. 1997. Happiness and Economic Performance. *Economic Journal* 107, no. 445: 1815-1831.

Oswald, Andrew, and Nattavudh Powdthavee. 2006. Does Happiness Adapt? A Longitudinal Study of Disability with Implications for Economists and Judges. IZA Discussion Paper No. 2208, Institute for the Study of Labor.

Parducci, Allen. 1995. *Happiness, Pleasure, and Judgment: The Contextual Theory and Its Applications*. Erlbaum.

Parducci, Allen. 1995. *Happiness, Pleasure, and Judgment: The Contextual Theory and Its Applications*. Erlbaum.

Pateman, Carol. 1970. *Participation and Democratic Theory*. Combridge University Press.

Pavot, William, and Ed Diener. 1993. The Affective and Cognitive Context of Self-Reported Measures of Subjective Well-Being. *Social Indicators Research* 28, no. 1: 1-20.

Pearlin, Leonard, and Carmi Schooler. 1978. The Structure of Coping. *Journal of Health and Social Behavior* 19, no. 1: 2-21.

Peterson, Christopher. 1999. Personal Control and Well-Being. In *Well-Being: The Foundations of Hedonic Psychology*, ed. D. Kahneman, E. Diener, and N. Schwarz. Russell Sage Foundation.

Pollak, Robert. 1970. Habit Formation and Dynamic Demand Functions. *Journal of Political Economy* 78, no. 4: 745-763.

Pollak, Robert. 1976. Interdependent Preferences. *American Economic Review* 66, no. 3: 309-320.

Pollak, Robert. 2002. Gary Becker's Contributions to Family and Household Economics. *Review of Economics of the Household* 1, no. 1: 111-141.

Pommerehne, Werner, and Hannelore Weck-Hannemann. 1996. Tax Rates, Tax Administration and Income Tax Evasion in Switzerland. *Public

Choice 88, no. 1-2: 161-170.

Portney, Paul. 1994. The Contingent Valuation Debate: Why Economists Should Care. *Journal of Economic Perspectives* 8, no. 4: 3-17.

Powdthavee, Nattavudh., 2008. Putting a Price Tag on Friends, Relatives, and Neighbours: Using Surveys of Life Satisfaction to Value Social Relationships, *Journal of Socioeconomics*, 37, No. 4: 1459-1480.

Prelec, Drazen, and Richard Herrnstein. 1991. Preferences or Principles: Alternative Guidelines for Choice. In *Strategy and Choice*, ed. R. Zeckhauser. MIT Press.

Pugno, Maurizio. 2004a. The Happiness Paradox: A Formal Explanation from Psycho-Economics. Working paper, Department of Economics, University of Trento.

Pugno, Maurizio. 2004b. Rationality and Affective Motivations: New Ideas from Neurobiology and Psychiatry for Economic Theory? Discussion Paper 0501, Department of Economics, University of Trento.

Pugno, Maurizio. 2007. The Subjective Well-Being Paradox: a Suggested Solution Based on Relational Goods. In *Handbook on the Economics of Happiness*, ed. L. Bruni and P. Porta. Elgar.

Putnam, Robert. 2000. *Bowling Alone: The Collapse and Revival of American Community*. Simon & Schuster.

Rabin, Matthew. 1998. Psychology and Economics. *Journal of Economic Literature* 36: 11-46.

Ravallion, Martin, and Michael Lokshin. 2001. Identifying Welfare Effects from Subjective Questions. *Economica* 68, no. 271: 335-357.

Rayo, Luis, and Gary Becker. 2007. Evolutionary Efficiency and Happiness. *Journal of Political Economy* 115, no. 2: 302-337.

Ridgeway, Cecilia, and Henri Walker. 1995. Status Structures. In *Sociological Perspectives on Social Psychology*, ed. K. Cook, G. Fine, and J. House. Pearson Education.

Riis, Jason, George Loewenstein, Jonathan Baron, Christopher Jepson, Angela Fagerlin, and Peter Ubel. 2005. Ignorance of Hedonic Adaptation to Hemodialysis: A Study Using Ecological Momentary Assessment. *Journal of Experimental Psychology* 134, no. 1: 3-9.

Riker, William, and Peter Ordeshook. 1973. *An Introduction to Positive Political Theory*. Prentice-Hall.

Robbins, Lionel. 1932. *An Essay on the Nature and Significance of Economic Science*. Macmillan. Selections reprinted in *The Philsophy of Economics: An Anthology*, ed. D. Hausman. Cambridge University Press. (『経済学の本質と意義』中山伊知郎監修・辻六兵衛訳, 1957 年, 東京経済新報社)

Robinson, John, and Geoffrey Godbey. 1999. *Time for Life: The Surprising Ways Americans Use Their Time*, second edition. Pennsylvania State University Press.

Robinson, Michael, and Gerald Clore. 2002. Belief and Feeling: Evidence for an Accessibility Model of Emotional Self-Report. *Psychological Bulletin* 128, no. 6: 934-960.

Romer, Paul. 2000. Thinking and Feeling. *American Economic Review* 90, no. 2: 439-443.

Romer, Thomas, and Howard Rosenthal. 1978. Political Resource Allocation, Controlled Agendas, and the Status Quo. *Public Choice* 33: 27-43.

Romer, Thomas, and Howard Rosenthal. 1982. Median Voters or Budget Maximizers: Evidence from School Expenditure Referenda. *Economic Inquiry* 20: 556-578.

Rosen, Sherwin. 1974. Hedonic Prices and Implicit Markets: Product Differentiation in Pure Competition. *Journal of Political Economy* 82, no. 1: 34-55.

Rosenberg, Nathan, and Luther Earl Birdzell. 1986. *How the West Grew Rich: The Economic Transformation of the Industrial World*. I. B. Tauris.

Ross, Catherine, John Mirowsky, and Karen Goldsteen. 1990. The Impact of the Family on Health: The Decade in Review. *Journal of Marriage and the Family* 52, no. 4: 1059-1078.

Ross, Michael. 1989. Relation of Implicit Theories to the Construction of Personal Histories. *Psychological Review* 96: 341-357.

Rubin, Alan. 2002. The Uses-and-Gratification Perspective of Media Effects. In *Media Effects: Advances in Theory and Research*, ed. J. Bryant and D. Zillmann. Erlbaum.

Ruhm, Christopher. 2000. Are Recessions Good for Your Health? *Quarterly Journal of Economics* 115, no. 2: 617-650.

Ryan, Richard, and Edward Deci. 2000. Self-Determination Theory and the Facilitation of Intrinsic Motivation, Social Development, and Well-Being. *American Psychologist* 55: 68-78.

Ryan, Richard, and Edward Deci. 2001. On Happiness and Human Potentials: A Review of Research on Hedonic and Eudaimonic Well-Being. *Annual Review of Psychology* 52: 141-166.

Ryff, Carol. 1989. Happiness Is Everything, or Is It? Explorations on the Meaning of Psychological Well-Being. *Journal of Personality and Social Psychology* 57: 1069-1081.

Ryff, Carol, and Burton Singer. 1998. The Contours of Positive Human Health. *Psychological Inquiry* 9: 1-28.

Sandmo, Agnar. 2005. The Theory of Tax Evasion: A Retrospective View. *National Tax Journal* 58, no. 4: 643-663.

Sandvik, Ed, Ed Diener, and Larry Seidlitz. 1993. Subjective Well-Being: The Convergence and Stability of Self-Report and Non-Self-Report Measures. *Journal of Personality* 61, no. 3: 317-342.

Santerre, Rexford. 1989. Representative versus Direct Democracy: Are There Any Expenditure Differences? *Public Choice* 60, no. 2: 145-154.

Santerre, Rexford. 1993. Representative versus Direct Democracy: The Role of Public Bureaucrats. *Public Choice* 76, no. 3: 189-198.

Schelker, Mark, and Reiner Eichenberger. 2006. Making Audit Courts Effective: Theory and Empirical Evidence. In *Essays in Fiscal Sociology II*, ed. J. Backhaus. Peter Lange.

Schelling, Thomas. 1984. Self-Command in Practice, in Policy, and in a Theory of Rational Choice. *American Economic Review* 74, no. 2: 1-11.

Schneider, Friedrich, and Dominik Enste. 2000. Shadow Economies: Sizes, Causes, and Consequences. *Journal of Economic Literature* 38, no. 1: 77-114.

Schneider, Friedrich, and Dominik Enste. 2002. *The Shadow Economy: Theoretical Approaches, Empirical Studies, and Political Implications*. Cambridge University Press.

Schneider, Friedrich, and Werner Pommerehne. 1983. Macroeconomia della crescita in disequilibrio e settore pubblico in espansione: il peso delle differenze istituzionali. *Rivista Internazionale di Scienze Economiche e Commerciali* 33, no. 4-5: 306-320.

Schooler, Jonathan, Dan Ariely, and George Loewenstein. 2003. The Pursuit and Assessment of Happiness Can Be Self-Defeating. In *The Psychology of Economic Decisions*, volume 1: *Rationality and Well-Being*, ed. I.

Brocas and J. Carrillo. Oxford University Press.

Schor, Juliet. 1991. *The Overworked American: The Unexpected Decline of Leisure*. Basic Books.

Schor, Juliet. 1998. *The Overspent American: Why We Want What We Don't Need*. Basic Books.

Schreiber, Charles, and Daniel Kahneman. 2000. Determinants of the Remembered Utility of Aversive Sounds. *Journal of Experimental Psychology* 129: 27-42.

Schröder, Guido. 1997. *Die Ökonomie des Fernsehens — eine mikroökonomische Analyse*. LIT.

Schroth, Holly, and Priti Pradhan-Shah. 2000. Procedures: Do We Really Want to Know Them? An Examination of the Effects of Procedural Justice on Self-Esteem. *Journal of Applied Psychology* 85, no. 3: 462-471.

Schwartz, Barry. 2000. Self-Determination: The Tyranny of Freedom. *American Psychologist* 55: 79-88.

Schwarz, Norbert. 1990. What Respondents Learn from Scales: Informative Functions of Response Alternatives. *International Journal of Public Opinion Research* 2: 274-285.

Schwarz, Norbert, and Fritz Strack. 1999. Reports of Subjective Well-Being: Judgmental Processes and Their Methodological Implications. In *Well-Being: The Foundations of Hedonic Psychology*, ed. D. Kahneman, E. Diener, and N. Schwarz. Russell Sage Foundation.

Schwarze, Johannes, and Rainer Winkelmann. 2005. What Can Happiness Research Tell Us about Altruism? Evidence from the German Socio-Economic Panel. Discussion Paper 1487, IZA (Institute for the Study of Labor), Bonn.

Scitovsky, Tibor. 1976. *The Joyless Economy: An Inquiry into Human Satisfaction and Dissatisfaction*. Oxford University Press.（『人間の喜びと経済的価値』斎藤精一郎訳, 1979年, 日本経済新聞社）

Scollon, Christie, Chu Kim-Prieto, and Ed Diener. 2003. Experience Sampling: Promises and Pitfalls, Strengths and Weaknesses. *Journal of Happiness Studies* 4, no. 1: 5-34.

Seligman, Martin. 1992. *Helplessness: On Depression, Development and Death*. Freeman.

Seligman, Martin. 2002. *Authentic Happiness*. Free Press.（『世界でひとつだけ

の幸せ——ポジティブ心理学が教えてくれる満ち足りた人生』小林裕子訳,2004年,アスペクト)

Seligman, Martin, and Mihaly Csikszentmihalyi. 2000. Positive Psychology: An Introduction. *American Psychologist* 55: 5-14.

Sen, Amartya. 1970. *Collective Choice and Social Welfare*. Holden-Day. (『集合的選択と社会的厚生』志田基与師訳, 2000年, 勁草書房)

Sen, Amartya. 1982. *Choice, Welfare and Measurement*. Blackwell. (『合理的な愚か者——経済学=倫理学的探究』大庭健, 川本隆史訳, 1989年, 勁草書房)

Sen, Amartya. 1983. Poor, Relatively Speaking. *Oxford Economic Papers* 35, no. 2: 153-169.

Sen, Amartya. 1985. *Commodities and Capabilities*. North-Holland. (『福祉の経済学——財と潜在能力』鈴村興太郎訳, 1988年, 岩波書店)

Sen, Amartya. 1986. The Standard of Living. In *Tanner Lectures on Human Values*, volume VII, ed. S. McMurrin. Cambridge University Press.

Sen, Amartya. 1992. *Inequality Reexamined*. Russell Sage. (『不平等の再検討——潜在能力と自由』池本幸生, 野上裕生, 佐藤仁訳, 1999年, 岩波書店)

Sen, Amartya. 1995. Rationality and Social Choice. *American Economic Review* 85, no. 1: 1-24.

Sen, Amartya. 1996. Rationality, Joy and Freedom. *Critical Review* 10: 481-494.

Sen, Amartya. 1997. Maximization and the Act of Choice. *Econometrica* 65, no. 4: 745-779.

Sen, Amartya. 1999. *Development as Freedom*. Alfred Knopf. (『自由と経済開発』石塚雅彦訳, 2006年, 日本経済新聞社)

Shafir, Eldar, Itamar Simonson, and Amos Tversky. 1993. Reason-Based Choice. *Cognition* 49: 11-36.

Shapiro, Jesse. 2005. Is There a Daily Discount Rate? Evidence from the Food Stamp Nutrition Cycle. *Journal of Public Economics* 89, no. 2-3: 303-325.

Sharpe, L. James, ed. 1993. *The Rise of Modern Government in Europe*. Sage.

Shiller, Robert. 1997. Why Do People Dislike Inflation? In *Reducing Inflation: Motivation and Strategy*, ed. C. Romer and D. Romer. University of Chicago Press.

Shiller, Robert, Maxim Boyocko, and Vladimir Korobov. 1991. Popular

Attitudes toward Free Markets: The Soviet Union and the United States Compared. *American Economic Review* 81, no. 3: 385-400.

Sirgy, M. Joseph. 1997. Materialism and Quality of Life. *Social Indicators Research* 43, no. 3: 227-260.

Sirgy, M. Joseph, Dong-Jin Lee, Rustan Kosenko, H. Lee Meadow, Don Rahtz, Muris Cicic, Guang Xi Jin, Duygun Yarsuvat, David Blenkhorn, and Newell Wrighi. 1998. Does Television Viewership Play a Role in the Perception of Quality of Life? *Journal of Advertising* 27, no. 1: 125-142.

Slemrod, Joel, and Shlomo Yitzhaki. 2002. Tax Avoidance, Evasion, and Administration. In *Handbook of Public Economics*, volume 3, ed. A. Auerbach and M. Feldstein. Elsevier.

Slesnick, Daniel. 1998. Empirical Approaches to the Measurement of Welfare. *Journal of Economic Literature* 36, no. 4: 2108-2165.

Smith, Adam. 1759 [2000]. *The Theory of Moral Sentiments*. Prometheus Books.(『道徳感情論』水田洋訳, 2003年, 岩波書店)

Smith, Richard, Ed Diener, and Douglas Wedell. 1989. Intrapersonal and Social Comparison Determinants of Happiness: A Range-Frequency Analysis. *Journal of Personality and Social Psychology* 56, no. 3: 317-325.

Smith, Stephen, and Peter Razzell. 1975. *The Pool Winners*. Caliban Books.

Sobel, Joel. 2005. Interdependent Preferences and Reciprocity. *Journal of Economic Literature* 43: 392-436.

Sousa-Poza, Alfonso, and Fred Henneberger. 2002. An Empirical Analysis of Working Hour Constraints in Twenty-One Countries. *Review of Social Economy* 60, no. 2: 210-242.

Stack, Steven, and J. Ross Eshleman. 1998. Marital Status and Happiness: A 17-Nation Study. *Journal of Marriage and the Family* 60, no. 2: 527-536.

Stevens, Anthony, and John Price. 2000. *Evolutionary Psychiatry: A New Beginning*. Routledge.

Stevenson, Betsey, and Justin Wolfers. 2006. Bargaining in the Shadow of the Law: Divorce Laws and Family Distress. *Quarterly Journal of Economics* 121, no. 1: 267-288.

Stigler, George. 1950. The Development of Utility Theory. *Journal of Political Economy* 58, no. 4-5: 307-327, 373-396.(『効用理論の発展』丸山徹訳, 1979年, 日本経済新聞社)

Stouffer, Samuel, Edward Suchman, Leland DeVinney, Shirley Star, and Robin Williams Jr. 1949. *The American Soldier: Adjustment during Army Life*. Princeton University Press.

Strack, Fritz, Michael Argyle, and Norbert Schwarz, eds. 1991. *Subjective Well-Being: An Interdisciplinary Perspective*. Pergamon.

Stroebe, Wolfgang, and Margaret Stroebe. 1987. *Bereavement and Health: The Psychological and Physical Consequences of Partner Loss*. Cambridge University Press.

Stryker, Sheldon, and Anne Statham. 1985. Symbolic Interaction and Role Theory. In *Handbook of Social. Psychology*, ed. G. Lindzey and E. Aronson. Random House.

Stutzer, Alois. 1999. Demokratieindizes für die Kantone der Schweiz. Working Paper 23, IEW (Institute for Empirical Research in Economics), University of Zurich.

Stutzer, Alois. 2004. The Role of Income Aspirations in Individual Happiness. *Journal of Economic Behavior and Organization* 54, no. 1: 89-109.

Stutzer, Alois, and Bruno Frey. 2003. Institutions Matter for Procedural Utility. An Econometric Study of the Impact of Political Participation Possibilities. In *Economic Welfare, International Business and Global Institutional Change*. ed. R. Mudambi, P. Navarra, and G. Sobbrio. Elgar.

Stutzer, Alois, and Bruno Frey. 2004. Reported Subjective Well-Being: A Challenge for Economic Theory and Economic Policy. *Schmollers Jahrbuch: Zeitschrift für Wirtschafts-und Sozialwissenschaften* 124, on. 2: 191-231.

Stutzer, Alois, and Bruno Frey. 2006. Does Marriage Make Happy, or Do Happy People Get Married? *Journal of Socio-Economics* 35: 326-347.

Stutzer, Alois, and Bruno Frey. 2007a. Stress That Doesn't Pay: The Commuting Paradox. Working Paper 151, IEW (Institute for Empirical Research in Economics), University of Zurich.

Stutzer, Alois, and Bruno Frey. 2007b. What Happiness Research Can Tell Us about Self-Control Problems and Utility Maximization. In *Economics and Psychology: A Promising Nen Cross-Disciplinary Field*, ed. B. Frey and A. Stutzer. MIT Press.

Stutzer, Alois, and Rafael Lalive. 2004. The Role of Social Work Norms in Job Searching and Subjective Well-Being. *Journal of the European Economic*

Association 2: 696-719.
Sugden, Robert. 1981. *The Political Economy of Public Choice*. Martin Robertson.
Sugden, Robert. 1986. *The Economics of Rights, Cooperation, and Welfare*. Blackwell.（『慣習と秩序の経済学——進化ゲーム理論アプローチ』友野典男訳, 2008年, 日本評論社）
Sugden, Robert. 2005. Correspondence of Sentiments: An Explanation of the Pleasure of Interaction. In *Economics and Happiness*, ed. L. Bruni and P. Porta. Oxford University Press.
Schweizerischer Städteverband [Swiss Association of Cities]. Various years. *Statistik der Schweizer Städte*.
Tanzi, Vito, and Ludger Schuknecht. 2000. *Public Spending in the 20th Century*. Cambridge University Press.
Tatzel, Miriam. 2002. "Money Worlds" and Well-Being: An Integration of Money Disposition, Materialism and Price-Related Behavior. *Journal of Economic Psychology* 23, no. 1: 103-126.
Thaler, Richard. 1992. *The Winner's Curse: Paradoxes and Anomalies of Economic Life*. Free Press.（『セイラー教授の行動経済学入門』篠原勝訳, 2007年, ダイヤモンド社）
Thaler, Richard. 1999. Mental Accounting Matters. In *Choices, Values and Frames*, ed. D. Kahneman and A. Tversky. Cambridge University Press.
Theil, Henry. 1964. *Optimal Decision Rules for Government and Industry*. North-Holland.
Tiebout, Charles. 1956. A Pure Theory of Local Expenditure. *Journal of Political Economy* 64, October: 416-424.
Tinbergen, Jan. 1956. *Economic Policy: Principles and Design*. North-Holland.
Tooby, John, and Leda Cosmides. 1992. The Psychological Foundations of Culture. In *The Adapted Mind*, ed. J. Barkow, L. Cosmides, and J. Tooby. Oxford University Press.
Torgler, Benno. 2004. Moral Suasion: An Alternative Tax Policy Strategy? Evidence from a Controlled Field Experiment in Switzerland. *Economics of Governance* 5: 235-253.
Torgler, Benno. 2005. Tax Morale and Direct Democracy. *European Journal of Political Economy* 21: 525-531.
Torgler, Benno. 2007. *Tax Compliance and Tax Morale: A Theoretical and*

Empirical Analysis. Elgar.
Torgler, Benno, and Bruno Frey. 2007. Tax Morale and Conditional Cooperation. *Journal of Comparative Economics* 35: 136-159.
Torgler, Benno, Christoph Schaltegger, and Markus Schaffner. 2003. Is Forgiveness Divine? A Cross-Cultural Comparison of Tax Amnesties. *Swiss Journal of Economics and Statistics* 125: 375-396.
Tullock, Gordon. 1967. *Toward a Mathematics of Politics*. University of Michigan Press.
Tullock, Gordon. 1987. *Autocracy*. Martinus Nijhoff.
Tversky, Amos, and Dale Griffin. 1991. Endowment and Contrast in Judgments of Well-Being. In *Strategy and Choice*, ed. R. Zeckhauser. MIT Press.
Tyler, Tom. 1997. Procedural Fairness and Compliance with the Law. *Swiss Journal of Economics and Statistics* 133, no. 2: 219-240.
Tyler, Tom, Robert Boeckmann, Heather Smith, and Yuen Huo. 1997. *Social Justice in a Diverse Society*. Westview.
Tyler, Tom., Yuen Huo, and E. Allan Lind. 1999. The Two Psychologies of Conflict Resolution: Differing Antecedents of Pre-Experience Choices and Post-Experience Evaluations. *Group Processes and Intergroup Relations* 2, no. 2: 99-118.
Tyran, Jean-Robert, and Dirk Engelmann. 2005. To Buy or Not to Buy? An Experimental Study of Consumer Boycotts in Retail Markets. *Economica* 72, no. 285: 1-16.
Uchida, Yukiko, Vinai Norasakkunkit, and Shinobu Kitayama. 2004. Cultural Constructions of Happiness: Theory and Empirical Evidence. *Journal of Happiness Studies* 5, no. 3: 223-239.
Ura, Karma, and Karma Galay, eds. 2004. *Gross National Happiness and Development*. Centre for Bhutan Studies.
Urry, Heather Jack Nitschke, Isa Dolski, Daren Jackson, Kim Dalton, Corrina Mueller, Melissa Rosenkranz, Carol Ryff, Burton Singer, and Richard Davidson. 2004. Making a Life Worth Living: Neural Correlates of Well-Being. *Psychological Science* 15, no. 6: 367-372.
Van den Bos, Kees, Jan Bruins, Elske Dronkert, and Henk Wilke. 1999. Sometimes Unfair Procedures Have Nice Aspects: On the Psychology of the Fair Process Effect. *Journal of Personality and Social Psychology* 77,

no. 2: 324-336.
Van de Stadt, Huib, Arie Kapteyn, and Sara van de Geer. 1985. The Relativity of Utility: Evidence from Panel Data. *Review of Economics and Statistics* 67, no. 2: 179-187.
Van Herwaarden, Floor, Arie Kapteyn, and Bernard van Praag. 1977. Twelve Thousand Individual Welfare Functions: A Comparison of Six Samples in Belgium and the Netherlands. *European Economic Review* 9, no. 3: 283-300.
Van Praag, Bernard. 1968. *Individual Welfare Functions and Consumer Behavior — a Theory of Rational Irrationality*. North-Holland.
Van Praag, Bernard. 1971. The Welfare Function of Income in Belgium: An Empirical Investigation. *European Economic Review* 2: 337-369.
Van Praag, Bernard. 1991. Ordinal and Cardinal Utility. An Integration of the Two Dimensions of the Welfare Concept. *Journal of Econometrics* 50: 69-89.
Van Praag, Bernard. 1993. The Relativity of the Welfare Concept. In *The Quality of Life*, ed. M. Nussbaum and A. Sen. Clarendon.
Van Praag, Bernard, and Barbara Baarsma. 2004. Using Happiness Surveys to Value Intangibles: The Case of Airport Noise. *Economic Journal* 115, no. 500: 224-246.
Van Praag, Bernard, and Ada Ferrer-I-Carbonell. 2004. *Happiness Quantified: A Satisfaction Calculus Approach*. Oxford University Press.
Van Praag, Bernard, and Paul Frijters. 1999. The Measurement of Welfare and Well-Being: The Leyden Approach. In *Well-Being: The Foundations of Hedonic Psychology*, ed. D. Kahneman, E. Diener, and N. Schwarz. Russell Sage Foundation.
Van Praag, Bernard, Paul Frijters, and Ada Ferrer-i-Carbonell. 2003. The Anatomy of Subjective Well-Being. *Journal of Economic Behavior and Organization* 51: 29-49.
Van Praag, Bernard, and Nico van der Sar. 1988. Household Cost Functions and Equivalence Scales. *Journal of Human Resources* 23, no. 2: 193-210.
Vanberg, Viktor. 2000. Functional Federalism: Communal or Individual Rights? *Kyklos* 53: 363-386.
Vanberg, Viktor. 2005. Market and State: The Perspective of Constitutional Political Economy. *Journal of Institutional Economics* 1, no. 1: 23-49.

Vaubel, Roland. 1994. The Political Economy of Centralization and the European Community. *Public Choice* 81: 151-190.
Veblen, Thorstein. 1899. *The Theory of Leisure Class*. Modern Library. (『有閑階級の理論』高哲男訳, 1998年, 筑摩書房)
Veenhoven, Ruut. 1993. *Happiness in Nations: Subjective Appreciation of Life in 56 Nations 1946-1992*. Erasmus University Press.
Veenhoven, Ruut. 1999. Quality-of-Life in Individualistic Society: A Comparison in 43 Nations in the Early 1990s. *Social Indicators Research* 48, no. 2: 159-188.
Veenhoven, Ruut. 2000. Freedom and Happiness. A Comparative Study in 46 Nations in the early 1990s. In *Culture and Subjective Well-Being*, ed. E. Diener and E. Suh. MIT Press.
Voigt, Stephan. 2005. The Economic Effects of Judicial Accountability — Some Preliminary Insights. Working paper, Department of Economics, University of Kassel.
Von Hagen, Jürgen, and Guntram Wolff. 2006. What Do Deficits Tell Us about Debt? Empirical Evidence on Creative Accounting with Fiscal Rules in the EU. *Journal of Banking and Finance* 30, no. 12: 3259-3279.
Waite, Linda, and Maggie Gallagher. 2000. *The Case for Marriage: Why Married People Are Happier, Healthier, and Better Off Financially*. Doubleday.
Warr, Peter. 1999. Well-Being and the Workplace. In *Well-Being: The Foundations of Hedonic Psychology*, ed. D. Kahneman, E. Diener, and N. Schwarz. Russell Sage Foundation.
Weede, Erich. 1993. The Impact of Interstate Conflict on Revolutionary Change and Individual Freedom. *Kyklos*, 46, Issue 4: 473–495.
Weede, Erich, and Edward Muller. 1998. Rebellion, Violence and Revolution: A Rational Choice Perspective. *Journal of Peace Research* 35, no. 1: 473-494.
Weingast, Barry, and Mark Moran. 1983. Bureaucratic Discretion or Congressional Control? Regulatory Policymaking by the Federal Trade Commission. *Journal of Political Economy* 91, no. 5: 765-800.
Welsch, Heinz. 2002. Preferences over Prosperity and Pollution: Environmental Valuation Based on Happiness Surveys. *Kyklos* 55, no. 4: 473-494.
Wilson, Chris, and Andrew Oswald. 2005. How Does Marriage Affect Physical

and Psychological Health? A Survey of the Longitudinal Evidence. Mimeo, Warwick University.

Wilson, John, and Marc Musick. 1999. The Effects of Volunteering on the Volunteer. *Law and Contemporary Problems* 62, no. 4: 141-168.

Wilson, Timothy, and Daniel Gilbert. 2003. Affective Forecasting. In *Advances in Experimental Social Psychology*, volume 35, ed. M. Zanna. Elsevier.

Wilson, Timothy, and Jonathan Schooler. 1991. Thinking Too Much: Introspection Can Reduce the Quality of Preferences and Choices. *Journal of Personality and Social Psychology* 60: 181-192.

Winkelmann, Liliana, and Rainer Winkelmann. 1998. Why Are the Unemployed So Unhappy? Evidence from Panel Data. *Economica* 65, no. 257: 1-15.

Wolfers, Justin. 2003. Is Business Cycle Volatility Costly? Evidence from Surveys of Subjective Well-Being. *International Finance* 6: 1-31.

Zak, Paul. 2004. Neuroeconomics. *Transactions of the Royal Philosophical Society B* 359: 1737-1748.

Zax, Jeffrey. 1988. The Effects of Jurisdiction Types and Numbers on Local Public Finance. In *Fiscal Federalism: Quantitative Studies*, ed. H. Rosen. University of Chicago Press.

Zolotas, Xenophon. 1981. *Economic Growth and Declining Social Welfare*. Bank of Greece.

訳者あとがき

　本書は，Bruno S. Frey, "*Happiness: A Revolution in Economics* (Munich Lectures in Economics)", 2008, The MIT Press の全訳である．フライはスイスの著名な政治経済学者で，経済学の手法による幸福度研究を行った先駆者の一人である．フライは，従来の経済学ではあまり研究の対象とされていない分野（政治，心理学，テロ抑止など）に経済学を応用した実証研究を精力的に行ってきた．本書は，日本でも翻訳出版されたスタッツァーとの共著『幸福の政治経済学——人々の幸せを促進するものは何か』（ダイヤモンド社，2005 年）後に，フライが率いるチューリッヒ・グループの研究者と行った実証研究を中心にまとめたものである．
　日本ではこの数年，大竹文雄・白石小百合・筒井義郎編著『日本の幸福度——格差・労働・家族』（日本評論社，2010 年）など幸福度関連の書籍が次々に出版され，内閣府で幸福度の調査研究が行われ，自治体別の「幸福度ランキング」が新聞紙上をにぎわしている．また，本書の冒頭にも紹介されているブータンは，昨年，国王夫妻が来日し話題となったこともあり「幸福な国」として注目されている．このように日本でも幸福度に対する関心が高まる中，本書は，幸福度をキーワードに，働き方や結婚，テレビの視聴，ボランティア活動といった身近な話題から，政治制度や政治体制までを，経済学の視点から幅広く考察する内容となっており，幸福度の本格的な実証分析を日本の読者に紹介できることから，今回の翻訳をお引き受けした．
　この幸福度であるが，人間の感じる「幸せ」，あるいは，「不幸せ」という感情をデータとしてとらえるものである．幸福そのものについては，はるか昔から哲学，文学，心理学等で盛んに研究されてきた．そもそも経済学も，人間の幸福を考えるための学問であった．しかし経済学は，フライも述べて

いるとおり，実証主義を重視し，また個人間の比較は行なわないという立場から，人間の主観である効用（満足）の中身そのものの分析はしてこなかった．ところが経済学では90年代以降，個人に対して「あなたはどの程度幸せですか．」と質問して得られた回答（本書では「幸福度」と訳している）を，データとして分析に用いることが提案され，「幸福の経済学」が学問分野として注目されるようになった．

　学術論文の検索サイトであるEconPapersで"happiness"を検索したところ，2000年以降で実に2000本以上の論文がヒットした．それだけ欧米では幸福に関する研究が盛んに進められていることがわかる．先に紹介した大竹他編著や，行動経済学会や日本経済学会で研究成果が発表されつつあるものの，残念ながら，日本では幸福度の研究論文が多数発表されている訳ではない．その理由のひとつとして，幸福度のデータの未整備が挙げられる．幸福度研究は実証分析によって進められてきたのだが，その実証研究ではデータがなければ研究が行えない．本書の分析で行われているように，いわゆる幸福関数（happiness equation）の計算に当たっては，政治制度・テロの発生など特に分析したいと思う要因の情報と共に，年齢・家族状況・就業状況などの個人属性がデータとして必要となる．マクロの幸福度データは「国民生活に関する世論調査」（内閣府）が時系列のデータとして利用可能であるが，様々な属性が個人の主観的幸福に与える影響は，ミクロデータを用いた計量経済学的手法による分析によって明らかになる．また個人の属性の影響（性格など）を考慮すると，データはパネル調査であることが望ましい．幸福度に注目されるようになったのは最近のことであるためか，幸福度を利用できるミクロデータは，「国民生活選好度調査」（内閣府），「消費生活に関するパネル調査」（家計経済研究所），「JGSS」（大阪商業大学）を除くとほとんどなかった．その点，大阪大学の「くらしの好みと満足度調査」では幸福度がパネル調査で調査されているなど，実証研究の基盤は徐々に整いつつある．

　原著の副題は「経済学の革命」とつけられたことにふさわしく，本書では従来の経済理論に対するチャレンジングな議論が試みられている．例えば，

人間は行為の結果から効用を得ているばかりでなく，結果にいたるプロセスからも効用を得ていると分析している点である．だが経済学の理論に興味のある読者は，この「プロセスの効用」や他の提案を，理論的に，もっときちんと整理し考察する必要があると感じるかもしれない．従って，フライが主張するように，幸福度研究が経済学に革命をもたらしていると断言するには，今後も研究の積み重ねが必要であろう．しかし学問として未熟部分があるということは，幸福度研究が経済学の一分野としてこれから活発に研究される余地のある，「若い」学問分野であることの証左でもある．

　そこで，本書の議論を通じて，幸福度研究に関心がある専門家になんらかの示唆が与えられれば幸いである．幸福度は，学問としてだけでなく，今後，政策を通じて私たちの生活ともつながりを持つ可能性がある．もちろん専門家以外の一般の方々にもご興味を持っていただければ，訳者の目的は達成されたものと考える．

　なお幸福度研究は学際的な学問であることから，本書の内容も経済学にとどまらず，心理学，政治学など多岐にわたっている．そのため，どの分野の読者がお読みいただいてもわかるように，主な用語には英語を添えることとした．また本書では well-being, happiness, welfare など，複数の用語が使われているが，基本的には訳し分けることはせずに，「幸福」と訳出したことをお断りしておきたい．

　なお，本書の翻訳にあたっては，ＮＴＴ出版の永田透さんと宮崎志乃さんに大変お世話になった．記して感謝したい．

2012年8月
白石小百合

索　引

ア　行

イースタリン・パラドックス　21, 52, 195
イースタリン・リチャード　23
一日再現法（DRM）　32
イベント・リコール法　33
ヴェブレン，ソースティン　44, 206
ウェル・ビーイング　11
エウダイモニア（eudaimonia）　13, 14
エッジワース　32, 191

カ　行

外的妥当性（external validity）　139
回避行動法（Averting Behavior Method）　168
外面的な属性（extrinsic attributes）　17, 155, 160, 165
階層型組織　90, 136, 146
快楽のパラドックス（hedonic paradox）　181
影の賃金　109
仮想評価法（Contingent Valuation）　167, 169
記憶効用（remembered utility）　28
機会費用　117, 125
帰結主義　27
基数性（効用の）　25, 38, 193
機能的磁気共鳴画像装置（fMRI）　34
機能的に重複し競合する行政単位（Functional, Overlapping Competing Jurisdictions）　224
グッドハートの法則（Goodhart's Law）　198
経験効用（experienced utility）　6, 15, 27, 157
経験抽出法　32
経済人（ホモ・エコノミクス）　99
経済成長　237
経済福祉指標（Measure of Economic Welfare）　192
結婚　20, 43, 68, 108
結婚の経済学　108
決定効用（decision utility）　25
顕示選好の理論　115
顕示選好法（Revealed Preference Methods）　167
顕示的消費（conspicuous consumption）　44
公共経済学　236
公共財　143, 167
厚生関数アプローチ　45
行動経済学（Behavioral Economics）　28
幸福（Happiness）　11
幸福関数（happiness function）　22, 35, 191
幸福度研究　5, 11
幸福の経済学　5
幸福のパラドックス　21, 52
効用　5, 15
効用の予測ミス（mispredicting utility）　27, 155
国民幸福度指標（NHI）　189, 190, 191, 192, 194
国民総幸福量（Gross National Happiness: GNH）　11, 189
国民総生産（GNP）　188

サ　行

財政等価（fiscal equivalence）　224, 226
参照グループ　44, 68

シトフスキー, ティボール　23
時間整合的（time-consistent）　118
自己決定理論（Self-Determination Theory）　29, 182
自己拘束的な循環（self-enforcing circle）　116
自己申告による主観的幸福　11
自然実験（natural experiment）　96, 104
実証主義　25, 131
ジニ係数　73
慈悲深い独裁者（Denevolant dictator）　8, 196, 208
社会的厚生関数　191, 193
社会的生産関数理論（Social Production Function Theory）　13
主観的幸福（subject well-being）　29
住民投票（referendum）　82
住民発議（popular initiatives）　82
準直接民主制（semi-direct democracy）　210
所得評価アプローチ（income evaluation approach）　38, 194
生活満足（life satisfaction）　12, 14
生活満足感アプローチ（Life Satisfaction Approach）　168, 170, 171
生涯効用（lifetime utility）　28
新厚生経済学（New Welfare Economics）　148
新制度派経済学（New Institutional Economics）　135
制度派経済学（Institutional Economics）　149
世界価値観調査　30, 41
セン, アマルティア　26, 115, 148
潜在能力アプローチ　192
総合的社会調査（GSS）　40
相対所得仮説　44

タ　行

代議制民主主義　78, 210

体系的な誤り（systematic error）　6, 17, 154
地位のトレッドミル　201
地位の外部性（positional externality）　200
地位財（positional goods）　163, 201
チューリッヒ・グループ　9, 75
直接民主制　34, 210
地方自治　87
テロ　169
デューゼンベリー, ジェームズ　44
テレビ消費（television consumption）　115
ドイツ社会経済パネル調査(German Socio-Economic Panel Study, GSOEP)　46
同類婚　108, 113
投票の逆説　217
トラベルコスト法（Travel Cost Approach）　168

ナ　行

内発的動機付け（intrinsic motivation）　99
内面的な属性（intrinsic attributes）　17
ニューケインジアンマクロ経済学　18, 60

ハ　行

悲惨指数（Misery Index）　22, 72
表明選好法（Stated Preference Methods）　167, 169
不可能性定理　193
フリーダム・ハウス（Freedom House）　79
フロー体験（flow experience）　14, 156, 158
プロセスの公正（procedural fairness）　133, 137

プロセスの効用（procedural utility）
　　8, 27, 78, 84, 90, 130, 163, 184, 223
ベッカー，ゲイリー　108
ヘドニック法（Hedonic Method）　168,
　　170, 171
ポジティブ心理学　34, 177, 182
ボランティア　37
ポリティIVプロジェクト（Polity IV pr-
　　oject）　79
本質的な属性（intrinsic attributes）
　　155, 160
本質的なニーズ（intrinsic needs）　155

マ　行

向社会的行動（pro-social behavior）　99
満足のトレッドミル　110

ヤ　行

野心　42, 121, 180, 185, 202
野心のトレッドミル　195
ユーロ・バロメーター調査　40, 60
ヨーロッパ社会調査（European Social
　　Survey, ESS）　122
善き生活（good life）　13, 14, 16, 130,
　　205
予測効用（predicted utility）　28, 157

ラ　行

立憲的経済学（Constitutional Econom-
　　ics）　199, 209
立憲的政治経済学（Constitutional Polit-
　　ical Economy）　196
理由ベースの選択（reason-based choice）
　　160
ルーカスの批判　198
連邦制　75, 224

アルファベット

FOCJ　224, 225
Focus　224
NIMBY　143
U指標　34

著者 | ブルーノ・S・フライ (Bruno S. Frey)

1941年スイス・バーゼル生まれ。1965年経済学博士（バーゼル大学）。1977年よりチューリッヒ大学実証経済研究所教授。専門は政治経済学であるが、環境、美術、心理、テロ等の経済分析で幅広く活躍している。著書に『幸福の政治経済学』（共著、佐和隆光監訳、沢崎冬日訳、ダイヤモンド社）などがある。

訳者 | 白石小百合 (しらいし・さゆり)

1963年生まれ。1986年上智大学外国語学部卒。2004年慶應義塾大学経済学研究科博士課程単位取得退学。2006年経済学博士（大阪大学）。日本経済研究センター副主任研究員などを経て、現在、横浜市立大学国際総合科学部教授。主な著書に『日本の幸福度』（共著、日本評論社）がある。

幸福度をはかる経済学

2012年9月18日初版第1刷発行

著者	ブルーノ・S・フライ
訳者	白石小百合
発行者	軸屋真司
発行所	NTT出版株式会社

〒141-8654
東京都品川区上大崎3-1-1 JR東急目黒ビル
営業本部・Tel. 03-5434-1010
　　　　　　Fax. 03-5434-1008
出版本部・Tel. 03-5434-1001
http://www.nttpub.co.jp

印刷・製本	中央精版印刷株式会社
装丁	米谷豪

©Shiraishi Sayuri 2012 Printed in Japan
ISBN978-4-7571-2273-4 C0033

定価はカバーに表示してあります
乱丁・落丁はお取り替えいたします